基于一体化视域的自然灾害应急资源协同配置研究

Study on Collaborative Allocation of
Natural Disaster Emergency Resources
Based on the Integration Perspective

周广亮 杨承梁 著

图书在版编目(CIP)数据

基于一体化视域的自然灾害应急资源协同配置研究/周广亮,杨承梁著.
—合肥:安徽大学出版社,2023.4
ISBN 978-7-5664-2626-0

Ⅰ.①基⋯ Ⅱ.①周⋯ ②杨⋯ Ⅲ.①自然灾害—资源配置—研究
Ⅳ.①F205

中国国家版本馆 CIP 数据核字(2023)第 074396 号

基于一体化视域的自然灾害应急资源协同配置研究
Jiyu Yitihua Shiyu De Ziran Zaihai Yingji Ziyuan Xietong Peizhi Yanjiu

周广亮　杨承梁 著

出版发行：	北京师范大学出版集团 安 徽 大 学 出 版 社 (安徽省合肥市肥西路 3 号 邮编 230039) www.bnupg.com www.ahupress.com.cn
印　　刷：	合肥远东印务有限责任公司
经　　销：	全国新华书店
开　　本：	710 mm×1010 mm　1/16
印　　张：	19.75
字　　数：	372 千字
版　　次：	2023 年 4 月第 1 版
印　　次：	2023 年 4 月第 1 次印刷
定　　价：	69.00 元

ISBN 978-7-5664-2626-0

策划编辑：刘中飞　　　　　　　装帧设计：李　军
责任编辑：刘中飞　　　　　　　美术编辑：李　军
责任校对：陈玉婷　　　　　　　责任印制：赵明炎　孟献辉

版权所有　侵权必究

反盗版、侵权举报电话：0551—65106311
外埠邮购电话：0551—65107716
本书如有印装质量问题，请与印制管理部联系调换。
印制管理部电话：0551—65106311

国家社科基金后期资助项目
出版说明

　　后期资助项目是国家社科基金设立的一类重要项目,旨在鼓励广大社科研究者潜心治学,支持基础研究多出优秀成果。它是经过严格评审,从接近完成的科研成果中遴选立项的。为扩大后期资助项目的影响,更好地推动学术发展,促进成果转化,全国哲学社会科学工作办公室按照"统一设计、统一标识、统一版式、形成系列"的总体要求,组织出版国家社科基金后期资助项目成果。

全国哲学社会科学工作办公室

前　言

近年来,国际、国内重大自然灾害事件不断发生,其产生的影响力和辐射广度都在不断增大。政府和社会需要投入大量的人力、物力和财力等综合性资源,用于灾害救助和灾后恢复等应急管理工作,把可能造成的损失减少到最低程度。作为应急管理中一项极为重要的内容,应急资源配置是一个由关联阶段与环节相互交织、不同行为主体共同作用的复杂过程。其贯穿于灾害事件处置的全部环节,与不同的主体发生程度各异的碰撞磨合,形成了环节复杂、主体多样、信息共享要求极高的应急资源配置系统。基于一体化视域设计主要配置维度间耦合协调的应急资源配置模式,可使构成系统的多维度配置环节间形成默契配合的支撑关系,在主导主体统一协调下能有效消除不同单元各自为政的现象,为应急资源配置环节的并行操作和效率提升提供条件。

自然灾害应急资源配置过程比较复杂,本书依据主要自然灾害——洪水灾害和地震灾害资源配置的过程特性差异,将自然灾害应急资源配置过程分为常态应急资源配置、动态应急资源配置和逆向应急资源配置三个阶段。常态应急资源配置、动态应急资源配置与逆向应急资源配置不是截然分开的独立阶段,而是同一事件的不同状态。需求产生时,可以通过管理一体化运作实现配置过程的协同。

应急点选址和模型构建是应急资源有效配置的关键支撑点。本书以目标影响要素为约束条件,利用改进的 GRA-PDEA 模型优化选址结果,综合考虑需求频率、数量和供给快捷性、经济性等因素,确定了多应急点网络化分配策略。常态应急资源配置是应急资源耦合配置的基础阶段,通过对资源进行编码、规划仓位和货位,实现储存合理化;通过设立信息共享中央数据库,实现多资源需求联动配置和动态应急资源配置是由自然灾害需求拉动形成的响应配置阶段,依据情景分析结果及供给-需求匹配关系,设计三种情景(单供给点-多需求点、多供给点-单需求点、多需求点-多供给点)下的配置方案并进行模型构建。多点需求与多点供给是应急资源动态配置的常态情形,与现实灾害应急资源配置基本相符。逆向应急资源配置是动态配置的特殊阶段,亦是灾情处置后的应急资源管理过程,反映了常态和动态资源配置的协同效果。

处理好常态应急资源配置、动态应急资源配置和逆向应急资源配置的协同关系是检验配置效果的关键。本书采用协同模型,建立评价指标体系,分析常态应急资源配置和动态应急资源配置间的二维协同关系,常态应急资源配置、动态应急资源配置和逆向应急资源配置间的三维协同关系,并结合具体灾情数据对三者的时空演变进行深度剖析,为应急资源三维配置的再协同提供理论和量化支撑;充分兼顾资源配置效率与成本,通过构建由5个一级指标、16个二级指标组成的评价指标体系,运用模糊层次分析法进行数据处理,测算应急资源协同配置效率总得分和各指标的信息,为应急资源配置提供改进思路。

管理一体化是实现应急资源多维协同配置的工具与手段。对多行为主体,可采用协同管理模式与政府主导下的管理模式相结合的一体化管理,通过对应急资源协同配置进行宏观与微观的环境分析,提出应重视应急资源配置体制、机制、法治建设,政府资源配置执行力建设,资源配置核心节点建设,信息系统建设和网络舆情监控,处理好效率与成本、实物资源与信息资源、资源通用性与专用性、人为过度需求与被动过度供给、紧急配置规则与法律法规的关系等方面的工作。本书以四川芦山"4·20"7.0级地震灾害应急资源配置过程和北京"7·21"特大暴雨应急资源配置过程为例进行了数量模拟和流程分析。

基于研究目标的需要,本书采用文献综述法、情景分析法、数据包络分析法、超效率 SBM-DEA 模型法、模糊层次分析法以及案例分析法等多种有针对性的研究方法,体现了研究方法运用的灵活性、适用性和新颖性。

本书为国家社科基金后期资助项目(19FGLB062)的研究成果。

感谢郑州轻工业大学李程宇博士、周福礼博士、陈昱博士在本书撰写过程中给予的帮助和支持!作者在撰写本书的过程中参考了大量文献资料,虽已尽可能一一列出,但难免有所疏漏,在此表示歉意,并向所有的文献作者表示衷心的感谢。

限于作者水平,书中不足之处在所难免,恳请领域专家、同行学者及广大读者批评指正!

目　录

导　论 ·· 1

  0.1　研究背景与意义 ··· 1
  0.2　国内外研究动态 ··· 5
  0.3　研究方法 ··· 22
  0.4　小结 ··· 24

第 1 部分　应急资源一体化配置之基础

第 1 章　自然灾害应急资源构成要素及配置现状 ·········· 27

  1.1　自然灾害的类别及风险分级 ························· 27
  1.2　自然灾害应急资源的内容 ···························· 32
  1.3　自然灾害应急资源的分类 ···························· 37
  1.4　国内自然灾害主要应急资源配置现状 ············· 39
  1.5　小结 ··· 48

第 2 章　自然灾害应急资源协同配置理论基础 ·············· 49

  2.1　洪水灾害应急资源 ······································ 49
  2.2　地震灾害应急资源 ······································ 54
  2.3　自然灾害应急资源一体化协同配置的现实必要性 ··········· 59
  2.4　自然灾害应急资源一体化协同配置的理论基础 ··········· 65
  2.5　小结 ··· 67

第 3 章　自然灾害应急资源配置经验借鉴 ····················· 68

  3.1　美国应急资源配置经验 ································ 68
  3.2　日本应急资源配置经验 ································ 70
  3.3　德国应急资源配置经验 ································ 72

3.4 俄罗斯应急资源配置经验 …………………………………… 74
3.5 应急资源配置经验借鉴 ……………………………………… 75
3.6 小结 …………………………………………………………… 77

第4章 不同自然灾害应急资源需求分析与预测 ………………… 78
4.1 洪水灾害应急资源需求特性与配置特性 ………………… 78
4.2 地震灾害应急资源需求特性与配置特性 ………………… 83
4.3 自然灾害应急资源需求峰值测算 ………………………… 86
4.4 基于情景分析的应急资源需求预测 ……………………… 88
4.5 小结 …………………………………………………………… 92

第2部分 自然灾害应急资源多维配置及模型构建

第5章 自然灾害应急资源协同配置载体——应急点选址模型构建 ……………………………………………………… 95
5.1 应急点选址模型构建与分析 ……………………………… 95
5.2 多应急点网络化关系 ……………………………………… 104
5.3 小结 …………………………………………………………… 108

第6章 自然灾害常态应急资源配置 ………………………………… 110
6.1 应急资源信息分类与编码 ………………………………… 110
6.2 单应急点资源配置的数量模型研究 ……………………… 125
6.3 基于自然灾害需求的多应急点应急资源联动配置 …… 131
6.4 小结 …………………………………………………………… 134

第7章 基于灾情变化的动态应急资源配置维度模型 ………… 135
7.1 动态应急资源配置准备与配置原则 ……………………… 135
7.2 基于"供给-需求"的动态配置一体化路径 …………… 137
7.3 多动态情景的应急资源协同配置模型 …………………… 139
7.4 小结 …………………………………………………………… 161

第8章 基于灾情变化的逆向应急资源配置 ……………………… 162
8.1 正向应急资源配置和逆向应急资源配置 ………………… 162

8.2　逆向应急资源配置的途径 …………………………………… 167
　　8.3　逆向应急资源配置的结果及优化 …………………………… 168
　　8.4　小结 …………………………………………………………… 170

第9章　多维式应急资源协同配置模型构建 ……………………… 171
　　9.1　多维式应急资源协同配置系统 ……………………………… 171
　　9.2　系统协同效应的实现 ………………………………………… 172
　　9.3　基于超效率 SBM-DEA 模型的多维式应急资源协同配置研究 …………………………………………………………… 174
　　9.4　小结 …………………………………………………………… 182

第3部分　应急资源协同效果评价及一体化管理

第10章　应急资源协同配置评价模型 ……………………………… 185
　　10.1　应急资源协同配置效果评价方法 ………………………… 185
　　10.2　基于模糊层次分析法的灾害应急资源协同配置效果评价 … 187
　　10.3　小结 ………………………………………………………… 194

第11章　自然灾害应急资源配置的一体化协同管理 ……………… 195
　　11.1　多行为主体的管理一体化 ………………………………… 195
　　11.2　自然灾害应急资源配置过程的管理一体化 ……………… 203
　　11.3　小结 ………………………………………………………… 207

第12章　提升自然灾害应急资源协同配置政策建议 ……………… 208
　　12.1　完善应急资源协同配置的组织体制 ……………………… 208
　　12.2　加强应急资源协同配置决策能力和执行力建设 ………… 213
　　12.3　健全应急资源协同配置机制 ……………………………… 214
　　12.4　完善应急信息资源管理 …………………………………… 219
　　12.5　优化协同配置的法律体系 ………………………………… 225
　　12.6　加强自然灾害网络舆情治理 ……………………………… 227
　　12.7　理顺应急资源协同配置建设中的几种关系 ……………… 238
　　12.8　小结 ………………………………………………………… 241

第13章　自然灾害应急资源配置案例 ·················· 242
13.1　芦山地震应急资源配置案例 ·················· 242
13.2　北京市"7·21"特大暴雨应急资源配置案例 ·············· 262
13.3　小结 ·························· 278

结束语 ······························ 279
研究总结 ···························· 279
研究展望 ···························· 281

附　录 ······························ 283
附录1　北京"7·21"特大暴雨应急资源配置模型程序 ·········· 283
附录2　表目录 ························ 284
附录3　图目录 ························ 286

参考文献 ····························· 289

导 论

0.1 研究背景与意义

0.1.1 研究背景

我国是世界上自然灾害最为严重的国家之一,灾害种类多,分布地域广,发生频率高,造成损失重,这是一个基本国情。自然灾害是由自然因素造成人类生命、财产、社会功能和生态环境等损害的事件或现象[1],主要包括突发性灾害、渐变性灾害和人类活动引发的环境性灾害。其中,以突发性灾害中的洪水、地震以及渐变性灾害中的干旱最为突出,影响也最为深远。人类活动导致的环境灾害主要是环境污染以及环境改变等。近年来,频发的重大自然灾害给经济、社会带来了巨大冲击,其发生地域、影响深度和广度超出了人们的预期。如2021年"7·20"郑州洪水灾害及山西、陕西洪水灾害,西班牙和美国的干旱灾害等,这些重大自然灾害导致区域经济发展停滞,社会秩序陷入混乱状态,公民人身和财产遭受巨大损失,公民个人身心承受巨大压力。若再遭遇其他叠加灾害,如新型冠状病毒肺炎公共卫生事件,社会承受压力短期内无法释放,可能会严重拖累经济发展,影响社会治理成效。1998年长江特大洪水、2007年重庆与济南城市暴雨洪水[2]、2010年松辽流域洪水等灾害均给国家与地方经济带来了严重冲击。1976年7月28日,我国唐山发生大地震,造成24.2万多人死亡;2008年5月12日,汶川发生8.0级特大地震,死亡人数近7万。除了这些重大自然灾害,中国每年还会发生不同类型、不同级别的自然灾害,给经济、社会和环境带来不同程度的影响。根据民政部、应急管理部公布的数据(表0-1),2011年至2020年10年间,各类自然灾害共造成全国22.7亿人次受灾,12545人死亡和失踪,7587.7万人次紧急转移安置;441.1万间房屋倒塌,3072.6万间房屋不同程度损坏;农作物受灾面积240171千公顷,其中绝收面积26705千公顷;直接经济损失36836.8亿元。

表 0-1　2011—2020 年自然灾害损失情况

年份	受灾人次（亿）	死亡失踪人次（个）	紧急转移安置人次（万）	房屋倒塌数（万间）	房屋损毁数（万间）	农作物受灾面积（千公顷）	绝收农作物面积（千公顷）	直接经济损失（亿元）
2011	4.3	1126	939.4	93.5	331.1	32471	2892	3096.4
2012	2.9	1530	1109.6	90.6	427.9	24962	1826	4185.5
2013	3.9	2284	1215	87.5	770.3	31350	3844	5808.4
2014	2.4	1818	601.7	45.0	354.2	24891	3090	3373.8
2015	1.9	967	644.4	24.8	250.5	21770	2233	2704.1
2016	1.9	1706	910.1	52.1	334.0	26220	2900	5032.9
2017	1.4	979	525.3	15.3	157.9	18478	1827	3018.7
2018	1.3	635	524.5	9.7	143.9	20814	2585	2644.6
2019	1.3	909	528.6	12.6	126.8	19257	2802	3270.9
2020	1.4	591	589.1	10.0	176.0	19958	2706	3701.5
合计	22.7	12545	7587.7	441.1	3072.6	240171	26705	36836.8

数据来源：民政部、应急管理部官方网站

自然灾害是自然界演化过程的一部分，要完全防止致灾事件发生几乎是不可能的，因此，同自然灾害抗争是人类生存发展的永恒课题。面对自然灾害，国家需要投入大量的人力、物力和财力资源，用于灾害救助、抗灾和灾后恢复，从而把可能造成的伤亡或损失减少到最低程度。

历史上众多自然灾害给大众带来了巨大灾难，也为自然灾害防治提供了史料和经验。我国始终坚持生命至上理念，坚持常态化防范，不断提高"防"的物理基础和管理水平；灾情下以"抗"和"救"为主基调，积极抵御灾害的冲击，调动一切资源救援生命、保护重大设施，力图确保灾害造成的影响范围最小、损失最小。为此，国家建立了功能较为完备的应对体系和上下联动机制，配置了种类较为齐全、数量较为充足的应急资源，以及时有力、有序有效地开展灾害救援工作。因此，"防"的阶段应有相应的资源储备作为保障，对应资源的准备阶段；"抗"和"救"的阶段要求调运相应资源进行抗灾和救援，对应资源的运动阶段。应急资源发挥了后勤保障的作用，能最大限度地减少各种损失，是灾害救援的核心要素之一，也是应急能力的主要体现。

0.1.2　研究问题

应急点也称为应急资源（物资）储备点，是根据区域综合特征，以灾害事件的过去、现在和未来应急需求为目标建立起来的可对不同资源进行储备、维护、分拣的设施集合群。它是各类应急资源的承载体,以实物与信息两种形态储备,对设施、设备的要求存在差异。

应急管理中的资源配置问题包括常态应急资源配置、动态应急资源配置和逆向应急资源配置三部分。常态应急资源配置分为应急点的选址与已选定的应急点内部的资源配置两部分,其目标是合理规划应急点的选址,同时,在每一个点上配置合理的资源(数量和种类)。一般来说,应急点的选址问题与应急点内的资源配置问题紧密关联,应急点选址需要考虑未来的资源配置问题,而应急点的资源配置也需要综合考察选址情况,在社会效应优先的原则下兼顾经济性。对于某些应急点位置已经确定的情况,应急点的应急资源配置可以作为一个相对独立的问题进行处理。动态应急资源配置是灾害发生后资源的反应状态,主要表现为资源的过程管理,其中调度与配送环节是核心,要求整个过程在运动中实现协调。逆向配置是应急资源的特殊配置阶段,此时的配置是优化事前配置与事中配置的调整性配置活动,目的是为持续性的资源配置降低成本。为体现其动态的特征,应将其放到动态配置中去研究。

事前配置、事中配置与逆向配置可以概括描述为常态应急资源配置与动态应急资源配置两部分,常态应急资源配置与动态应急资源配置并非完全独立,而是同一事件的两种不同形态。对于特定区域而言,采用一体化思想来设计应急资源配置将保证各个阶段、环节通畅,集约性能显著。加上采用弹性设计理念,能使目标区域内的资源配置实现良好协同联动,为应对自然灾害事件提供坚实的资源保障。因此,设计完善、高效的应急资源配置运行模式对提高应对灾害的预警预控能力、实现有效资源储备与配送、降低灾害影响程度、充分发挥应急管理的社会效益具有重大的理论意义与现实意义。

应急资源协同配置是由多个子系统组成的复杂系统,常态应急资源配置、动态应急资源配置和逆向应急资源配置可分别视为一个子系统。应急资源的协同性体现为多维度,涉及组织管理、人力资源、技术和资金等方面,通过测算投入产出的效率值能较好地反映子系统间的协同程度,进而确定系统持续优化的思路和建议。

0.1.3 研究意义

本书在分析国内外相关文献的基础上,对以应对自然灾害为主要目标的应急资源配置进行全过程、全方位的论述。根本目的是从理论上设计一条基于一体化视域的应对自然灾害的资源耦合配置路径,用系统观点来审视自然灾害应急资源配置问题。管理一体化可使常态应急资源配置、动态应急资源配置和逆向应急资源配置实现有机联系、和谐统一,形成以满足需求为目标的一体化耦合配置模式。因此,开展本书的研究具有重要理论意义与重大现实意义。

0.1.3.1 理论意义

应急管理是社会领域与经济领域全新的研究热点。在宏观领域,已有研究对应急管理的机理和机制进行了较多分析[3];在微观领域,对资源传统管理、人员撤离问题、应急预案编制、应急决策中的模型支持和应急培训等进行了一定论述。在资源管理方面,主要探讨了选址问题和运输问题[4],且较多的是对二者进行分离研究,一般假设应急点的选择是确定的,要求从固定的应急点调运应急资源至需求点。在动态的应急点选址尤其是应急资源的一体化配置方面还有很多研究盲点,对资源生产、常态配置、动态配置、逆向配置结合起来形成的一体化耦合配置系统亦鲜有论述。本书可以进一步丰富应急资源配置内容,模型建立和测算能较好地反映应急资源配置核心子系统与其他系统的协同程度,从理论上实现资源配置的优化。

0.1.3.2 现实意义

应急资源配置是应急管理的核心内容之一,包含丰富的内容。其配置的合理程度将直接影响自然灾害发生时的救助效率和效果,故加强应急资源配置研究、建设、实施及有效管理具有特别重要的现实意义。

第一,整合应急资源配置过程。应急资源配置是指整合一个区域内的现有资源和潜在资源,通过一体化设计与运行,将分离的部门管理、配置过程有机统一起来应对灾害事故,提高资源使用效率和应对灾害的综合能力。

第二,提高政府应对自然灾害的响应速度与行动质量。资源一体化耦合配置的实施是依靠主体的管理来实现的,以政府为主导的一体化主体通过信息共享实现对灾情的快速响应,并采取一致行动提高执行质量。

第三,为应急资源管理决策提供思路和借鉴。多头管理、分工负责、条块分割、协调困难的资源配置模式弊端在实践中越来越明显,在制约资源效率发挥的同时降低救援效率。对管理模式重新设计,构建以关键主体为主导、协同其他主体的应急资源配置模式成为现实资源配置的迫切需求。

第四，充分调动社会参与应急管理的积极性。社会资源是应急资源的重要补充，尤其是以社工组织为载体的人力资源、以民非组织（公益）为纽带的专业救援队伍和众多村社的志愿者资源。一体化设计可使社会资源成为资源供给的来源之一，提高社会对自然灾害的防范意识和参与程度。

0.2 国内外研究动态

0.2.1 危机管理与应急管理

危机管理和应急管理是当前的热点词语，从企业到社会和国家层面均涉及这两类问题。二者的管理内容也有很多相似之处，很多情况下易被混用。事实上，应急管理的内容比危机管理更为宽泛，因为应急管理的内容还包括大量常规型突发事件的应对。例如，消防队的大部分工作都无法归入危机管理，但仍属于应急管理中不可或缺的部分。除此之外，应急管理的延续时间比危机管理长。

国外从企业、国家和全球视角对公共危机进行了研究。美国学者斯蒂芬·安德里奥尔于1985年推出其代表性研究成果 *Corporate crisis management*（企业危机管理）一书，分析了企业危机管理的环境、预警方法、决策方法及管理技术。2001年，美国危机管理大师罗伯特·希思提出了危机管理的4R模式，即缩减（reduction）、预备（readiness）、反应（response）、恢复（recovery）四阶段[5]。诺曼·奥古斯丁将危机管理划分为六个阶段：危机的避免、危机管理的准备、危机的确认、危机的控制、危机的解决和危机中的收益[6]。全球性公司在危机管理中面临的环境更复杂，必须面对持不同价值观的利益相关者、多样化的媒体系统环境以及未知非政府组织的审查[7]。具有战略规划的组织具有更强的危机管理能力，更能积极主动地管理危机，在每一个环节可以分析和识别危机的类型和来源，以便采用更有效的危机管理方式[8]。在后疫情时代，酒店和旅游业[9]、航空业[10]等产业领域的危机管理研究也逐渐成为热点。劳伦斯·巴顿将危机管理定义为四个基本问题：知道什么、何时知道、采取何种措施、如何确保此危机不再发生。他还对流行疾病、恶劣天气、环境污染、恐怖主义等危机提出了应对策略[11]。危机管理最重要的影响因素是传播和社交媒体，其后依次是知识、治理、信息技术、战略规划和专业机构[12]。信息和通信在危机管理中发挥着重要作用,信息的质量、价值和及时性直接影响良好决策、与利益相关者的有效沟通以及有效实施和协调应对活动的基础[13],信息技术对于危机管理流程具有重要的支撑作用。Jonathan Bundy 在危机信息学研究中,通过查看在突发情况下的社交媒体案例研究,阐述了研究成果类型及其与已有研究的相互关系[14]。在基于信息传递、交流和共享的社交媒体领域,相关研究集中在紧急和危机事件之前、之中和之后对信息技术和社交工具的使用,对危机信息学研究具有推动作用[15]。基于社交媒体数据的有效提取和处理,公共危机应对者可以建立态势感知并最大限度地减少灾难造成的损失,社交媒体内容也可以帮助政府和其他机构做好准备并采取必要措施来管理紧急情况,以尽量减少损失[16]。在灾害危机管理领域,弹性、脆弱性、社会资本、公众应对、救灾规划、政策变化等是国外近年来的关键研究主题[17]。

国内危机管理领域研究明显体现出互联网应用和新冠肺炎疫情的时代背景。互联网时代危机特征与演变有着自身规律,从网络视角构建的双周期(危机生命周期、危机管理周期)、分阶段、分目标的危机管理模型更具有针对性[18],在治理上需要构建多元共治的网络型危机管理模式[19]。在互联网时代背景下,新技术、社交媒体及网络舆情等与危机管理相结合的研究渐热。危机管理领域大数据及物联网等新技术的应用研究成为热点,这意味着国内相关研究侧重于公共危机管理中的政策工具和技术手段。在危机管理预防、救援和善后阶段,应有效引入科学技术,并考虑其不同阶段的适用性与精准性,以发挥其支撑作用[20]。童星等[21]认为,大数据分析在进一步提升风险灾害危机管理绩效、深化风险灾害危机管理研究领域具有较大的空间,既可以为风险灾害危机管理提供全样本、关联性与系统化的研究思维,也可以为相应的决策提供科学方法与技术支持。网络本身的特点使网络舆情危机的发生成为可能,政府应对不当会成为网络舆情危机事件频发的助燃剂,处于核心地位的政府部门的决策、态度和行为决定着网络舆情的发展和走势[22]。而新媒体平台则是催生网络舆情的重要阵地,对公共危机管理具有积极和消极的双重影响,政府需要创新危机管理中的新媒体运用方式,趋利避害,实现对危机信息传播及舆情的有效监管与引导[23]。

自 2020 年新冠肺炎疫情出现以来,以公共卫生事件为对象的危机管理研究明显增多,涵盖危机应对[20,24,25]、问责处置[26]、基层治理[27,28]等议题,涉及政府、企业、高校等危机管理主体。韩瑞波等[29]认为,对于疫情治理的实践,应然路径可以归纳为三个方面:拓展治理空间,将基层治理空间视为基础性的实践场域;整合治理工具,探索治理工具与危机化解的契合点;动员治理主体,建构协同高效的社会治理共同体。突发公共卫生事件下危机管理的研究主要涉及大数据信息系统、公共卫生组织体系设计、社交媒体舆论引导三大领域[30],这与近年来国内危机管理领域的整体研究趋势基本一致。

国内危机管理研究领域关于自然灾害、事故灾难、国家安全的研究相对较少,近年来极端天气下的自然灾害、城市化进程中的生产生活安全事件、国际经济和军事摩擦状况下的危机事件等发生频次有所增加,加强相关研究更具现实意义。刘轩[31]指出,日本在长期自然灾害应对实践中形成了系统推进灾害危机管理的紧急对策体制,形成了计划性预防机制、多渠道预警机制、协调性决策机制、专业救援与互助自救相结合的紧急救援机制,衍生出包含应急对策机关、专门防灾机关、专业救灾队伍等在内的组织体系,同时形成了完善的防灾法律制度体系,为紧急应对各种灾害危机提供了强有力的制度支撑。自然灾害事件的发生直接给景区运营和旅游业发展带来危机,同时会衍生旅游网络舆情[32],因此,灾中旅游危机信息流的微观导引非常重要[33],科学的灾后评估对旅游业的复苏与旅游形象重建也有重要指导作用[34]。传统的科层制政府组织对城市化进程中的系统性风险缺乏足够感知。黄杰等[35]提出了一个组织视角下的"灰犀牛式危机"发生与演化机理的解释框架,对天津大爆炸和深圳渣土滑坡两个案例进行了深入剖析。郑义炜[36]认为,"海空联络机制"的启动和实施对中日海上危机的管控具有重要意义。有效的中美海上危机管理必须从战略、规则和机制三大方面同步进行相互适应和妥协的安排,包括相互接受共存、共识的系列规则和必要的制度机制等[37]。

我国应急管理自新中国成立以来经历了四大转变,应急管理理念更加注重生命至上原则,主体由政府管控转为多元共治,方法由经验管理转为科学管理,模式由分类管理转为统筹协调,开创了具有中国特色的应急管理新格局[38]。自2018年应急管理部成立以来,我国应急管理体系处于总体国家安全观下中国特色应急管理体系建设阶段,以应急管理体系与能力现代化建设为目标,着重强调核心能力建设[39]。在应急管理全新阶段,应急管理体系建设和应急管理能力提升是应急管理面临的重要课题。当前，应急管理实践上面临体制机制建设、应急预案体系建设、应急文化建设和应急信息管理的困局，应急管理理论上面临基础理论薄弱、理论供给不足、研究范围局限和理论转化不力的困局[40]。张海波[41]认为，全过程均衡是中国应急管理实践亟待解决的问题，全过程均衡可同时强调准备、预防、减缓、响应、恢复、学习6项分阶段机制和监测1项跨阶段机制，该理论框架为弥补公共卫生应急管理体系短板、应急管理"促整合"和应急管理体系和能力现代化"强基础"提供了一种共同的知识基础。自应急管理机构改革以来，应急管理体系在灾害种类、职能部门、过程管理等方面都有所调整，未来，需要加强应急管理的综合性和专业性的融合、应急管理体系和业务管理体系的融合，以及多主体多中心高质量的协作与融合[42]。基于突发事件的特性，协同在应急管理中显现出更加重要的赋能效用。地方应急管理局成立后，协同效能有了新变化：领导能力从纵向支配到横向联动、职责权限由政策指令到文化限定、问责角色由问责主体到被问责对象、资源渠道由对称性到非对称性、内在驱动由威权压力到协同文化[43]。应急管理的协同涵盖了不同层面的组织协同、区域协同等，协同机制构建[43-46]及协同度评价[47-49]是当前学术界关注的热点。韧性治理被认为是应急管理的新路径，其目标是倡导城市及社区系统内多元治理主体提升自身及基层社区系统对于复合型灾害风险冲击的适应能力，是基于合作治理与组织学习机制建立的涵盖全灾种、全过程的灾害治理模式[50]，被认为是新冠肺炎疫情风险防控有效的治理模式[51,52]。此外，社交媒体被认为是突发事件感知的重要信息源，具有重要的应用潜力。可以从内容、时空和传播三个维度解析社交媒体多模态信息的多维特征，采用多模态信息分析的关键方法和技术来进行信息获取、描述、分析和可视化等，提升突发事件的应急管理能力[53]。要发挥社交媒体数据社会感知的优势，提升应急管理核心能力，仍需要在社交媒体数据处理及多源数据融合分析技术方面取得突破[54]。

自然灾害作为应急突发事件的重要组成部分，也是学术界关注的重点，特别是以地震灾害、旱涝灾害、台风灾害等自然灾害为背景的多元参与、应急决策、行政问责等相关研究。温志强等[55]抓住汶川地震灾害事发10年的时间节点，从紧急应对到全程管理、从单一事件到类型事件、从遵循传统到流程再造等，提出完善应急管理体系的政策建议。基于"情景-应对"型理论体系的重大突发事件应急决策的范式逐渐被引入地震应急中，能够在一定程度上弥补传统"预测-应对"模式的不足,为地震灾害应急处置提供有力支撑[56]。姜波等[57]针对暴雨灾害典型的时空分布特点,应用Markov决策过程理论,提出基于情景时空演化的暴雨灾害应急决策方法。公众在自然灾害应急救助中主要采取生命救助、捐助物资与资金的救助方式,然而,公众参与自然灾害应急救助效率还需进一步提升[58],"自助、共助、公助"的多方联动灾害应急管理模式能为我们提供借鉴。自然灾害应急管理过程中的行政问责制度是提高应急管理效率、维持和提升政府公信力的重要工具[59]。

0.2.2 应急物资与应急资源

应急资源是一个内涵比较大的概念,涵盖了各种形态的灾害保障条件。但在理论研究和实际应用中,研究者对应急资源的概念认识存在差异,往往要依据自身研究的需要进行内涵和外延的界定。陈桂香等[60]认为,广义的应急资源包括防灾、救灾、恢复等环节所需要的各种应急保障。佘廉等[61]将应急资源表述为包括各种保护居民免受灾害与风险危害的防护工程、风险监测与预警信息生成、应急救灾装备与技术的提供、为灾害状态下灾民基本生活需要的满足、灾后重建等提供必要的物质条件支撑。该表述对两类应急资源给予了特别关注:一是灾情信息、预警装备与技术等与事件的预测预报密切相关的资源;二是支撑应急处置需要的生活保障物资与救援设备。

通过对比众多文献对相关概念的表述可以发现,定量研究中出现频率最高的是应急物资,定性研究中出现较多的是应急资源,专门对应急保障进行论述的文献极少。葛春景等[62]认为,应急体系正常运行所需的人力、物资、资金、设施、信息、技术等各类资源的综合是应急资源,可见应急资源包括的内容更为丰富。方磊[63]认为,广义的应急资源包括应急信息、应急物资、应急队伍以及应急科学技术四个部分。这两种表述与《中华人民共和国突发事件应对法》中对应急资源的论述在内涵上是吻合的。姜玉宏等[64]认为,在应急物流的实施和保障中所采用的物资是应急物资。刘霞等[65]认为,应急保障作为一种应急资源管理活动,既包括物资、资金、信息技术等硬性资源保障,又包括法律法规、预案、人力、政策制度等软性资源保障,是软硬配套相结合的综合性应急资源管理。于瑛英[66]认为,广义应急资源分为硬资源和软资源,硬资源包括人力、物力和财力资源,软资源包括应急体系、应急预案、信息技术、各种法律法规和保障机制。袁玉等[67]认为,应急资源广义上包括应对突发事件所需的一切人力、物力、财力和信息等资源,狭义上的应急资源包括食品、医用药品等常规物资、各类医疗设备设施、专业救援和防护设备、应急通信设施以及能源保障等。在应急资源中,应急物资是最基础的物质保障,因此,多数文献中应急资源概念的内涵是应急物资[68]。当前,多数相关文献没有严格区分应急资源和应急物资,在使用中经常相互代替。而应急信息资源[69,70]、应急人力资源[71]、应急技术资源[72,73]、应急资金资源[74]等属于广义应急资源的范畴,也是应急管理不可或缺的支撑要素。

从以上的论述可知:应急物资是应急资源的子集,应急资源又是应急保障的子集。应急资源囊括了人、财、物、信息、技术、时间等众多方面;应急保障在应急资源的基础上加上管理、软支撑要素等,是一个大的系统概念;应急物资可以看作应急资源的狭义概念,是一种实体的物质形态[75]。三者关系如图 0-1 所示。

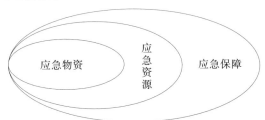

图 0-1　应急物资、应急资源与应急保障关系图

0.2.3　应急资源配置维度

应急资源配置可分为以应急点的选择与建设为主要内容的"大"配置,以选定的应急点内部资源种类与数量配置为对象的"小"配置,以及资源运抵需求点后进行二次分配的再配置。其中二次分配接近灾害需求,直接作用于各个需求点,是应急资源配置的实践行为。从应急救援过程中资源的位置和状态变化来看,应急资源配置又可以分为以满足未来可能需求为目标的常态应急资源配置、灾情出现后实施救援的动态应急资源配置、灾情稳定后的逆向应急资源配置三个方面。这三种配置状态在不同的情景中相互独立,但又统一于灾害的动态需求中,形成资源的一体化耦合配置。

0.2.3.1　应急资源的常态配置

应急资源的常态配置是平常时期资源配置的一种状态,即无灾害时资源的正常状态。该种情形下资源配置的依据是：根据历史的灾害需求数据预置相应的资源，通过预测未来可能发生灾害的概率和程度主动储备相应数额的资源；其要求是储备地点的综合条件较好，适合资源的选址储备，能辐射相关区域。本书主要从应急点的选址、应急点内部的资源配置和应急资源的配置模式等方面进行论述。

在应急点的选址上，主要有三类经典问题：①使需求点与应急资源之间最大服务距离最短的 P-中心问题，以公平为主要目标；②使需求点到应急资源加权平均距离最小化的 P-中值问题，以效率为主要目标；③在覆盖所有需求点的前提下，使选择设施数量最小化的集合覆盖问题，或是在给定设施数量前提下，使选择设施涉及面更广的应急点最大覆盖问题，以效率为主要目标[67,76]。Sylvester[77]提出的 P-中心问题，确定的模型目标是最小化需求点与其最近设施点之间距离的最大值。进一步拓展 P-中心问题，考虑地区人口、经济、交通和关键需求点等综合因素，可以构建国家级应急物资储备设施选址模型[78]。P-中值模型较适合应用于物流中心、发电厂、垃圾转运站等对运输成本敏感的设施选址优化问题[79]，如应急物资储备库的选址问题[80]。在覆盖选址问题上，Toregas 等[81]构建的集合覆盖选址模型(location set covering problem, LSCP)解决了紧急服务设施的选址问题，其目标是确保所有需求点至少被一个设施覆盖；ReVelle 等[82]构建的最大覆盖选址模型(maximal covering location problem, MCLP)并不保证所有需求点都能被覆盖，其目标是最大化被覆盖的需求点的数量，如灾害应急反应的枢纽集覆盖模型和枢纽最大覆盖模型[83]，以及考虑共享不确定因素的应急设施最大覆盖选址优化模型[84]。

关于应急点的大多数研究中均假设应急点选址已经确定，主要任务是如何在特定要求下实现应急点内的资源配置，这也是资源配置的基础环节。许建国等[85]以满足受灾点周期性需求变化为目标，选取合适的应急点并配置相应的资源，在所有需求点一定比例需求量被满足的前提下，使一个周期内需求点被满足的总需求量最大化。方磊[63]采用数据包络分析(data envelopment analysis, DEA)模型在应急资源总量受约束条件下实现相关资源优化重组，以提高利用效率，可较好地解决应急资源的合理配置问题。以效用最大化、建设成本最低和资源供给公平为目标，建立传统的应急资源布局模型，使应急点集合内的离散化应急资源要素整体化，同时采用云服务策略，可使应急资源的布局更加科学[86]。基于多智能体的应急物资储存点布局优化模型可以协同各部门的意见,考虑成本、安全和时间等多因素的影响,为应急物资保障提供更加合理的布局决策[87]。相对于传统以"计算"为重点的应急资源布局,以"数据"为重点的大数据视角下的应急资源布局具备更优的信息沟通机制和更强大的决策支撑[67]。

关于应急资源配置模式的研究,朱庆林[88]结合经济区位指向和国家安全区位指向,提出国内的区域应急资源配置的四种模式:重心前置型、重心居中型、重心后置型和哑铃型。黎忠诚等[89]根据美军物流资源配置的有效方式,论述了战略预置资源的可行性和重要性。牛玉国[90]以黄河水灾为研究对象,提出按照政府主导、民间辅助、群众参与的原则建立国家储备、民间契约储备的资源配置模式。王波[91]在时间优先原则下,以前阶段决策带来的影响为基础,引入惩罚系数与风险占优机制,解决受灾点对应急资源的竞争性需求问题。基于大数据实时信息更新的应急物资配置模式,可以有效解决以往应急物资配置过程中的冗余浪费、低效率、高成本等问题,进而促进传统的灾害应急管理向精细化和精准化方向发展[92]。大数据驱动的应急资源规划配置模式中,应急资源可以进一步分为静态规划的集中应急资源储备库和动态配置的移动应急资源储备库[67]。

0.2.3.2 应急资源的动态配置

当灾情出现时,对资源的需求由潜在、预测变成了现实和评估,资源需求的变化和灾情的变化密切相关,形成了动态的"供给-需求"关系。实现"供给-需求"动态平衡的方法是资源调运,这也是动态资源配置中要解决的主要问题。这里的调运由两部分组成,一是从应急点中选取需要的资源组合运往受灾点,二是对应急点消耗的资源进行连续重新配置以保障下一轮调运的需要。在这种情景下,调运其实就是资源的动态配置。现有文献对调运的研究比较成熟,对资源动态配置的重视不够。

从应急点提取资源进行组合以满足灾情所需的研究领域,一般存在多应急点对单需求点、多应急点对多需求点两种状态。前者如 Fiorucci 等[93]对火灾发生前后具有连续资源供给和集中需求的实时资源分配问题建立动态模型进行研究;刘北林等[94]建立以时间最短、成本最小的多目标数学模型,利用理想点法对多供应点-单需求点的应急资源配置进行模拟;郭鹏辉等[95]针对可同时派出多组救援人员且有固定救援出救点和救灾补给点的情况,建立综合考虑安全风险和时间花费的救援路线优化模型。后者如葛敏等[96]考虑应急资源供给和需求的不确定性,根据"出救点-资源集散中心-原生和次生受灾点"三层拓扑结构的复杂应急资源分配网络,研究多周期、多资源、多种运输模式下应急资源动态调配问题;朱莉等[97]基于不同决策者异质性的救援态度,面向动态灾害下供需平衡的要求,建立考虑异质性行为的灾后多应急点对多需求点的应急物资动态调度优化模型;杨继君等[98]基于多灾点多阶段的应急资源调度过程理论模型,进一步建立面向多受灾点需求的应急资源博弈调度模型,并采用改进的蚁群算法进行求解;苑津莎等[99]构建了多储备点、多受灾点的多种物资的调度模型,并以最大化受灾点平均满意度和最小化运输路径长度为目标,采用双蚁群算法对模型求解。

0.2.3.3 逆向资源配置

逆向资源配置是相对于正向资源配置而言的,在方向上与正向相反,在资源分配、决策过程、执行主体上均与正向存在一定差异。目前,关于自然灾害逆向资源配置的文献极少见,大多数是从逆向物流的角度来进行研究的。作为逆向资源配置的主要内容之一,逆向物流的研究体现在概念界定、逆向物流模式、逆向物流网络结构设计三方面。

在逆向物流的概念定义上,Pohlen等[100]发现可循环使用的材料一般不一定沿着同样的渠道逆向流动,表明逆向配送渠道与原渠道并不一定完全重合;应急物资逆向物流是对灾后物资的"合理性处理",是应急物资优化配置的延伸。应急逆向物流包括废旧物资的回收利用以及可重复利用物资的回收再利用,起到缓解应急物资匮乏、减少环境污染的作用[101]。周垂日等[102]认为,逆向物流包括产品再使用、再制造、整修、材料再生、废品处置等活动,以及伴随这些活动而产生的收集、运输、库存管理等物流活动。

逆向物流模式分为三类:生产方回收模式、生产方联合回收模式和第三方回收模式。生产方回收模式包括直接回收与从中间商处回收两种情形。常香云等[103]认为,二者的共同特点是以生产方为主导,负责规划产品的回收、处理和再利用等。生产方联合回收模式依赖于多个产品的生产方的合作,需要他们合作收集和处理退回的产品。这种模式在降低成本、提高效率、优化资源分配等方面拥有一定的优势。魏洁[104]分析了第三方参与时的回收合作问题,研究了两个节点下只有单一委托企业参与的一对多回收合作结构,以及多生产企业与多第三方逆向物流企业的合作问题。公彦德等[105]在制造商和销售商混合回收废弃电子产品的条件下,构建了制造商主导和第三方物流服务商主导的两类供应链模式。朱凌云等[106]用模糊综合评价法研究了废旧动力电池的逆向物流模式选择,认为自营模式在经济和管理因素方面优势突出,外包模式在技术因素方面的优势最为明显。汤雯[107]以社会福利比较优势为导向,构造由生产商负责回收环节、第三方物流企业负责物流环节、专业废品企业负责加工环节的逆向物流集成模式。

逆向物流网络结构设计分为可制造物流网络设计模型、再循环物流网络设计模型和再使用物流网络设计模型。Min 等[108]研究了在线销售产品退回的物流网络设计问题,选择在退货收集点与制造商或分销商修理设施之间增加集中回收中心,利用规模经济的优势减少运输成本。Krikke 等[109]针对耐用消费品构建了多级回收系统网络的混合整数线性规则(mixed integer linear programming,MILP)模型,从成本最小化的角度在设定的方案中选择最优的设置地点。周向红等[110]构建四级再制造回收网络,提出了自营回收模式下的再制造逆向物流网络选址规划模型。徐友良等[111]分析了产品再制造逆向物流网络中回收中心、拆解中心、再制造中心和配送中心之间的关系,建立了以成本最低为目标的汽车再制造逆向物流网络选址规划模型。余佳等[101]根据随机 Petri 网理论,构建了逆向物流的应急物资配置模型,并对同构于该模型的马尔可夫链进行仿真。

0.2.4 应急资源一体化协同配置

一体化是指整合、集成、联成整体,是系统科学中的一个概念,其目的是将独立运行的个体组成一个紧密衔接和相互配套的有机整体。应急资源一体化配置主要体现在应急资源的整合、集成、联动、协同和一体化管理上,是减少资源配置成本、提高救援效率的有效途径。

在应急资源整合方面,应急资源一体化协同配置是指根据应急资源的来源、结构、内容等进行征调重组和优化配置,使其在应急管理中发挥"1+1>2"的效应[112]。何新华等[113]认为,以服务供应商(政府协议企业)、服务集成商(政府应急管理机构)以及客户(灾区的群众和组织)三部分构成的应急服务供应链对应急资源的整合有一定的影响,其中,服务集成商的影响是直接的,而服务供应商和客户的影响是间接通过服务集成商实现的。王国华等[114]结合应急资源的识别、整合、配送等流程考察其动态配置过程,并从应急救援过程和连续消耗的视角设计应急资源多阶段调度思路。姜硕[115]认为,应充分整合内外部的应急资源,实行一体化优化配置,充分发挥应急资源的保障作用。新时代的"大应急观"要求政府、媒体、智库、居民等多方协作,线上与线下并重,借用和整合一切应急资源[116]。

在应急资源集成方面,应急资源一体化协同配置体现在系统地组织和利用所有可用的应急资源,以最有效地响应应急突发事件。袁飞[117]以救援成本优化为目标,采用流程建模方法研究了应急点、车辆行驶路径和资源配置的协同关系。刘艺等[118]以应急平台为依托,建立了以任务驱动为目标的多主体协同机制和模型结构。范文璟[119]围绕城市突发公共事件应急资源调配中出救点选择与救援车辆路径的集成优化问题进行了研究。何珊珊等[120]对铁路运输网络中的修复失效线路与应急物资配送问题进行集成优化,以物资配送总效率最大和修复路径总延时最小为目标建立修复和物资配送问题(repair allocation problem,RAP)的集成优化模型,以提高铁路应急物资的配送效率。刘文博[121]以实现多应急点和灾害需求点匹配为目标,同时将应急点可投入的车辆数量及装载能力作为重要影响因素,提出基于两层架构协调的应急物资分配与车辆调度集成优化方法,以实现车辆的总运输费用最小化,救灾效率最大化,进而有效提升救灾满意度和公平性。郑丽[122]重点研究了地震灾害的应急物资配送和道路修复的集成优化问题,其中涉及紧急救援和后期持续救援两个阶段的多目标优化。

在应急资源联动方面,应急资源一体化配置需要各方高效地协调和合作,以适应不断变化的应急需求。傅惠等[123]提出具有资源和不确定时间约束的应急工作流网模型,结合三类库所(状态库所、动作库所、资源库所)及三类时间属性(可视时间、静态时间、动态时间),揭示多部门联合应急中的作业时序与资源占用关系。葛春景等[62]提出基于多中心(multi-hub)的都市圈应急资源联动网络方式,从应急资源供给、运输、储备、调用、需求等节点着手,为应急管理的每一个环节都配置了相应的纵向与横向资源保障,实现了分散资源的有效整合。田依林[124]利用网格化管理技术实现资源共享、信息开放,打造了一个全方位、立体化、多层次和综合性的应急资源管理网络系统,可实现各类资源的有效调度和各应急点资源配置的融合。滕五晓等[125]针对现有区域合作资源,提出多层次、网络状区域应急联动模式和运行机制,对区域内资源的合理布局与调用进行了讨论。

在应急资源的协同方面,为满足突发事件对应急资源的动员需求,特定区域内的地方政府通过应急资源动员准备、实施和复员合作完成动员任务的活动[126]。程国萍等[127]以大规模应急救援为背景,建立一个协同柔性的应急资源布局网络模型并提出求解算法,以解决应急枢纽点的选择和协同配合问题。李帅等[128]分析灾害发生后应急资源的多点分时段需求特征,建立了多受灾点间联动互相支援的资源滚动式协同调度配置模型。朱伟[129]根据南水北调中线工程受水区水资源的特点,遵循系统工程思想,依照可持续发展和公平原则,构建了受水区水资源协同配置模型。孙昌玖等[130]为提高震后应急物资的配送效率,针对集散中心-物流中心-受灾区域三级应急物资配送体系,在应急物流中心一级引入横向转运进行协同调度,建立基于横向转运的应急物资协同调度模型。曲冲冲等[131]从整合京津冀地区应急资源、协同应对突发事件的角度出发,提出了京津冀地区统筹规划下区域协同应对自然灾害的新模式。

在应急资源一体化管理方面,政府可以将各种应急资源整合至一个统一的管理系统中,利用系统决策支持、信息共享和协同工作的优势来提高应对应急突发事件的效率和效果。顾锦龙[132]以美国应急资源管理为例,强调了建立全社会支持的减灾管理集权机制与责任分担制约机制的重要性。谭徐明等[133]以应急响应一体化管理为例,辨析了应急启动与应急行动的关系,进而设计了江河与局地洪水应急资源一体化管理框架。佘廉等[134]分析美国的消防体制改革经验,指出国内建立一元应急资源管理机制的紧迫性。钱刚毅等[135]提出了解决国内应急资源的应急联动与管理的"条块分割"之间矛盾的思路,强调了政府应急资源决策的范式、制度的重要性。刘奕等[136]梳理我国公共卫生应急防控的发展现状,分析了公共卫生应急精准防控与一体化管理的发展思路。为支撑一体化应急准备体系规划和应急资源储备布局的决策需要,段倩倩等[137]针对京津冀地区地震灾害风险及应对特点,构建了应急准备选址和分区方案。

综合上述内容,已有文献关于应急资源一体化协同配置的研究集中在供应服务链局部链条上应急资源的集成优化、横向应急资源的协同整合及管理理念层面,并未作为一个合成的过程去考虑,在一定程度上破坏了一体化耦合的完整性,因而需要对一体化协同配置的路径进行清晰、完整的描述。

0.2.5 应急点选址模型与应急资源配置模型

应急点选址是高效应急救援的基础,学者们构建了不同模型对其进行分析。除了P-中心、P-中值、最大覆盖等经典选址问题模型，还采用了两阶段随机规划模型、多目标线性整数规划模型、多目标随机规划模型、基于逼近理想解排序法（technique for order preference by similarity to ideal solution, TOPSIS）方法的建设时序模型、应急资源鲁棒选址-路径模型、混合整数规划模型等。王海军等[138]基于若干随机突发事件情景下物资需求量和运输时间不确定的现实，建立了一定应急时间约束下随机规划模型，并采用混合遗传算法进行求解，发现牺牲需求满足率与应急限制期带来的成本降低是不经济的。李超萍[139]采用混合整数非线性规划方法来建立选址多目标优化模型，同时设计了一种基于协进化原理、运用矩阵编码的多目标遗传算法。孙清臣等[140]在考虑应急资源需求不确定性的基础上，通过建立随机规划模型，优化应急点选址、多类型物资库存等决策，并采用样本均值逼近法求解模型。胡少龙等[141]提出基于不同情景的应急资源配置两阶段随机规划模型，第一阶段确定灾前应急点布局和实物储备，第二阶段确定灾后资源生产和配送物资，均采用样本均值逼近方法求解模型。为合理解决轨道交通应急资源储备点选址问题，何舟等[142]构建了综合可靠性下的多目标线性整数规划模型，并采用遗传算法进行问题求解。张庆等[143]考虑洪涝自然灾害背景下多种应急物资、灾情的不确定性和受灾点多目标性，集成优化灾前准备和灾后响应两阶段，建立了最长救援时间下的两阶段多目标混合整数规划模型，并设计了一种多目标遗传算法进行求解。王飞跃等[144]在传统线性规划基础上引入区间数描述物资需求量和物资运输时间的不确定性，并以应急物资分配的经济性、时效性和公平性为目标，建立多目标线性区间规划模型。与多目标确定性规划模型相比，该模型更加有效。彭春等[145]在多类应急资源配置选址-路径优化名义模型的基础上，考虑应急资源成本的不确定性，引入两类不确定集合来刻画该不确定性，并分别建立多类应急资源鲁棒选址-路径优化模型，进行模型转换和算法求解。李红梅等[146]基于就近原则研究新增应急避难点鲁棒选址问题，所建模型考虑避难者人数的不确定性和道路的通行能力限制，以所有避难者完成撤离时间的最大后悔值最小为目标。

在应急资源配置模型方面，相关研究主要体现在资源的调度上。赵星等[147]建立了一种基于多目标路径规划的应急资源配置模型，以解决应急路径搜索与资源配置两个问题，并采用整数规划法、动态规划算法、启发式算法等进行有效求解。王付宇等[148]考虑灾害初期物资供应不足、道路受损及救援方案的公平性等因素,构建了最小化应急资源调度成本和最大化灾区民众满意度的多目标应急资源调度模型,并采用改进的天牛须算法进行模型求解。杜雪灵等[149]考虑铁路突发事件下的多需求点-多供应点的应急资源调度问题,以公平性最大和调度总成本最小为优化目标,构建多目标应急资源调度模型,并利用并列选择遗传算法求解。宋英华等[150]建立以调度时间、应急成本、救援效应为目标函数的应急资源调度超网络模型,以有效解决多主体心理作用下的应急资源协调调度问题,并将模型转化为变分不等式等价形式,运用修正投影算法对模型进行求解。聂宗瑶等[151]重点考虑时间约束下多应急点应急资源调度问题,采用并行协同差分进化算法,建立优化模型和求解算法。冯春等[152]基于应急资源精益配置思想,采用情景建模法建立多致灾情景下应急资源精益配置模型,利用改进差分进化算法求解模型并进行验证。葛敏等[153]基于突发事件灾害链情景,构建一个多资源种类、多运输方式、拥有双层复杂网络拓扑结构的应急资源分配网络优化调配模型,并提出一种改进多资源分类调度的启发式算法进行求解。

0.2.6 灾害风险评估与应急资源配置效果评价

风险评估、损失评估是备灾阶段、灾后处置和恢复重建阶段的重要内容,也是应急资源配置的重要依据。而灾害应急资源配置效果评价则是对应急资源配置决策和管理进行改进的手段和依据。

自然灾害风险评估是实施有效减灾政策和措施的必要步骤和基础环节,可为防灾减灾战略决策提供技术支持和数据参考。相关研究主要集中在利用技术工具、历史数据和科学方法对风险进行评估及对可能造成的损失进行预测等方面。庞西磊等[154]将自然灾害动态风险评估分为灾害风险评估的时间约束、致灾因子动态分析、承灾体动态分析、自然灾害动态风险耦合和自然灾害动态风险情景输出五部分,弥补了评估方法缺少考虑自然灾害风险动态变化的不足。孙洋等[155]结合四川省区域特点,构建了城市自然灾害脆弱性评价指标体系,并运用主成分分析和逼近理想排序法进行了实证分析。徐桂珍[156]根据自然灾害风险理论,从致灾因子危险性、承灾体暴露性和脆弱性以及抗旱减灾能力四项要素着手,构建危险性和干旱灾害风险综合指标评估模型,对陕西省典型作物干旱灾害风险进行了评估与区划。余泳等[157]基于自然灾害中森林火灾的案例,结合灰色理论,验证

GM (1,1) 模型在灾害预测评估项目中的实用性和有效性。陈慧等[158]从生态环境脆弱性、气候变化影响风险性及社会经济暴露性三方面出发,构建了中国大陆沿海城市自然灾害风险评估体系,并建立乘法计算模型,分析了中国大陆 53 个沿海城市自然灾害风险特征。郭君等[159]通过对传统概率风险模型添加时间要素,给出系统误差校正后的概率风险评估模型,并通过比较研究发现校正后的概率风险结果更符合客观实际。王紫薇等[160]基于"一带一路"沿线地区的洪涝、干旱、风暴、地震 4 类主要自然灾害的历史数据,提出灾害数据空间尺度下推方法,构建了基于省级尺度的灾害数据库,对"一带一路"沿线地区主要灾害危险性和人口、经济损失的空间分布特征以及综合灾损高值区的主导灾害进行了研究。

对特定灾类的风险评价研究也较多,其中对洪灾、雪灾、干旱等风险评估的研究主要集中在评估指标体系、评价方法、评价手段上。李继清等[161]选取社会评价指标,采用突变理论对 1995—2000 年长江流域发生的洪灾综合风险进行社会评价,由评价结果得到此区间洪灾综合风险的级别。高俊峰等[162]认为城市洪灾加重的原因在于城市化的发展增加了不透水层面积,减少了雨水的渗透,增加了地表径流,而新建城区的防洪能力薄弱,植被覆盖遭到破坏,导致水土流失,加快了汇流速度,加重了洪水灾情。姜丽等[163]以多年土地利用与资产数据为基础,基于土地利用和资产的未来变化预测,结合未来多种极端洪灾情景,开展杭州湾北岸承灾体与暴露时空演化模拟,并对杭州湾北岸洪涝灾害风险进行了评估。刘媛媛等[164]结合孟印缅地区的降水、数字高程、水系、土地利用和社会经济等数据,采用层次分析法(analytic hierarchy process,AHP)和 AHP-熵权法对孟印缅地区的洪水灾害风险进行了评估。马恒等[165]基于区域自然灾害系统理论,梳理畜牧业雪灾致灾成害过程和畜牧业雪灾风险评估的理论框架,从致灾因子、孕灾环境、承灾体等方面分析了国内外相关研究进展。杨登兴等[166]构建青藏铁路及其沿线的雪灾综合风险评估体系,对青藏铁路沿线积雪雪灾、雪崩雪灾和风吹雪雪灾的致灾危险性以及铁路系统的脆弱性进行了综合分析。张卓群等[167]以黄河流域为研究对象构建 Copula 模型,对全流域干旱发生频次、干旱重现期、干旱历时和干旱烈度进行了研究,为不同区域干旱风险评估与治理提供量化支撑。杨海峰等[168]基于压力-状态-响应(pressure-state-response,PSR)概念框架,构建了各单灾种风险评价指标体系,利用耦合激励模型复合单灾种风险评估结果,定量测度研究区城市安全风险分布特征，并运用地理探测器对城市安全风险驱动机制进行了分析。

灾后损失评估也是近年来学术领域研究的热点。李宁等[169]认为，直接损失评估和间接损失评估同等重要，而灾害学与经济学相结合可有效改进评估方法，有利于提高防灾减损的管理水平。杨磊等[170]提出基于带有"矛盾否定、对立否定和中介否定"模糊集的自然灾害灾情评估模型，克服了传统灾情评估方法不能对自然灾害多等级间关系进行分析处理的局限。许闲等[171]研究了联合国最新灾害评估方法体系，认为利用该评估体系所得结果虽然与目前国内常用统计方法得出的结果存在较大差异，但有助于灾情损失评估逐步与国际接轨。高玉琴等[172]综合考虑灾情属性、社会影响、经济影响和自然环境影响，设计了相对全面的灾害灾情评估指标体系，构建基于云模型的权重确定方法和基于云模型的灾害灾情等级评估模型并进行实证分析，认为该模型能有依据地得出灾情等级评估标准并客观合理地确定等级。胡亮等[173]根据河道堰塞生命损失致灾机理构建包含风险人口、警报时间、理解程度、湖区水位上升速度、风险人口高程、淹没水深等参数在内的评价指标体系，并采用贝叶斯网络模型对河道堰塞生命损失进行评估。王芳等[174]对台风灾害间接损失评估模型中劳动力参数进行了研究，认为该模型中对劳动力所属部门的假设和劳动力灾后动态恢复路径的函数设置与选择存在进一步调整修正的空间。在未来相关研究中应从直接经济损失为主，向间接经济损失以及经济损失与社会、环境影响评估并重方向发展，特别要重视间接损失评估技术标准的研发，以使损失评估更好地服务于灾害过程管理及减灾决策[175]。

随着研究的不断深入，广大学者和应急管理者开始关注应急资源配置效果评价。郭泳亨[176]以受影响人数、挽回经济损失量、损失持续时间、公众反应为一级指标，利用模糊综合评判法解决了应急决策效果的评价问题。张薇[177]通过建立模糊综合评判模型，设立7个一级指标体系，对城市的应急能力进行了研究。陈安等[178]将现代应急评价分为可减缓性评价、可挽救性评价和可恢复性评价三个方面，提出在平时状态可以评价并调整资源保障，确保具备应对突发事件的能力但不浪费资源；临战状态能敏捷调配资源，有效应对突发事件。谢合亮等[179]基于国际应急能力评价原则，设计应急能力评价指标体系，使用模糊层次分析法（fuzzy analytic hierarchy process, FAHP）确定各层次指标权重，构建应急能力评估模型，克服了一般层次分析法的局限性。尚志海[180]认为,城市自然灾害风险管理过程中的风险问责机制应以风险绩效评估为基础,突变理论可应用于评估指标体系的设计,经综合评价得到的风险管理绩效值及等级可反馈至前瞻性风险管理过程。

0.2.7 应急资源配置经验与政策法规

近年来,频发的自然灾害给社会、经济发展带来了较大冲击,政府与学者对灾害成因、发展与影响更加重视,成立课题组开展专项研究,力图为相关政策法规的制定提供依据。蒙受自然灾害之痛的美国与日本在多年的实践中积累了不少经验,能为我国灾害应急管理提供借鉴。高昊等[181]对日本灾害信息传播法律法规、灾害瞬时警报系统、媒体应急机制以及媒体灾害信息传播实践经验等进行梳理,分析了日本灾害信息传播应急机制的经验,总结了对我国灾害信息传播应急机制的启示。日本的"自助、共助与公助"应急管理模式能充分整合政府和社会资源,实现民众、社会和政府对应急资源的有效配置[182]。比如,能兼顾平时使用和紧急使用的日本便利店,实现了社区商业设施网络与生活物资应急配送终端网络的融合,可以解决应急生活物资配送终端体系分散低效的问题[183]。沙勇忠等[184]以减灾型社区建设为目标,从伙伴关系发展、风险与灾害评估、减灾项目的设定、公众教育与信息沟通四个方面,介绍了美国政府在防灾方面积累的经验做法,建议国内应重视社区层面的减灾建设、社区减灾资源配置、队伍建设与减灾文化建设等。徐一婷等[185]研究了美国、欧盟、联合国等国家和国际组织的15个应急避难场所标准,认为有如下优点可以借鉴:标准覆盖全面、可操作性强、管理运维科学、高度重视弱势群体等。美国国家突发事件管理系统在应急资源管理方面,旨在为全美应急管理工作提供一个高效普适的资源管理系统。该系统最大化地调度全国应急管理资源,其核心是对相关应急资源进行标准化和细致入微的分类,确保美国政府能够成功应对各类公共危机与突发事件,其应急资源分类分级及应急人力资源管理对我国有重要的借鉴意义[71]。

我国自然灾害发生与救援过程产生的诸多问题和政策法规不健全有着密切关系,制约着应急资源生产、运输、配置与多主体行为。尤其是存在如下主要问题:全社会民众思想意识薄弱,参与积极性低;社会保障政策缺乏,灾后处理难度大;资源管理较为混乱,成本居高不下,不利于长期灾防范。国外一些国家较早地制定和实施了一些法律法规。美国于 1998 年颁布了罗伯特·T·斯塔福德灾难救助和应急援助法案,于 2000 年颁布了灾害减缓法案;英国于 1948 年颁布了民防法案;日本于 1961 年颁布了灾害对策基本法;新西兰于 2002 年颁布了民防应急管理法。针对灾害应急管理,从苏联时代开始,到现在的俄罗斯联邦,已有 40 余部联邦法律、100 余部联邦法规及超过 1000 部地方法案。政策法规对自然灾害救助参与主体的参与意识有显著的正向影响,有助于最大限度地调动公众有效有序地参与应急救助。政策法规的规范和制约既能够引起公众的重视,又能对公众参与提供支持和保障[186]。佘廉等[187]以汶川地震暴露的问题为背景,梳理了国内应急管理理论研究与管理体系建设历程,提出应加强应急法规与政策方面的法理研究,适时出台政策法规,解决主体的责任分配、运行机制与评估、多目标冲突的协同、主体的激励、复杂条件下大规模人群疏散及资源占用、补偿等问题,为应急救援及资源管理提供支持。刘霞等[65]针对我国灾害救援过程的"有保障、无体系"问题,提出应建立健全法律法规体系,建立与完善主体及关联的纵横协调机制,对灾害救援实施制度化管理。史培军等[188]通过梳理第六届国际"IIASA-DPRI"综合风险管理论坛的主要内容,以"加强综合灾害风险研究,提高应对风险能力"为研究主题,对综合灾害风险的管理理论与方法进行了探讨,提出了我国在重视应急管理的同时应加强法律法规、标准与规划、资源与环境建设。冷红等[189]认为,我国洪涝灾害韧性城市建设需统一进行顶层规划设计,尤其要高度重视法律法规建设和国土空间规划系统编制。孙翊等[190]回顾了我国典型物资的储备体系发展历程,研究了物资储备体系建设的国际经验,建议我国推进应急物资储备治理体系现代化建设,着力开展法律法规体系、综合领导和管理能力、物资储备新机制、人才队伍培养、科技支撑和数字化转型等方面的工作。当前,我国国民经济动员参与应急管理的权限、时机、方式等内容还不够明确,法治化建设比较落后,严重制约着国民经济动员在应对突发事件中效能的发挥。因此,完善国民经济动员法规是当前军民融合式发展的重点内容[191]。

0.3 研究方法

本书按照研究自然灾害应急资源一体化协同配置的目的是什么,如何设计合理的一体化协同配置维度,整体配置模式中三个分一体化的协同关系是什么,常态应急资源配置、动态应急资源配置、逆向应急资源配置一体化协同配置如何实现,基于一体化视域的协同配置模式运行效果如何评价,对应急资源协同配置的建设如何开展,应急资源配置案例验证分析的思路展开论述,主要研究方法如下:

(1)情景分析法。在理论部分灾害救援需求分析中,本书运用情景分析法来预测灾害发生的未来情形。从五个步骤展开情景分析,其中高需求-高效率供给是资源一体化配置的主要情景,资源配置体系的建立较好地满足了灾害现场的需求;非高效率的供给则可能是在生产节点、应急点、调运节点的一个或多个环节出现了失调,需要进行一定程度的调整。

(2)数据包络分析法。该方法加入了决策者的偏好,自1978年提出以来,被广泛地应用于决策领域中众多问题的研究。本书针对自然灾害应急点选择问题,设定6个同类决策单元来进行研究。每个决策单元都有5种类型的输入(表示对资源的耗费)以及4种类型的输出(表示消耗了"资源"之后表明成效的信息量),最终确定了应急点优化方案。

(3)超效率基于松弛测量的数据包络分析(slack based measurement-data envelopment analysis,SBM-DEA)模型法。在应急资源常态、动态配置和二维、三维协同配置中,模型法是运用比较广泛且具有说服力的一种方法。本书涵盖应急点选址优化、应急资源动态配置、二维协同、三维协同与资源耦合配置效果评价等内容。在这些方面,我们采用相关的模型来研究问题,并进行一系列算例分析。需要特别提到的是,本书利用超效率SBM-DEA模型进行定量分析,以评估常态应急资源配置子系统、动态应急资源配置子系统和逆向应急资源配置子系统间的资源配置方式和效率。

(4)模糊层次分析法。该方法充分考虑决策者的知识和经验,通过为单个因素评价建立矩阵模型得出评价集,根据最大隶属原则确定评价结果。

(5)比较法。该方法是在多应急点资源的分配中,通过对生产点位置、应急点位置、需求和供给情况的比较分析,确定不同应急点的配置方案。

(6)案例分析法。地震灾害和特大暴雨灾害是国内两类典型自然灾害。本书以2013年四川省芦山"4·20"7.0级地震和2012年北京"7·21"特大暴雨自然灾害为例,对应急资源配置过程进行梳理和总结。

0.4 小结

本章论述了研究背景与意义、国内外研究动态、研究方法等,其中,国内外研究动态是重点。通过对应急资源配置研究领域现有文献进行分类总结,笔者发现现有研究具有以下特点:

(1)将注意力集中在单种应急资源配置研究上。该类研究对象相对单一,不涉及资源组合问题,对应的运输工具相对固定。对某一特定状态的应急资源配置研究比较成熟。应急管理一般有四个不同的阶段,每一阶段都要有相应的资源作保证。现有文献对应急资源选址、调运等作了大量研究,研究重点为应急资源调度,并在不同条件约束下建立了数量模型。

(2)多供给点-单需求点应急资源配置关注度高。就某一区域而言,从不同应急点库存中调取资源(种类、数量)、设计配送方案和选择路线等问题在现有文献中均有讨论,而多供给点-多需求点问题研究明显不足。多供给点-多需求点是应急资源供给-需求的高级状态,亦是情景最为复杂的状态。现有研究主要通过构建模型来分析问题,且设定了比较苛刻的限定条件,实现起来难度比较大,同时,模型的计算量也比较大。

(3)基于多维度的应急资源一体化协同配置实施路径研究较薄弱。现有研究多将重心聚焦在某一点上,相互之间比较分散。尤其关于常态应急资源配置子系统、动态应急资源配置子系统和逆向应急资源配置子系统的耦合模式与配置效率的研究缺失。因此,从定量关系上进行刻画、从定性角度进行分析是十分必要和迫切的。

此外,本章还介绍了多种定量和定性分析方法,为后续研究的开展提供了技术支撑。

第1部分

应急资源一体化配置之基础

第1章 自然灾害应急资源构成要素及配置现状

1.1 自然灾害的类别及风险分级

1.1.1 自然灾害分类

自然灾害调查、研究和管理需要依据一定的标准开展,尤其需要对其类别进行合理划分。在我国,以灾害的成因作为分类标准占据重要的地位[192]。

1991年,为推动减灾活动的深入开展,国家科委、国家计委、国务院生产办联合成立自然灾害综合研究组,开展对气象灾害、海洋灾害、洪水灾害、地质灾害、地震灾害、农业生物灾害和森林灾害等7类主要自然灾害的大规模调查和研究,取得了系列成果并被相关部门采用。

2005年的《国家自然灾害救助应急预案》和2009年的《中国的减灾行动》白皮书将我国主要自然灾害划分为水旱灾害、气象灾害、地质灾害、海洋灾害、森林草原火灾和重大生物灾害;2011年修订的《国家自然灾害救助应急预案》将我国的自然灾害划分为气象灾害、地震灾害、地质灾害、海洋灾害、生物灾害、森林草原火灾和干旱、洪涝灾害。

1.1.2 自然灾害分类标准化

为有效应对自然灾害对经济社会造成的严重影响,国家有关部门在充分调研基础上于2012年发布了《自然灾害分类与代码》(GB/T 28921—2012),实现了对各灾种的系统划分和精准界定,为国内自然灾害规范化管理提供了依据。《自然灾害分类与代码》采用线分类法,同层级类目间构成并列关系,不同层级类目间构成隶属关系。该标准依据自然灾害的属性和特质将其划分为气象水文灾害、地质地震灾害、海洋灾害、生物灾害和生态环境灾害五大灾类,灾类下又划分为39类灾种,灾种中设其他类别作为收容类目[1]。该标准中自然灾害的分类体系见表1-1至表1-5。

(1) 气象水文灾害大类代码为 010000,包含的灾种代码从 010100 到 011200,另外加上 019900 共 13 种,由气象和水文要素的异常变化引起。不同灾种的含义见表 1-1。

表 1-1　气象水文灾害

代码	名称	含义
010000	气象水文灾害	由于气象和水文要素的数量或强度、时空分布及要素组合的异常,对人类生命财产、生产生活和生态环境等造成损害的自然灾害
010100	干旱灾害	因降水少、河川径流及其他水资源短缺,对城乡居民生活、工农业生产以及生态环境等造成损害的自然灾害
010200	洪涝灾害	因降雨、融雪、冰凌、溃坝(堤)、风暴潮等引发江河洪水、山洪、泛滥以及渍涝等,对人类生命财产、社会功能等造成损害的自然灾害
010300	台风灾害	热带或副热带洋面上生成的气旋性涡旋大范围活动,伴随大风、暴雨、风暴潮、巨浪等,对人类生命财产造成损害的自然灾害
010400	暴雨灾害	因每小时降雨量 16 毫米以上,或连续 12 小时降雨量 30 毫米以上,或连续 24 小时降雨量 50 毫米以上的降水,对人类生命财产等造成损害的自然灾害
010500	大风灾害	平均或瞬时风速达到一定速度或风力的风,对人类生命财产造成损害的自然灾害
010600	冰雹灾害	强对流性天气控制下,从雷雨云中降落的冰雹,对人类生命财产和农业生物造成损害的自然灾害
010700	雷电灾害	因雷雨云中的电能释放、直接击中或间接影响到人体或物体,对人类生命财产造成损害的自然灾害
010800	低温灾害	强冷空气入侵或持续低温,使农作物、动物、人类和设施因环境温度过低而受到损伤,并对生产生活等造成损害的自然灾害
010900	冰雪灾害	因降雪形成大范围积雪、暴风雪、雪崩或路面、水面、设施凝冻结冰,严重影响人畜生存与健康,或对交通、电力、通信系统等造成损害的自然灾害
011000	高温灾害	由较高温度对动植物和人体健康,并对生产、生态环境造成损害的自然灾害
011100	沙尘暴灾害	强风将地面尘沙吹起使空气混浊,水平能见度小于 1 千米,对人类生命财产造成损害的自然灾害
011200	大雾灾害	近地层空气中悬浮的大量微小水滴或冰晶微粒的集合体,使水平能见度降低到 1 千米以下,对人类生命财产特别是交通安全造成损害的自然灾害
019900	其他气象水文灾害	除上述灾害以外的气象水文灾害

(2) 地质地震灾害大类代码为 020000,包含的灾种代码从 020100 到 020800,另外加上 029900 共 9 种,由地球岩石圈的能量运动和地质结构的变化引发,在我国以地震灾害和泥石流的威胁最为严重。不同灾种的含义见表 1-2。

表 1-2 地质地震灾害

代码	名称	含义
020000	地质地震灾害	由地球岩石圈的能量强烈释放剧烈运动或物质强烈迁移,或是由长期累积的地质变化,对人类生命财产和生态环境造成损害的自然灾害
020100	地震灾害	地壳快速释放能量过程中造成强烈地面振动及伴生的地面裂缝和变形,对人类生命安全、建(构)筑物和基础设施等财产、社会功能和生态环境等造成损害的自然灾害
020200	火山灾害	地球内部物质快速猛烈地以岩浆形式喷出地表,造成生命和财产直接遭受损失,或火山碎屑流、火山熔岩流、火山喷发物(包括火山碎屑和火山灰)及其引发的泥石流、滑坡、地震、海啸等对人类生命财产、生态环境等造成损害的自然灾害
020300	崩塌灾害	陡崖前缘的不稳定部分主要在重力作用下突然下坠滚落,对人类生命财产造成损害的自然灾害
020400	滑坡灾害	斜坡部分岩(土)体主要在重力作用下发生整体下滑,对人类生命财产造成损害的自然灾害
020500	泥石流灾害	由暴雨或水库、池塘溃坝或冰雪突然融化形成强大的水流,与山坡上散乱的大小块石、泥土、树枝等一起相互充分作用后,在沟谷内或斜坡上快速运动的特殊流体,对人类生命财产造成损害的自然灾害
020600	地面塌陷灾害	因采空塌陷或岩溶塌陷,对人类生命财产造成损害的自然灾害
020700	地面沉降灾害	在欠固结或半固结土层分布区,由于过量抽取地下水(或油、气)引起水位(或油、气)下降(或油、气田下陷)、土层固结压密而造成的大面积地面下沉,对人类生命财产造成损害的自然灾害
020800	地裂缝灾害	岩体或土体中直达地表的线状开裂,对人类生命财产造成损害的自然灾害
029900	其他地质灾害	除上述灾害以外的地质灾害

(3) 海洋灾害的大类代码为 030000,包含的灾种代码从 030100 到 030500,另外加上 039900 共 6 种,由海洋自然环境发生的异常变化引起。不同灾种的含义见表 1-3。

表 1-3 海洋灾害

代码	名称	含义
030000	海洋灾害	海洋自然环境发生异常或激烈变化,在海上或海岸发生的对人类生命财产造成损害的自然灾害
030100	风暴潮灾害	热带气旋、温带气旋、冷锋等强烈的天气系统过境所伴随的强风作用和气压骤变引起的局部海面非周期性异常升降现象造成沿岸涨水,对沿岸人类生命财产造成损害的自然灾害
030200	海浪灾害	波高大于4米的海浪对海上航行的船舶、海洋石油生产设施、海上渔业捕捞和沿岸及近海水产养殖业、港口码头、防波堤等海岸和海洋工程等造成损害的自然灾害
030300	海冰灾害	因海冰对航道阻塞、船只损坏及海上设施和海岸工程损坏等造成损害的自然灾害
030400	海啸灾害	由海底地震、火山爆发和水下滑坡、塌陷所激发的海面波动,波长可达几百公里,传播到滨海区域时造成岸边海水陡涨,骤然形成"水墙",吞没良田和城镇村庄,对人类生命财产造成损害的自然灾害
030500	赤潮灾害	海水中某些浮游生物或细菌在一定环境条件下,短时间内爆发性增殖或高度聚集,引起水体变色,影响和危害其他海洋生物正常生存的海洋生态异常现象,对人类生命财产、生态环境等造成损害的灾害
039900	其他海洋灾害	除上述灾害之外的其他海洋灾害

(4)生物灾害的大类代码为040000,包含的灾种代码从040100到040600,另外加上049900共7种,是引起全世界高度关注的重大和潜在灾害,对人类的身体健康和环境均能产生重大影响。不同灾种的含义见表1-4。

表 1-4 生物灾害

代码	名称	含义
040000	生物灾害	在自然条件下的各种生物活动或由于雷电、自燃等原因导致的发生于森林或草原,有害生物对农作物、林木、养殖动物及设施造成损害的自然灾害
040100	植物病虫害	致病性微生物或害虫在一定环境下暴发,对种植业或林业等造成损害的自然灾害
040200	疫病灾害	动物或人类由微生物或寄生虫引起突然发生重大疫病,且迅速传播,导致发病率或死亡率高,给养殖业生产安全造成严重危害,或者对人类身体健康与生命安全造成损害的自然灾害
040300	鼠害	害鼠在一定环境下暴发或流行,对种植业、畜牧业、林业和财产设施等造成损害的自然灾害

续表

代码	名称	含义
040400	草害	杂草对种植业、养殖业或林业和人体健康等造成严重损害的自然灾害
040500	赤潮灾害	海水中某些浮游生物或细菌在一定环境条件下,短时间内爆发性增殖或高度聚集,引起水体变色,影响和危害其他海洋生物正常生存的海洋生态异常现象,对人类生命财产、生态环境等造成损害的灾害
040600	森林/草原火灾	由于雷电、自燃或在一定有利于起火的自然背景条件下由人为原因导致的,发生于森林或草原,对人类生命财产、生态环境等造成损害的火灾
049900	其他生物灾害	除上述灾害之外的其他生物灾害

（5）生态环境灾害的大类代码为050000,包含的灾种代码从050100到050400,另外加上059900共5种,由生态失衡和系统结构的异变引发。不同灾种的含义见表1-5。

表1-5 生态环境灾害

代码	名称	含义
050000	生态环境灾害	由于生态系统结构破坏或生态失衡,对人地关系和谐发展和人类生存环境带来不良后果的一大类自然灾害
050100	水土流失灾害	在水力等外力作用下,土壤表层及其母质被剥蚀、冲刷搬运而流失,对水土资源和土地生产力造成损害的自然灾害
050200	风蚀沙化灾害	由于大风吹蚀导致天然沙漠扩张、植被破坏和沙土裸露等,导致土壤生产力下降和生态环境恶化的自然灾害
050300	盐渍化灾害	易溶性盐分在土壤表层积累的现象或过程对土壤和植被造成损害的灾害
050400	石漠化灾害	在热带、亚热带湿润、半湿润气候条件和岩溶极其发育的自然背景下,因地表植被遭受破坏,导致土壤严重流失,基岩大面积裸露或砾石堆积,使土地生产力严重下降的灾害
059900	其他生态环境灾害	除上述灾害之外的其他生态环境灾害

1.1.3 自然灾害的风险分级

中华人民共和国民政部于2012年3月14日发布《自然灾害风险分级方法》(MZ/T 031—2012),为自然灾害风险评估、管理和研究奠定了基础。自然灾害风险是以自然变异为主因导致的未来不利事件发生的可能性及其损失,其分级遵循科学性、实用性和可扩展性原则。

自然灾害风险分级标准有两个:一是自然灾害发生的概率 P;二是自然灾害产生后果严重程度 C。自然灾害风险 R 的等级大小由其发生概率 P 和产生后果严重程度 C 的乘积决定[193],即

$$R = P \times C \tag{1-1}$$

致灾概率(可能性)和致灾后果均可分为极高等级、高等级、中等级和低等级。为方便标准化管理,可以分别赋予分值 1、2、3、4。在实际自然灾害风险等级确定中,若特定自然灾害事件的多个指标等级分值不一致,则致灾严重程度(后果)的等级分值 C 取其最大值。根据 P 值和 C 值的对应关系,建立风险等级 R 值的分级矩阵,见表 1-6。

表 1-6 自然灾害风险分级矩阵

风险等级分值 R		后果等级分值 C			
		极高	高	中	低
		1	2	3	4
可能性等级分值 P	极高	1	1	2	3	4
	高	2	2	4	6	8
	中	3	3	6	9	12
	低	4	4	8	12	16

1.2 自然灾害应急资源的内容

本书将自然灾害应急资源的内容分为应急管理机构、应急人力资源、应急财力资源、应急物资资源、应急通信资源、应急物流资源、应急医疗资源及应急避难场所等八方面。

1.2.1 应急管理机构

2018 年,党和国家机构改革消除了原有应急管理多头负责、协调成本高、反应和救援效率低的弊端,组建以应急管理部为主体的专门机构负责全国范围内的应急管理工作。各省市和县区组建相应的管理机构,负责本地域应急管理事务。

根据 2018 年国务院机构改革方案和《深化党和国家机构改革方案》(中发〔2018〕11 号)的要求,新组建的应急管理部整合了国务院办公厅、公

安部和民政部等部门的应急管理职责,统一领导各类灾种造成的灾害事件的救援工作,同时组建以消防力量和安全生产力量为主体的常备应急队伍。各省市和县区设置相应的专门应急管理部门,负责本区域的应急管理和综合协调工作。

1.2.2　应急人力资源

应急人力资源主要由应急救援力量和应急专家组成。专业救援力量是参与应急处置现场工作的各类专业人员,包括军队、武警、公安警察、专业救援队伍等。应急专家类别较多,主要分为专业类和综合类,前者如事故类、公共卫生类专家等;后者范围较为宽泛,涉及决策、救援技术、管理、财政金融等业务。应急专家根据灾害影响和后续发展为决策部门提供咨询建议,并对灾害救援进行过程指导。

自然灾害应急人力资源具有公共性、稀缺性和高资本性等特殊性质[194]。其公共性在于,应急人力资源受应急管理机构调配,在某种程度上享有一定的公共权力。其稀缺性在于,专门从事应急管理的人员以及具备专业知识和综合能力的应急人员较少,需要国家和地方加大培养力度。其高资本性在于,应急人力资源是一种特殊的经济资源,在使用过程中需要持续地更新与发展,以满足不断发展的灾害救援需求。

1.2.3　应急财力资源

应急财力资源包括专项应急资金(国家级、省级、市级、县级、其他专项应急资金)、募捐资金和应急保险。

《中央财政农业生产救灾及特大防汛抗旱补助资金管理办法》(财农〔2017〕91号)指出,救灾资金是中央财政预算安排的用于支持应对农业灾害的农业生产救灾、应对水旱灾害的特大防汛抗旱和应对突发地质灾害发生后的地质灾害救灾三个支出方向的专项补助资金。其中,农业生产救灾支出用于灾害的预防、控制灾害和灾后救助;特大防汛抗旱支出用于防汛抗洪抢险、修复水毁水利设施和抗旱;地质灾害救灾支出用于已发生的特大型地质灾害应急救灾,不包括灾害发生前的防治支出。

捐款和捐助物资是捐赠人捐赠的有权处置的合法财产,主要有现金、有价证券、生活用品、房屋和知识产权等。《救灾捐赠管理办法》(民政部令第35号)第二条规定了自然灾害发生时救灾募捐主体是指在县级以上人民政府民政部门登记的具有救灾宗旨的公募基金会；第五条对救灾捐赠款物的使用范围从生活需求、安置需求、恢复重建、捐赠人指定用途和经批准的其他用途等五个方面进行了界定。

应急保险是转移、分散自然灾害风险的有效手段，是世界上许多国家自然灾害风险管理体系的重要组成部分。当前，我国应对自然灾害的资金来源主要是政府财政补偿，自然灾害保险实际上也是政府主导的政策性保险，主要有农房灾害保险、农业灾害保险、自然灾害公众责任险和巨灾保险四种类型。灾害保险业总体不够完善，存在诸如保险产品可供选择的品类有限、保险产品设计的科学性和专业性不足、保险基金的资金来源渠道不稳定等问题。

1.2.4　应急物资资源

应急物资资源主要以实物形态出现，在国家层面和地方层面均有相应的储备。其中，国家储备体系较为完备，形成了储备部门—管理部门—基层单位三级垂直管理体制。国家战略储备物资主要包括国家粮食和食用植物油储备、国家能源储备、国家医药储备和其他国家战略性储备物资。国家战略物资储备不仅在支持国防建设、经济建设等方面发挥着重要作用，也可作为应急物资资源用于抗灾、救灾。应急物资资源分为专用应急物资和基本生活物资两类。

专用应急物资主要是应对不同种类灾害或在灾害应对部分环节中使用的专门物资，包括防汛抗旱专用物资、抗震专用物资、防减灾专用物资、防疫应急专用物资、林业有害生物灾害应急防控专用物资、危险化学品事故救援专用物资、矿山事故救援专用物资、油污染处置物资和其他专项救援物资。

基本生活物资是维持灾民正常生活的必需物资，包括粮食、除粮食之外的食品、食用油、衣被、饮用水、救灾帐篷和其他基本生活物资。

1.2.5　应急通信资源

《中华人民共和国突发事件应对法》第三十三条规定，国家建立健全应急通信保障体系，完善公用通信网，建立有线与无线相结合、基础电信网络与机动通信系统相配套的应急通信系统，确保突发事件应对工作的通信畅通。在应对自然灾害时，应急通信主体要运用现有通信资源为党政机关实施指挥和调度提供通信保障,要为各类抢险救灾提供通信支撑。应急通信资源包括通信网、通信保障机构、通信设备等。

通信网包括公用固定电话网、公用移动电话网、公用数据及 IP 通信网、公用传输网、公用短波、集群无线网、专用通信网和其他通信网。通信保障机构包括基础电信运营企业集团公司、基础电信运营企业省分公司、基础电信运营企业地市分公司,省级基础通信运营企业、市级基础通信运营企业、县级基础通信运营企业、中国交通通信保障中心机构和其他通信保障机构。通信设备包括甚小口径卫星终端站系统、短波通信系统、卫星通信系统、车载变换系统、车载移动基站、便携微波通信系统、海事卫星终端、移动通信卫星终端、宽带卫星通信终端、北斗卫星终端和其他通信设备。

1.2.6 应急物流资源

自然灾害等突发性事件的频繁发生给社会造成难以估量的损失,在此形势下,应急物流应运而生。应急物流是一种特殊的物流活动,主要面向非常规操作,如自然灾害、城市火灾水灾等突发事件,是为了满足受灾人员的紧急需求,对救济物资、信息和服务从原点到目标点的流动进行有效的规划、管理和控制的活动。在应对自然灾害事件时,为做好紧急救援工作,需要将应急物资资源高效、及时、安全可靠地运送到目的地,以减少人员伤亡和财产损失。为了满足时效性需求,以救援为目标的应急物流必须尽可能缩短供应链长度,减少节点数及节点停留时长。物资供应端、配送中心、需求端三部分组成供应链基本框架体系,其中,救援物资仓储与配送是应急物流的核心内容。应急物流需要综合利用各种资源,通过多种不同的渠道进行物资收集、调配、及时运输、大量储备、多路径配送等。

应急物流资源包括运输站场(机场客货集散区、港口客货集散区、火车站客货集散区、汽车站客货集散区、其他运输站场)、运输设备(航空器、船舶、火车、汽车、其他运输设备)、运输保障机构(航空企业、航运企业、铁路运输企业、汽车运输企业、其他运输保障机构)等。应急物流管理者需要根据需求点的距离、道路可通行性、需求种类与数量等来确定应急物流资源组合,其实现运输合理化的标准是物资达到需求点的时效性、满足度和覆盖范围,成本和不合理运输问题不是应急考虑的制约因素。

1.2.7 应急医疗资源

应急医疗资源是提供应急医疗服务的基础,基于时效救治理论及原则,用于对急症病人、灾害一线致伤病人等的需求。大规模自然灾害可能导致众多人员受伤,医疗资源需求出现阶段性激增,此时,多点联动供给是摆脱困境的重要举措。常态环境下,医疗资源配置是按照一定规则进行的,其使用对象分散、分时,无须进行大批量配置。灾情环境下,对特定医疗资源的需求集中度和重叠度高、时效性强,远远超出常规配置规模,单点供应显然不能满足灾情的需求。基于应急医疗资源的需求特点,应急管理主体一方面要构建完备的应急医疗资源保障体系,另一方面要构建高效、科学的配置体系,使应急医疗资源发挥最大效用。重大自然灾害造成的人身危害群体规模大、损害程度差异大,需要实行现场治疗、送医治疗和特殊转运医治相结合的方案。现场治疗的对象是伤情轻微或可以较好处置的病人;送医治疗的对象是伤情较为严重、现场条件达不到救治要求的病人,经前期处置后须移送医院进一步治疗;特殊转运针对的是严重病人,当地医疗机构尚无有效的治疗资源,需要向本地更高层级的地方转运或异地转运。

应急医疗资源的范围比较宽广,机构、设备、物品和技术都是其中的重要内容。各类医疗机构、疾病预防控制中心、卫生监督所(局)、医学科学研究机构、医疗设备和药品、常用的和专用的医疗技术以及其他医疗卫生资源都属于其范畴。

1.2.8 应急避难场所

在人口较为密集的城市和农村区域,设置一定数量且安全系数高的场所用于灾情时期人员短期安置是应急体系建设的一项重要内容。此类场所也称为应急避难所,可供居民紧急疏散、临时生活,是经科学规划、论证、建设并配备一定应急保障物资、基础设施和设备的安全场所。我国《防灾避难场所设计规范》(GB 51143—2015)将避难场所分为紧急避难场所、固定避难场所和中心避难场所三种类型。紧急避难是紧急情境下的个人反应和需求。由于公众缺少必要的心理和物资准备,政府应该尽可能增加应急避难所数量,确保其位置醒目,进入方便,前期只提供基本的避难场地即可,根据灾情的变化可组织避难者向固定或中心避难场所转移。固定避难场所是需要较长时间安置受灾人员的地方,内部需要提供基本的设施设备和管理服务。中心避难场所的等级要求较高,是融人员避难、基本生活保障、应急物资储备分发、应急指挥协调于一体的综合性场所。

应急避难场所既包括救助管理站、公园、广场、绿地等一般避难场所,也包括防空地下室、防空警报站点等人防工事。根据灾区需要,也可以将学校、政府机关、体育场地等临时改建成应急避难所。

1.3 自然灾害应急资源的分类

应对自然灾害需求的资源众多且功能差异较大,是应急资源一体化配置的重要组成部分,可分为具有能动性的主体形态资源、具有实用功效的财物资源和具有支撑功效的信息技术资源。主体形态资源包括应急管理机构、人力资源、部分物流资源和部分医疗资源;财物资源是应急资源的重要组成部分,物质资源、财力资源、避难场所和医疗设施设备及药品是其主要内容;信息技术资源是指应急通信和相关技术资源,可为其他应急资源的有效配置提供强大支撑。

根据自然灾害的类别,自然灾害应急资源可以分为地震地质灾害应急资源、洪涝灾害应急资源、森林火灾应急资源等。按照应急资源消耗过程,自然灾害应急资源可以分为消耗性应急资源和耐用性应急资源[195],消耗性应急资源的可用量会随着活动的使用而逐渐被消耗,耐用性应急资源的可用量不会随着活动的使用而消失。按照应急资源的调度条件,自然灾害应急资源可以分为利用交通工具进行运输的资源、利用管道进行输送的资源,利用线路进行传输的资源和利用卫星、无线网络传输的资源。按照应急资源的形态,自然灾害应急资源可以分为人力形态资源、实物形态资源和信息形态资源。

1.3.1 人力形态资源

在应对自然灾害活动中,人是具有主观能动性的宝贵资源。同时人力资源也是对其他应急资源进行管理的主体。在自然灾害发生时,只有及时有效地调度人力资源,依据预案统筹开展救援工作,才能将灾害影响降到最低。应急管理机构的指挥人员、应急救援队伍、应急专家等都属于人力形态的应急资源。人力资源具有公共性、稀缺性和高资本性,要求政府应急管理有关部门在自然灾害发生之前进行应急救援队伍的建设和专业人才队伍的储备。

1.3.2 实物形态资源

实物形态资源是指体现为地理位置、基础设施、救援物资、建筑物、工程设施、设备、厂房、车辆等实物形态的资源。实物形态资源包括可移动和不可移动的资源。现有的应急资源实际上是可移动的实物形态的物资资源,这是狭义角度的应急资源。实物形态资源是应急资源配置的重点和难点。为应对各种自然灾害,需要提前做好必要的多元化物资储备,做到有备无患。我国于 2015 年编制的《应急保障重点物资分类目录》对应急保障涉及的重点物资进行了梳理,将重点应急物资分为现场管理与保障、生命救援与生活救助、工程抢险与专业处置 3 个大类,进一步细分为 16 个中类、65 个小类。

1.3.3 信息形态资源

自然灾害信息形态资源简称应急信息资源,是应对自然灾害所需要的基础性资源。短时间内作出灾后救援部署工作决定依靠准确且全面的信息资源。可靠性强且报送及时的信息资源是应急决策成功的关键所在,是防灾减灾活动开展的基础。信息形态资源具有时效性、复杂性和不确定性特征。在信息化环境下,实物形态资源和人力形态资源的流动一般都有与之相匹配的信息形态资源。自然灾害应急管理活动离不开信息资源的支撑,这些信息资源包括空间地理信息、人口信息、救援物资信息等基础信息资源,也包括自然灾害事件报告、事件特征数据等灾害信息资源,以及灾害预案、应急知识、应急方法等综合信息资源[196]。

以人力形态、实物形态和信息形态的应急资源为基础,还可以扩展为技术资源、资金资源等。其中,技术资源或依附于人力,或以实物为载体,或表现为信息形态。资金资源通常也以实物形态或信息形态存在。此外,人力、实物、信息三种形态的应急资源也是相互依存、互为支撑的:实物形态资源可能是信息形态资源所依托的载体,信息形态资源可能是实物形态资源和人力形态资源的数据化形式,实物形态资源和信息形态资源的活动始终离不开人力形态资源的管理和控制。

1.4 国内自然灾害主要应急资源配置现状

1.4.1 应急人力资源配置现状

在国家层面,我国的应急队伍由主要力量、专业力量和补充力量构成。首先,国家综合性消防救援队伍与解放军、武警部队、预备役、民兵等应急救援机动力量构成了我国自然灾害应急救援队伍的主要力量,执行国家部署的重大灾害救援任务。党的十九届三中全会对党和国家部分机构作出了重大改革,将一些部门的救灾职能合并转入专业的应急管理部,同时组建层级合理、功能优化的国家综合性消防救援队伍,按照指挥人员、技术人员和消防员的结构实行专业化管理。其次,应急救援专业力量有抗洪抢险专业应急部队、国家地震灾害紧急救援队、核生化应急救援队、空中紧急运输服务队、交通电力应急抢险队、交通运输部海上水上应急搜救队、应急机动通信保障队、气象保障应急专业队、国家卫生应急队伍等。最后,应急救援补充力量包括企事业专职及志愿消防队、各类社会志愿救援组织等。

基层应急队伍是国家应急体系的重要组成部分,亦是防范和应对重大灾情的重要力量,处于生产生活一线,与经济社会结合紧密,能对本区域出现的灾情作出快速反应并于先期作出处置,协助专业的救援队伍做好后续的救援工作。基层应急队伍建设要体现"三个结合":专业化与社会化相结合,规模与需求相结合,战时与平时相结合。

(1)专业化与社会化相结合。《组建国家综合性消防救援队伍框架方案》中对各级消防救援队伍的体系进行了明确规定:省级设置总队,市级设置支队,县级设置大队,乡镇社区根据需要设置消防救援站。同时,各专业领域组建专业的救援队伍可在全国形成体系较为完备、结构较为合理的专业化应急队伍,为更好地应对水旱、气象、地质、生物等灾害提供有效保障。社会应急力量来源于民间,具有庞大的人力资源基础,是应急救援的重要力量,尤其在自救互救、后勤保障、信息提供等方面具有优势。合理配置两种力量的布局能实现救援效果和效率的最大化,同时减轻组建更多专业队伍的财政负担。

(2)规模与需求相结合。"常备无患""常备有度"体现了规模与需求的关系。为应对突发灾情,在任何时候都不能存在侥幸心理,应常备一支力量强大的应急力量枕戈待旦,但队伍不能过于庞大,满足灾情前期基本需求即可。

(3)战时与平时相结合。这是应急资源配置的基本要求。平时的应急队伍储备是基础和保障;战时的应急队伍要体现速度和能力。二者互为支撑和促进,构成应急资源一体化配置重要体系。

应急队伍的合理调配使用是保障救援效率和效果的关键,能最大程度抢救生命,减缓灾害造成的影响。地震灾害中的应急救援队伍分为三个梯队:以灾害地区社区人员为主的先期处置队伍,以地方救援队和后备医疗队为主的第一支援梯队,以附近和邻省军队医疗队伍为主的第二支援梯队。可以根据地震灾害需要,按照梯队依次调配救援队伍赶赴灾区现场救灾。若区位差异大,按照固定标准配置的救援队伍不能有效应对灾情,可以打破常规,实行多梯队并行作业。值得注意的是,应急队伍是一个具有结构性差异的集合,救援人员类型、专业素质和能力都存在很大的差异,应依据不同受灾点的受灾程度和救援难度差异,合理匹配具备不同专业能力和综合素质的救援队伍,使得整体人力资源调配的效率达到最大化。

1.4.2 应急物资资源配置现状

1.4.2.1 应急物资资源的获取

重大自然灾害事件发生后,灾害地区应急物资需求量大、紧迫性强,需要迅速筹集应急物资资源。可以通过战略物资储备、直接征用、市场采购、组织捐赠、组织相关厂家紧急生产等方式获取应急物资资源。

(1)战略物资储备。国家战略物资储备是为保证国民经济稳步发展、应对各类重大灾难事件而进行的应急性储存。此类储备等级可以分为五类:中央级、省市级、地市级、县区级以及捐赠点储备。在自然灾害事件发生后,按照风险级别和应急预案,根据距离远近和特定灾害对救援物资的需求,选择最为理想的应急储备点提供灾区需要的应急物资资源。国家储备的应急物资主要有三大类:一是救生类物资,用于自然灾害事件发生后生命财产安全受到严重威胁的群众,包括救生船(衣)、破拆工具、探生仪器、小型起重设备等;二是生活用品类物资,是灾害地区人员(被救助人员和救助人员)的生活必需品,主要包括帐篷、棉衣、方便食品、净水剂等;三是医疗救援类物资,主要用于受到伤害后急需采取医疗应急措施的人群,主要包括医疗器械和急救药品等。

战略储备物资是应急物资获取的最主要、最快捷的来源,可以最大程度节省物资获取时间。但是,受资金、物资储备库储备量和应急物流能力限制,实践中储备库的物资供应量在很多情况下远小于灾区实际总需求量。应急物资的需求在自然灾害生命周期中是动态变化的,有些物资在救援初期需求较多,有些物资在救援的后续阶段需求更为急迫。战略储备物资种类多,区域自然环境特征存在较大差异,需要科学储备、合理调度使用物资。

(2)直接征用。直接征用是紧急状态下使用的一种非常规措施,是为了最大限度保护民众生命安全和重大财产安全而采取的紧急手段,无须同动产或不动产所有权人充分协商并达成一致意见即可直接优先使用。直接征用在《中华人民共和国民法典》第二百四十五条和《中华人民共和国突发事件应对法》第十二条都有明确规定。因此,直接征用也是我国应急物资资源获取的重要方式。事态稳定后,征用方需要根据一定的市场规则或其他方式对所有权人进行补偿。

(3)市场采购。根据自然灾害应急物资的需求计划,战略储备和征用不足的物资可以采取集中市场采购。这种采购不是为满足物资储备库的需求而进行的采购,而是应急状态下的市场采购。因此,要求应急物资供应商距离需求点近、运输相对便捷、物资质量有保障及交易效率高。市场采购的关键是要充分公开详细信息,最大程度和最广范围地搜寻潜在的供应商,通过公平竞争机制获得质优价廉的物资,降低采购成本。

应急物资市场采购可采用协议企业供应的方式,协议企业基于灾前契约进行应急物资代储、物资合同储备和生产能力储备。应急物资代储是指应急管理部门根据对灾情研判和自身能力分析,同目标企业签订代为储备一定品种和数量的应急物资的协议,充分利用企业多余储存能力,保证应急时的物资供给。物资合同储备则是应急管理部门和相关企业以合同形式确定双方的权利和义务,确保应急状态时的物资供应。生产能力储备是根据协议要求相关企业预留部分生产能力,在灾情发生时能根据应急管理部门的指令快速实现生产的恢复,按照约定的时间、数量和质量供应约定的应急资源[197]。协议企业自动供应物资对应急物资储备是一种较好的策略,值得在实践中进行深入探索。正常状态下,应急管理部门应未雨绸缪,通过全球供应链实现专用物资的采购和储备,实现应急资源来源渠道的多元化。国际救援组织以及我国的应急管理部门和民政部门一致认同供应商的灾害救援生产供应应该提前通过竞标确定。通过竞标,政府可以吸引并挖掘潜在供应商,确保供应的详细说明和供应需求能够得到满足。

(4) 组织捐赠。自然灾害突发事件发生后,通过募集组织和个人的捐赠物资,也是应急物资获取的一种手段。这些捐赠物资的主要来源是国内社会组织、个人以及国际慈善机构。捐赠物资通常具有数量大、种类多、品类复杂、质量不均、包装不统一等特点,因此分类整理、物流配送和现场发放的效率较低。捐赠应和灾情的发展阶段相匹配,根据受灾人员的关键需求及时、多频次展开,以满足应急需求。为实现针对性捐赠,最好以区域或特定目标群体为依据,便于捐赠的组织、物品的运输和分发。对于质量标准高的物资,重点向专业生产企业募集,保证物资的可用性;对于超捐的物品,要合理调配使用或存储,充分实现其价值。

1.4.2.2 应急物资资源的分配

重大灾情发生后,应急物资需求的集中度凸显,导致应急物资资源的分配在区域、群体和时间上均形成较为明显的竞争关系。对阶段性有限的物资进行优化配置,使灾害造成的损失降至最低是应急物资资源分配的目标。应急物资资源的分配是一类特殊的资源分配方式,不能根据市场原则和一般运输原则实施,依据其特殊性进行决策才能达到最佳的救灾减灾效果,决策时应遵循以下原则[198]:

(1) 按需分配原则。按需分配是应急物资分配的基本原则,即根据需求紧急程度配置物资的数量、种类和优先度。特别需要注意的是,这里的"需"是抢救生命的需求,并非完全满足全部群体的需求,而是急需救助个体的需求,更为精确的是满足特殊个体的前期紧急需求,为后续的救治争取时间、创造条件。要做到供需的精准匹配,需要翔实可靠的第一手资料作为支撑,并结合科技手段进行需求测度,从而精准确定灾情的核心区、影响范围、受灾人数、损失情况,精准确认可以紧急调运的应急物资种类、数量、起运地和路线,发挥救灾物资的最大功效,缓解灾害带来的影响。

(2) 灾情匹配原则。灾情匹配是应急物资分配的核心原则,是实现从抑灾到灭灾的物质基础。抑制灾情的恶性演化不但需要相应的灾害处置速度,更需要物资和技术支撑;最终战胜灾情需要连续的资源配置、科学的决策和强大的执行力。要提高物资与灾情的匹配度,首先需要对灾情的现实影响、后续发展和潜在危害进行科学评估研判,确定不同阶段物资需求的种类和数量、配置地点和时间要求;其次要实行动态配置,依据灾情变化进行一定的弹性配置;最后要关注"例外管理",充分考虑预期外的额外和突发需求。灾情匹配原则强调的是物资分配的充分性、全面性,要在确保实现救灾目标的同时最大程度减少物资的剩余,体现一体化配置的效率。

(3)统筹高效原则。统筹高效是应急物资分配的关键原则。统筹是高效的基础,高效是统筹的结果。统筹是指从整体灾情的大视域来考虑,将与灾情相关的所有区域、环节、资源视为整体进行决策,避免决策碎片化和孤立化,为实现物资配置整体最优提供条件。应急管理部门的一体化决策可实现部门间、环节间的协调配合,有利于提高救援的效率。

(4)公平性原则。公平性是应急物资分配的重要原则,也是影响舆情的主要因素之一。灾情环境下应急物资分配的公平性有两个维度:一是受灾区域间分配的公平性;二是区域和群体内部分配的公平性。前者是指灾情损害程度大致相同的前提下,各受灾区域享有平等获得物资的机会,要求应急管理部门统筹各区域物资需求与供给的关系,平衡同一时间维度内物资配置的种类和数量,推进救灾工作的顺利进行。后者针对的是同一受灾区域的物资内部分配问题,涉及群体间、个体间的均衡问题。由于"熟人社会"中群体、个体间存在"不患寡而患不均"的思维和认知,现场物资分配的组织者需要作出周密的安排,在程序和结果上尽可能实现公平,消除彼此间的猜疑和对立情绪。对于灾情明显不同的区域、群体和个体间的物资配置,以受灾严重者优先,这是公认的最大公平。

1.4.2.3 应急物资配送

应急物资配送存在三种状态,一是常态配送,二是动态配送,三是逆向配送。常态配送是指根据区域库存的储备要求,将从多种渠道接收的物资通过设定的路径运至储备中心或应急点(储备点)的指定仓位,或将储备中心的应急物资运送至基层应急点(储备点)。动态配送主要是指将储备中心的物资通过规划的路径运至次级需求点或需求一线,以保障救援活动的开展。对于重大灾情,仅依赖储备中心的储备是不能满足需求的,需要启动生产、接受捐赠等程序,将灾区需求的应急物资通过配送中心进行二次配送或直接运至灾情需求点。逆向配送是应急物资的回流阶段,是指将超配的物资或用后的物资通过合适路径运至指定储备库或处理中心。一般情况下,我们考虑的是灾情状态下的应急物资配送,即动态配送,灾情驱动物资实现生产-接收-库存-配送的依次或越级移动,在实际的应急实践中,物资配送是应急物资调度的一个环节,其与救灾物资的接收、仓储与配送及分发构成三个紧密衔接的流程,如图1-1所示。

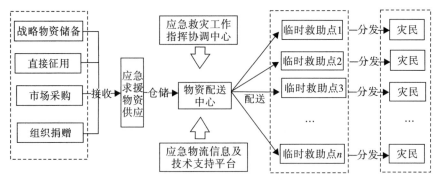

图1-1 应急物资调度流程图

在这一过程中,以规模经济和距离经济为指标的运输原理的地位极大削弱,体现社会效应的单车装载量和路径成为主要的变量,需要根据运输工具的特征、物资的体积和密度合理装载,以时间最优为目标设计运输路径,实现运输的最优化。可以充分利用"四就"原则(就近原则、就便原则、就低原则、就快原则)运输,允许以经济层面的"不合理"运输换取更高的运输效率,充分体现其时效性、弱经济性,甚至非经济性。此外,运输资源、运输能力和运输基础设施等条件的约束都将这一过程与一般性物流运输明显区分开来,因此,必须考虑应急管理的特殊情境和应急物资调度的特殊要求,对其进行优化设计。

1.4.3 应急信息资源配置现状

信息资源存在狭义和广义之分。作为信息资源的子集,应急信息资源的内涵也可从狭义和广义两个方面来理解,详见表1-7。二者的区别体现在三个方面:一是范围不同,狭义的应急信息资源主要是灾情中的各种信息,与灾害密切相关;广义的应急信息资源则是应急管理中的综合信息,是常态信息、动态信息和逆向信息的集合。二是形态上的差异,狭义的应急信息资源是以文字、图形、符号、声音、视频等形式显示的信息资源;广义的应急信息资源是多形态的,实物形态的信息和能力形态的信息是其重要的内容。三是对应的应急环节不同,狭义的应急信息资源对应的主要是灾情发生状态的各种信息及其产生的衍生信息;广义的应急信息资源对应的是应急管理的全过程、全环节,是应急体系建设的重要内容,更贴近现实的应急管理工作,而且广义的应急信息资源与我国应急基础资源的建设现状更吻合[199]。

表 1-7 狭义和广义的应急信息资源内涵

比较项目	狭义应急信息资源	广义应急信息资源
信息范围	以当前灾害本身的相关信息为主。如灾害信息,包括产生原因、特征、时间、地点、影响程度、影响范围、持续时间等;受灾信息,包括受灾区域范围和人、财、物等的损失情况;资源信息,包括种类、数量和储备点等	应急管理中的全部信息,除狭义应急信息资源外,还包括灾害的历史信息资料、预案、方案、灾害恢复信息等
信息形态	主要以文字、声音和图像等形式呈现	除包含狭义应急信息资源外,还包含实物资源和能力资源信息等
对应应急环节	主要对应的是响应阶段的信息和衍生信息	对应应急管理的全流程,与应急体系需求相对应
其他项目	该信息往往以灾情的发生为产生起点,以灾情受到控制为终点	贯穿于常态、动态和逆向应急管理的全流程

应急信息资源配置实际上是实现自然灾害应急管理中信息的获取、组织和使用的活动。在宏观层面,应急信息资源配置有政府配置、市场配置和社会配置三种模式[199]。自然灾害应急管理中单纯的政府配置或市场配置并不能真正解决应急信息资源配置的问题,在具体实践中,处于灾情一线的民众、组织对信息的感知更为直接;灾区外部民众对灾害信息的需求更为迫切,需要权威部门传递精准信息,以形成众志成城抗灾的信息力量。因此,实现应急信息资源配置的多元主体参与、多种配置模式并存的配置形式是应急管理的客观要求,即在政府主导下,市场充分参与、其他主体广泛辅助的信息配置模式。此外,在应急进程中,各种单一模式之间的界限并不十分明确,有时甚至会相互转化。

1.4.3.1 应急信息资源的获取

获取自然灾害应急信息资源的主要渠道是报告和技术监测。前者分为官方报告和民间报告。官方报告是指灾害信息经由设定的专门渠道由终端向上端传递、汇集,形成灾害的信息集合。官方报告具有刚性,需要投入必要的设施设备、设置覆盖区域要求的监测网络、配置专业的技术人员等,尤其要发挥基层组织的"哨点"作用。民间报告则由公民个人或民间组织通过一定的渠道反馈给政府相关部门。民间报告的信息多而杂,内容雷同性高且不专业,需要进行筛选、研判。技术监测是指依靠技术手段主动获取灾害信息,信息准确程度高,针对性强。

自然灾害信息报告的目的是对可能发生的灾害事件进行全过程监控,精准把控事件发展阶段,掌握其发生发展和最终趋势,便于分阶段采取有效应对措施,避免事件影响范围和程度泛化、恶化。国家自然灾害情况统计报告体系对信息报告分为初报、续报和核报三个层次,与灾害发生的过程和阶段密切相关。初报时效性强,要求第一时间上报发生事件,不考虑其可能的影响程度和信息的完整性;续报是动态性报告,要求密切跟踪事件的发展,在确定的时间节点实时报告,一般为日报制;核报是精准报告,即事态稳定后的确定性报告[200]。根据规定,灾害事件报告主体多样,除政府机构和组织外,普通公民、法人和民间组织均有向指定专业机构报告的义务。

1.4.3.2 应急信息的组织

灾情发生后的信息收集和处理是应急决策的关键依据。为最大程度掌握灾情严重程度、发展和变化趋势,前期信息资源的获取要放在第一位次,哪怕这些信息是杂乱和无序的。应急信息的组织是通过对收集到的海量信息进行分类处理,找出与灾情关联度大的近因要素,实施最佳应对策略。应急信息的组织需要明确以下几点:一是价值性,即确定其与灾情事件的关联度;二是可用性,即能否作为应急决策的依据;三是信息最终处理方式,即如何有效处置信息所揭示的事件。

采用数据库技术来进行信息组织是实现信息高效使用的最佳方式,可对获取的信息进行加工、分析及分类存储。

1.4.3.3 应急信息的使用

应急信息资源的价值主要通过系统共享和外部公开方式实现。一方面,对于影响较大的灾害事件,需要调用全区域资源进行应对,尤其需要各地区、各层级职能部门协同应对;另一方面,信息资源高质量共享可以避免信息资源重复组织,实现应急协同管理,提高信息利用效率。

根据我国相关法规要求,应急信息公开应当遵循三个原则:一是及时性。自然灾害是社会关注度极高的公共事件。灾害发生时,掺杂着各种情绪的灾害信息会通过各种平台快速传播,权威部门应就初步核实的信息及时发出声音,以掩盖杂音和噪声。自然灾害突发事件的发生必然伴随网络舆情的传播,社会公众对相关信息会产生很大需求,相关政府部门若不能及时公布相关信息,则有可能形成不真实的舆情甚至谣言,导致公众恐慌,诱发更多的社会问题。二是客观性。回应公众关注的问题时应"发声有据"。数据要真实可靠,可查可溯,能形成有力的支撑。三是全面性。不能藏着掖着,更不能"报喜不报忧",要让公众了解真实的情况;对于暂时把握不准的,可逐步公布,形成完整的信息链。

在应急管理的各个阶段,政府应该公开相关应急信息。①预防与应急准备阶段:摸清危险源的数量、位置和可能产生的灾害等级、影响范围等,并绘制风险分布图,按照国家规定及时向社会公布。②监测与预警阶段:向社会公布反映突发事件信息的渠道,定期发布对危险源的监测情况,尤其是危险源的位移、风险等级变化情况;对于可能的突发风险预期,要进行及时预警并提供情况咨询、避险建议等服务;对于风险确已消失的,要通过权威渠道取消预警,回归正常社会秩序。③应急响应与救援阶段:要及时、客观、全面地发布灾情造成的危害,尤其是灾害的影响范围、受灾人数、建筑损坏程度和环境破坏情况、政府采取的应对措施、取得的成效及面临的困难、对社会的期望和建议等。④灾害恢复阶段:发布救援效果、投入的应急资源力量、受灾人员的安置、环境恢复与疫情防范等相关信息。

1.4.4 应急资金资源配置现状

1.4.4.1 应急资金来源

(1)财政资金。一直以来,以中央财政为主的财政拨款都是我国自然灾害应急处置和灾后恢复重建的主要资金,其中,属地省级政府的资金支持是重要来源,在应急救援中发挥决定性作用。作为灾害防范的重要支撑,应急财政资金须根据风险评估预算安排,根据灾情的级别、变化及时投入需求各个环节,主要用于救援环节的应急资源采购、受灾人员安置等支出。在灾后恢复环节,具有公共属性的财政资金也会大量投入基础设施项目和公共服务项目。我国的应急资金主要包含预备费和专项资金,前者按照本级政府预算额的1‰~3‰提取,后者由政府根据灾情的需要专项拨付,重点用于灾害的救援和后期的恢复支出。

(2)保险资金。保险资金是对未来可能发生风险的一种预提或准备,其基本特点是具有事前性和分散性[201]。这是居民个人、家庭或企业为预防可能产生的损失,向保险公司购买保险产品以获得预期赔付的资金。购买保险产品可实现风险的部分转移,减轻损失。

(3)捐赠资金。捐赠资金来源于国内外的爱心组织与个人的无偿捐赠,主要用于灾区救援、人员安置和家园建设,部分资金具有明确的用途和范围,其余资金由属地政府和相关组织统一管理使用,并通过一定形式向捐赠人反馈。捐赠资金分散、小量、灵活的特点弥补了财政资金的不足,是应急资金的重要补充。

1.4.4.2 应急资金配置的要求

应对突发性自然灾害事件时,应充分考虑应急资金的应急性、公共性、专用性等特点,为其开通"绿色通道",不必按照正常环节、渠道审批支付。

(1)应急性。尽管与正常资金使用相比缺少了层层把关和审查程序,应急资金的使用仍应遵循准备充分、调配灵活和事后审计的流程,需要建立与之相配套的管理规则。基于突发性自然灾害事件的特殊需求,应急资金到位时间紧,无法做到完善的事前预算安排,使用安排上相对宽松。应急资金的来源渠道多,资金量大,使用过程中涉及单位多,过于严格的事前资金审查监督程序会造成资金分配和使用低效。

(2)公共性。自然灾害应急资金配置的公共性体现在非排他性和非竞争性两个方面[202]。每一位受灾公众都有权利享受应急救援服务,使得应急资金具有非排他性;为最大程度降低自然灾害损失,有效的应急资金配置会让每位有需求的受灾公众获得充足的应急资金,即应急资金使用者数量的增加不会影响其他人使用,这是应急资金的非竞争性。

(3)专用性。应急资金配置要专款专用。依据确定的救援优先顺序安排应急财政资金的使用,实现救急与救缓的有机统一。但在实际操作中,由于现场管理不规范,很难严格区分资金的性质和用途,混合使用情况时有发生,只要不造成大的损失和违规,应急资金灵活处理亦情有可原。

1.5 小结

本章重点对自然灾害的类别和风险分级、自然灾害应急资源的内容和分类、国内主要自然灾害应急资源的配置现状进行了研究,明确了不同应急资源的相互关系、配置原则和配置流程。自然灾害应急资源在内容上包括应急管理机构、应急人力资源、应急财力资源、应急物资资源、应急通信资源、应急物流资源、应急医疗资源及应急避难场所,在形态上分为人力形态资源、实物形态资源和信息形态资源。

第 2 章 自然灾害应急资源协同配置理论基础

2.1 洪水灾害应急资源

2.1.1 洪水灾害分类及特征

凡危害人类生命财产和生存条件的各类事件统称为灾害。灾害过程往往较为复杂,有时候一种灾害可由几种灾因引起,或者一种灾因会同时引起几种不同的灾害。因此,灾害类型要根据起主导作用的灾因及其主要表现形式而定。通常,我们把以自然变异为主因的灾害称为自然灾害。洪水灾害(简称"洪灾")是自然灾害的主要灾种,其形成受气候、下垫面等自然因素与人类活动因素的影响。洪灾可分为河流洪灾、湖泊洪灾与风暴潮洪灾。河流洪灾是洪水灾害的主要形式,可分为以下几种类型:

(1)暴雨洪灾。暴雨洪灾是最常见、威胁最大的洪灾,由较大强度的降雨形成,分布于长江、黄河、淮河、海河、珠江、松花江、辽河七大江河下游和东南沿海地区;其特点是峰高量大、持续时间长、灾害波及范围广。近年来,由于人类活动对环境造成巨大影响,暴雨洪灾的发生规律发生了较大异化,发生地和发生期预期改变,为洪灾的有效应对带来了困难。

(2)山洪灾害。山洪灾害是山区溪沟中发生的暴涨暴落的洪水灾害,具有突发性、水量集中、破坏力强等特点,是泥石流产生的原因之一。其发生地相对稳定,具有较强的预见性。

(3)融雪洪灾。融雪洪灾是高纬度积雪地区或高山积雪地区因冰雪融化而形成的洪水灾害,在我国的发生地和发生期均较为稳定,影响范围较小。

(4)冰凌洪灾。冰凌洪灾主要发生于黄河、松花江等北方江河,一般由气温升高、河流由上至下开冻造成,具有较强的季节性特征。对此,我国已摸索出较好的应对措施。

(5)溃坝洪灾。溃坝洪灾是大坝或其他挡水建筑物发生瞬时溃决,水体突然涌出,造成下游地区灾害。虽然其发生范围小,但破坏力很大。主要针对的是江河湖海,也涉及城市的大中型水库(一旦溃坝,易形成内涝)。

我国幅员辽阔,除沙漠、戈壁和极端干旱区及高寒山区外,约三分之二的国土面积存在不同类型和不同危害程度的洪水灾害。洪水灾害是江河两岸和城市的重点防范对象。洪水灾害由于受地理地貌、环境、气候等的制约,具有如下显著特征:

第一,差异性。差异性主要体现为类别差异、强度差异和时间差异。类别差异是指不同区域面临的洪灾种类不同,需要有相对应的防护措施和资源保障;强度差异表现为同型的洪灾在不同的区域发生时,对所在环境造成的影响不同;时间差异主要是指不同时段灾害发生的概率不同,有的时段发生概率大,有的时段发生概率则较小。

第二,破坏性。破坏性是所有灾害共有的一个特性,也是应急资源配置的主要动因。应急资源配置的目标是使灾害产生的破坏性和损失降到最低。

第三,连锁性。洪水灾害的发生并不是孤立的,可能诱导相关灾情的出现,如日本的大海啸洪灾造成核泄漏,2021年郑州的"7·20"水灾造成了新型冠状病毒的传播等。洪水灾害后的相当长的时间内次生灾害发生的频率、强度均比较大,可造成灾害的覆盖范围广,使救援的难度增大。

第四,频率高。伴随着自然生态环境和大气环境恶化,洪灾发生频度越来越高,超出了预期的范围,形成了灾害的高发态势,对应急资源配置提出了更高要求。

第五,全局性洪灾与局地性洪灾并存。就国内洪灾出现时段来看,每年6月到9月发生的可能性最大,以局地洪灾为主,可能会出现全局性洪灾。如1998年、2021年国内出现了罕见的大范围洪灾,为应急资源的配置带来了诸多困难。

2.1.2 洪水灾害应急资源及获取途径

2.1.2.1 洪水灾害应急资源

应急资源的功能是为严重自然灾害、事故性灾难、突发性公共卫生事件、公共安全事件及军事冲突等突发公共事件应急处置提供必需的保障性人员、资金、物资、信息、技术等。应急资源的使用应坚持响应时间短、救援效率高、强社会效益、弱经济效益等原则。作为灾害应急能力的主要支撑要素,其种类、数量及获取的难易程度直接影响救灾的速度和效率。

对于洪水灾害而言,应急资源主要由应急物资储备、防灾与应急工程、特种救援装备、灾害监测预警系统等要素构成[61]。

基于洪水灾害的特性,其对应急资源的需求除具有与其他灾种应急资源的共性需求外,还具有自己的特殊需求。洪水灾害对应的应急资源如下:

(1) 应急队伍。应急队伍主要由管理队伍、执行队伍和辅助队伍三部分组成。管理队伍由政府职能部门人员、科技管理人员组成,其中水利专家在应对洪水灾害过程中发挥着不可替代的作用;执行队伍由各个专门的应急队伍、主体应急队伍(如部队、民兵)组成;辅助队伍由区域内的企事业单位人员、居民个人等组成。

(2) 防洪工程。防洪工程主要是一次性投入、需长期维护的防洪设施设备,其位置固定,对洪水的抵御能力强,是防洪的重点资源。

(3) 预警预测系统。预警预测系统是将洪灾由感性判断变为数据分析的工具。通过对目标期的数据进行处理,可掌握洪灾的变化趋势,为资源的准备和投入决策提供依据。

(4) 资金资源。资金资源是应急资源的一种形态,其目标是满足洪灾应对所需的资金。政府要根据灾情的需求及时采购相关实物资源。

(5) 应急物资资源。应急物资资源是应急资源的实物形态。根据洪灾的各种需求将应急物资资源及时投入灾害点,可减轻灾害的程度,消除或减轻灾害造成的影响。应急物资资源主要有控制灾情进一步发展的物资资源,如机械设备、麻袋、石料等;满足受灾人群生活需求的资源,如生活必需品、住宿用品等;防止疫情发生的资源,如医用器械、药品等。

2.1.2.2 洪水灾害应急资源获取途径

资源储备是灾害前的准备,国内目前有三种:①制式储备,即国家按照条块结合、分级负责的原则在不同的选址上实行不同层次的储备;②社会储备,主要由工商企业按照合约以产成品、半成品的形式储备;③民间储备,常态时制定相应的激励措施鼓励私人储备要求类型的资源,战时征用,战后给予相应的补偿。从实践来看,国家储备比较可靠,而社会储备和民间储备有数量无实物或有实物无质量的现象相当突出。

供给是储备的源泉,各种储备形式都离不开生产商的生产环节。

(1) 定点式生产。国家需求的应急资源由指定的作业点按照约定的要求进行生产。应急管理是政府行为而不是市场行为,各级政府是应急管理的主体,应未雨绸缪,运用政府的行政权力来保障本区域所需的应急资源的生产与储存,以备不时之需。定点式生产的应急资源的获取,应遵循下列流程。

①定点厂商的选定。应急物资是应急管理中保障人的生命安全的关键物资,对生产者的资格要求极高。需要根据需求物资的规格要求,组织相关部门的专家、技术人员对拟选定的对象进行综合考核。

②生产过程的监督。应急资源的需求方如各级应急管理部门和民政部门应对物资的生产实行全过程监督。产前对设备的运行状况和原材料的采购进行有效监督,保证原料优良;产中对流程的各个环节进行监督,以确保物资的综合质量;产后对产品的安装、包装进行监督,以确保物资的完整性。

③应急资源的运输与储存。应急资源成品应采用适当的方式运输到指定的配置点,按照应急资源管理原则进行恰当的存储和日常保养。

定点式生产的应急资源获取渠道有诸多优势:一是能有效保证所需应急资源的供给。应急准备阶段能根据计划、损耗进行生产、补充和更换,应急响应阶段能按照实际需求开足马力进行生产。二是产品的质量有保证。定点式生产中政府行为起着关键的作用,对生产环节的监控比较严格,可有力保证产品的质量。三是组织得力、管理有方。需求方和供给方合作紧密,权利与责任明晰,为应急资源的供应提供了保障。

(2) 市场化采购。国家将所需求的应急资源按照类别、数量向社会发布,通过招投标或其他方式与供给方签订合同,供给方按照约定条款供货。该方式在和平时期、应急时期都有应用,和平时期主要体现在应急储备的补充上,应急时期主要体现在即时采购上。其优势体现在三方面:一是方式灵活、选择性多。可以进行比较选择,优胜劣汰。二是过程相对简化、成本低。需求方不需要对生产的过程进行干预,不需要投入相关的建设、生产和管理费用。三是能提高全社会尤其是企业参与应急管理的意识。市场化采购可让众多参与的企业投入应急管理工作中,形成一种全社会都关注应急工作的氛围。

(3) 社会捐助。社会捐助是应急管理的重要组成部分。国际和国内社会捐助尤其是生活用品捐助对应急资源起到了很大的补充作用。

2.1.2.3 洪水灾害应急资源产业链的构建

应急资源产业链是指某区域为应对未来可能发生的各种灾害对资源的需求，依据分工与合作相结合的原则，将资源的原材料供应商、生产企业、运输企业、仓储企业与管理部门组合起来，形成的一条资源供给的有效链条。应急资源产业是新型的、公益的产业，与现代企业现实目标存在较大的碰撞，很难完全利用市场机制来建立，需要政府的强力支持和激励。在建立的产业链中，管理部门代表政府，居于主导地位，是产业链得以运行的保证[204]。针对目前国内应急资源的供给与需求现状，对产业链的建立拟作下列构想：

(1)资源类别的确定。灾害需求的资源可分为三类：一是灾害救援专用性资源；二是常态时能在正常领域使用，灾情发生后能立即用于救灾活动的多功能资源；三是为救灾活动提供基础服务尤其是软件服务的关联性资源。

专用性资源常态下不能投入其他领域，只能采用适当的方式储备，其产量不宜过大，达到一定比例即可，重点是进行产能的储备；多功能资源使用的领域比较宽广，可根据市场需求组织生产并维持一定的库存量；关联性资源是应急救援取得效果的基础保证，是各种资源生产的平台。

(2)节点的选择。组成产业链的生产企业除具备生产能力外，还应具有生产意愿。对于专用性资源，应由央企和省管企业担任主要生产者，通过一定程序确定一批关联企业，由这些企业提供零部件；对于多功能资源，政府可采用激励性政策吸纳相关企业担任主要生产者，在保证救援需求前提下允许其参与其他产业链的运作；对于关联性资源，应采用支撑性政策与强制性政策并举的措施，要求企业在进行基础设施建设时将应急需求作为一项重要因素考虑进去。运输节点采用平战结合方式运行，根据对车辆种类、数量与行进路线的选择要求，吸收不同的企业作为节点，能根据应急响应做出一致的应急行动；仓储节点以政府设立的全国性、省部级节点为主，充分利用专业仓储企业的设施设备，实行一体化管理。结合灾害的救援现实和经验启示，基层进行适当的资源储备对前期的灾情应对至关重要。管理部门是产业链的核心节点。借鉴国外经验，根据我国实际，大力改革国内对应急管理多头负责的局面，成立专业的一元化管理机构——应急管理部和各层级的垂直管理部门，实现对资源的全过程监控与管理。

(3)构建应急资源管理的政策体系。作为应急管理的主要内容，应急资源管理的政策体系可由激励性政策、支撑性政策与强制性政策构成。激励性政策以经济利益刺激为主,可吸引企业投身应急资源产业;支撑性政策以指导、支持的方式作用于企业;强制性政策以公共需求为动力,以强制性标准为依据,以法律法规和行政命令为手段,在企业的运营中体现国家意志。

2.2 地震灾害应急资源

2.2.1 地震灾害分类及特征

2.2.1.1 地震灾害分类

《自然灾害分类与代码》(GB/T 28921—2012)将地震灾害定义为:地壳快速释放能量过程中造成强烈地面振动及伴生的地面裂缝和变形,对人类生命安全、建(构)筑物和基础设施等财产、社会功能和生态环境等造成损害的自然灾害。《地震震级的规定》(GB 17740—2017)认为,地震是大地震动,包括天然地震(构造地震、火山地震、陷落地震)、诱发地震(矿山采掘活动、水库蓄水等引发的地震)和人工地震(爆破、核爆炸、物体坠落产生的地震)。一般指天然地震中的构造地震。构造地震最为常见,其破坏力、影响力和对人类造成的危害最大,分为4种类型。①孤立型。整个序列的地震能量基本上通过主震一次释放出来,主要特点是无前震和余震。这类地震比较少见。②主震-余震型。一个地震序列中,最大的地震特别突出,这个最大的地震叫主震;其他较小的地震中,发生在主震前的叫前震,发生在主震后的叫余震。③震群型。地震序列的能量通过多次震级相近的地震释放出来,主要特征是主震不明显,发生的频次较高。④双震型。地震序列释放的90%的能量是由两次地震释放的,而且两次地震的各种特征高度相似。

按照震源深度,地震可分成浅源地震(深度小于60公里)、中源地震(深度介于60~300公里)和深源地震(深度大于300公里)。其中浅源地震也称为正常深度地震。世界上大多数地震为浅源地震。

按照震级大小,地震可分为弱震、有感地震、中强震和强震。弱震的震级小于3级。如果震源不是很浅,这种地震人们一般不易觉察。有感地震的震级大于或等于3级、小于或等于4.5级。这种地震人们能够感觉到,但一般不会造成破坏。中强震的震级大于4.5级、小于6级,属于可造成损坏或破坏的地震,但破坏程度还与震源深度、震中距等多种因素有关。

强震的震级大于或等于6级,可造成严重破坏。其中震级大于或等于8级的又称为巨大地震。

按照震中距,地震可分为地方震(震中距≤100公里)、近震(100公里<震中距≤1000公里)和远震(震中距>1000公里)。

地震会对各类建筑物、公共设施和设备、民众家庭和个人财产等造成直接损害,也可带来潜在的损害。其引发的火灾、爆炸、场地破坏等会带来各种伤亡和巨大的经济损失,给生命财产和社会稳定带来很大的风险。地震带来的灾害有直接灾害、次生灾害和间接灾害三种[205]。直接灾害是指地震给地表物体带来的结构破坏和生命体的伤害,如建筑倾斜、倒塌,道路塌陷、破损,水管爆裂,燃气外泄,生命体受伤、死亡等。直接灾害带来的破坏往往是致命的,给公众的心理带来巨大阴影。若地震对供水系统、供电系统、供气系统、通信系统及交通系统等城市生命线系统造成很大破坏,可能严重影响灾区民众的正常生产和生活,会使民众产生恐慌性行为、非理性行为,造成一定程度的混乱。次生灾害并非是由地震本身造成的,而是由地震造成地表物体的结构和形态发生变化,继而产生的一系列后续灾害。如火灾、水灾、泥石流、毒气泄漏、放射性污染、化学物品腐蚀和爆炸等。次生灾害可进一步破坏社会与自然形态原有平衡和正常秩序,灾害损失同样较为严重,甚至可能会引起连锁灾害。间接灾害是指地震引发的一系列连锁反应导致的灾害,可能包括经济损失、社会秩序的破坏及基础设施的损坏。地震产生的部分直接灾害是人力无法完全控制的,但可以通过提高建设标准、强化防灾意识教育等措施降低其影响,这对控制次生灾害和间接灾害也有重要意义。此外,灾害救援体系的完善程度直接影响灾害救援响应速度,尤其对时间性要求极高的地震灾害。

2.2.1.2 地震灾害特征

与其他自然灾害不同,地震具有如下突出特征:

(1) 突发性强。地震瞬间爆发,持续时间短,其释放的巨大能量能对地表产生强破坏力。人们对地震的预测准确性低且反应时间有限,在地震中只能借助逃生技能躲避。在各种自然灾害中,地震灾害的致灾速度居于首位,短时间内可造成大量人员伤亡和巨大经济损失。

(2) 破坏性大。微弱的地震仅使人产生较短时间、较强振动的感觉,不会对地表物体和生命体造成严重伤害。强烈地震的影响因震级、震源深度、震中距离和地质结构的不同而有所差异,但其导致的直接灾害、次生灾害和间接灾害都是巨大的。

(3)社会影响深远。大地震造成的影响不仅仅是环境破坏、人员伤亡和财产损失,更大的影响在于人的心理应激反应、对灾难的恐惧以及需求和兴趣等的突变,不利于和谐社会建设。地震对经济发展环境的影响更大。基于对环境变化的认知,资本可能会趋利避害,逃离受地震影响的区域,进而拖累经济的发展。

(4)防御难度大。与自然界其他灾害不同,地震预测和防范始终是世界难题,依靠目前的技术水平很难精确预报、提前预报,防范手段更是寥寥无几,只能充分应用现有技术条件,不断增加投入成本,以提高建筑和设施的抗震等级,强化对一般人员防震抗震意识和技能的培训,提高个人和群体的应对能力。

(5)延滞性持续时间长。延滞性是指地震事件所产生的严重创伤及后续灾害往往不易消失,在空间和时间上扩展、滞留,使人们处于危险之中[206]。大型地震造成的建筑和财产损失可以在较短时间内得以恢复,对环境造成的浅层破坏也能逐步修复,但对人和环境造成的深层伤害是难以修复的,如伤残者的精神变化、环境的剧烈改变等。

2.2.2 地震灾害的分级和应急响应

在《国家地震应急预案》(2012年修订)中,根据地震的震级与受灾区人口密集程度、地震灾害所造成的伤亡情况、经济损失情况和经验方法,将地震灾害分为特别重大地震灾害、重大地震灾害、较大地震灾害和一般地震灾害四级。对于地震产生的影响,可以根据人员损失、经济损失、地震等级等进行分级描述,如表2-1所示。

表2-1 地震灾害分级标准

等级	人员损失/人	经济损失	地震等级	
			人口较密集地区	密集地区
特别重大地震灾害	≥300	直接经济损失占当地上年GDP的1%以上	7.0级以上	6.0级以上
重大地震灾害	50~<300	造成严重经济损失的地震灾害	6.0级以上、7.0级以下	5.0级以上、6.0级以下
较大地震灾害	10~<50	造成较重经济损失	5.0级以上、6.0级以下	4.0级以上、5.0级以下
一般地震灾害	<10	造成一定经济损失	4.0级以上、5.0级以下	—

注:人员损失指死亡(含失踪)人数。

根据一定的标准将地震产生的灾害分为四个等级,每个等级的人员损失、经济损失和地震等级都存在差异,需要的救援力量也不尽相同。依据效率优先、兼顾成本的原则,应启动相应的应急响应。可将地震灾害应急响应分为Ⅰ级、Ⅱ级、Ⅲ级、Ⅳ级四类,其应急响应启动条件不同。

(1)应对特别重大地震灾害,启动Ⅰ级响应。由灾区所在省级抗震救灾指挥部领导赴灾区指导地震应急工作;国务院抗震救灾指挥部负责统一领导、指挥和协调全国抗震救灾工作。

(2)应对重大地震灾害,启动Ⅱ级响应。由灾区所在省级抗震救灾指挥部领导灾区地震应急工作;国务院抗震救灾指挥部根据情况,组织协调有关部门和单位开展国家地震应急工作。

(3)应对较大地震灾害,启动Ⅲ级响应。在灾区所在省级抗震救灾指挥部的支持下,由灾区所在市级抗震救灾指挥部领导灾区地震应急工作。中国地震局等国家有关部门和单位根据灾区需求,协助做好抗震救灾工作。

(4)应对一般地震灾害,启动Ⅳ级响应。在灾区所在省、市级抗震救灾指挥部的支持下,由灾区所在县级抗震救灾指挥部领导灾区地震应急工作。中国地震局等国家有关部门和单位根据灾区需求,协助做好抗震救灾工作。

地震发生在边疆地区、少数民族聚居地区和其他特殊地区时,可根据需要适当提高响应级别。地震应急响应启动后,可视灾情及其发展情况及时对响应级别进行相应调整,避免响应不足或响应过度。

2.2.3 地震灾害应急资源及获取途径

同其他自然灾害一样,地震灾害应急资源的需求也贯穿于灾前、灾中和灾后整个应急管理生命周期,内容也包括人力形态、信息形态和实物形态的应急资源。但是从应急资源配置角度来看,配置的重点和难点仍旧是灾中救援阶段的应急人力资源和应急物资资源配置。在灾中救援阶段,这两类资源需求的紧迫性更强,有些学者将之称为应急救援资源,也就是灾后应急救援阶段(灾后的前3天)灾区救援必需的人力资源和物力资源。在地震灾害的救援过程中,应急救援资源具有保命、救命、防灾、减灾等多种功能[207]。

2.2.3.1 地震灾害应急物资资源及获取

由于地震具有突发性和破坏性,会在瞬间造成巨大灾害,灾区对应急物资的需求种类和数量较大且极为紧迫。基于应急物资的性质和用途,可以将应急物资分库按类储备,应急物资的储备按照单元或货位存放,便于提高出库装运的效率。其中,生活类物资包括救灾食物和生活物资,救灾食物主要有饮用水、快捷食品等,生活物资主要有帐篷、衣被、床和睡袋等;救生类物资包括地震救生器械和应急通信设备,地震救生器械有生命探测仪、破拆和小型起重设备等;医疗类物资包括医疗设备、医用耗材、药品、防护用品、消毒用品等。

地震灾害应急物资的获取途径包括国家物资储备库储备资源、直接征用、市场采购、组织捐赠、组织相关厂家紧急生产等。但灾后的应急救援阶段,可靠的获取途径主要是灾前储备资源。重大地震灾害具有突发性、严重性且分布广,救援紧迫,必须做好灾前储备,而且救援资源的类别与数量需要具备针对性、适用性和可获得性。如果灾前没有做好应急救援资源储备,那么在严重地震灾害环境下临时组织调拨,应急救援的难度极大。同时,应根据当地地震灾害的潜在救援需求,将应急物资资源合理配置于市、区(县)、居委会和避难场所的储备仓库内。合理利用避难场所及其附近的仓储资源,可以更有效地实施应急救援。

2.2.3.2 地震灾害应急人力资源及组织

人力资源的组成结构、数量、技能和响应速度是震后救援效果的关键和能动要素;现场人员组织与分工亦至关重要。科学合理的人员布局与调配方案能最大程度发挥人力资源的功效,挽救更多的生命与财产。

(1)灾情评估分析专家团队。灾情评估分析专家团队是地震灾害诊断的专业人员,主要由国家部委及驻地方的专业技术人员、省市级专业技术人员组成。其主要任务是第一时间实地查看地震造成的危害与预测的吻合度,监测灾情的后期变化及余震发生的概率和频次,对灾害造成的环境破坏、人员伤亡和财、物、建筑等的损毁进行评估,为救援组织提供决策咨询和现场指导,对前线指挥部的下一步决策提出专业化建议。

(2)救援队伍。地震灾害往往伴随着建筑倒塌、道路塌陷、山体滑坡和水、电、气的泄漏等,对公众生命财产危害较大,可能使部分民众严重受伤或处于极端困境中。因此,抢救生命是灾害现场救援的主要任务。救援队伍包括三类:第一类是民间自救和互救队伍。该类自救队伍又分为两部分:一是灾区村社的自救和互救队伍,灾区村社的负责人组织本村社有救援能力的人员开展自救和互救,利用熟人社会的便利条件开展针对性较强的救援,对于伤情较轻、埋压较浅、陷落不深的人员能实现快速救援;二是灾区临近村社的互救队伍,灾情相对较轻的村社可迅速组织起一支力量较强的救援队伍,开展互助型救援并提供必要的救援设备。第二类是第一批专业救援队伍。灾情就是命令,随时待命的专业救援队伍能第一时间集结出发奔赴灾区。受时间约束,他们携带的救生设备一般都是便捷式的小型设备,需要后续救援队伍的配合方能实现大规模救援。第三类是后续大批量救援人员。经各方充分准备、科学调度后,各方救援力量携带更为实用的设备赶赴现场,抢通道路,为应急资源的顺畅进入创造条件;同时,与其他救援人员密切配合,充分利用设备的优势救援处于困境中的民众。

(3)公用设施抢险专业人员。地震会对灾区的水、电、气、通信等公用设施造成严重损害,影响救援工作的推进及与外界的联系。其中,停电会对救援工具的使用造成较大影响,水、气泄漏会产生次生灾害,通信切断会对现场的组织协调、外部资源调度产生严重不利影响。市县水利部门、电业部门、燃气部门和通信部门的专业技术人员需要在最短的时间内抢修设备,保证设施最低程度的运转,同时,积极配合其他救援人员开展对民众的救助。

2.3 自然灾害应急资源一体化协同配置的现实必要性

2.3.1 一体化理论的起源与发展

一体化是当今社会和经济发展的一种趋势,于20世纪40年代末在西欧被首次提出,主要是指国家间的经济一体化。西方学者在不断对一体化进行政治、经济、文化和法律等方面研究的基础上,深挖其蕴藏内涵,不断拓展其外延,最终形成了较为完整的"一体化理论",推进了国家治理、经济文化融合等的纵深发展。一体化是指多个主体在政治、经济、文化等领域全面或部分融合,最终共用统一的规则、标准和声音与外界接触,实现力量的整合。对一个主体内部而言,一体化则是多领域的融合发展,如经济与技术融合、市场与环境融合等,其目的是统筹谋划,实现协同发展。

政治一体化可能造成民族、宗教、主权争议和文化冲突等问题。与之相比,经济一体化能为不同主体带来显性利益,实现市场扩大、经济发展互补、人员自由流动、关税壁垒消除等。经济一体化是全球一体化的主要形态,以资源配置的全球化和国内国际市场的一体化为核心,且日益成为当今世界经济发展的主旋律[208]。关于"国际经济一体化"的定义,被广泛认可的是美国经济学家贝拉·巴拉萨于1961年提出的观点:经济一体化是"过程"和"状态"的结合体。国家可以推动经济一体化过程,并最终达到一个消除差别待遇、实施一视同仁政策的目标状态。

1957年,卡尔·多伊奇在 *Political community and the North Atlantic area: International organization in the light of historical experience*(政治共同体与北大西洋区域:以历史经验看国际组织)中对政治一体化问题进行了较为深入的论述。他认为,政治一体化是一种关系,是政治行为者(或政治单位)政治行为的结合,其行为脱离了原先的自由状态,必须受到特定约束的特殊关系。如欧洲共同体国家间的政治一体化强调的是政治和外交上的合作与政策协调,体现的是步调一致和"用一个声音说话",成立更高层面的协调决策机构,直至各国在政治上结成联盟。

一体化理论在管理领域的发展主要体现在企业一体化管理、供应链一体化管理和组织一体化等方面。

2.3.1.1 企业一体化管理

一体化是系统科学中的一个概念,其语义是整合、集成、联成整体,其目的是要将独立运行的个体组成一个紧密衔接和相互配套的有机整体。一体化管理不同于政治和经济一体化,其研究和应用通常以企业为主体。企业一体化管理的内涵在于处理整体与局部的关系,将企业看作一个独立且完整的个体,通过统筹管理其内部所有子系统,增强组织之间的凝聚力,使子系统之间相互协调、相互完善。

国外系统管理理论较早地体现了集成思想,认为企业是人们创造的由相互联系、共同作用的各个要素组成的开放系统,同外部环境之间存在着动态交互关系,且具有内部和外部信息反馈网络,可通过自行调节适应环境和企业本身的需要,从而实现个人和组织的目标。集成管理包含过程管理和结果管理两个方面。过程管理是动态的,是两个及以上对象根据设定的目标和程序进行集成的流程,涉及部门优化重组、功能增减及人员安置等;集成结果优于集成前的状态,表现为效率更高、程序更科学合理。集成不是"累加",而是形成新的聚变体,在应对外界冲击时具有更大竞争优势。从理论角度看,可视为高科技时代各种具体管理思想、方法及先进管理工具的一次集成[209]。朱祖平认为,追求企业系统的帕累托最优催生了对企业一体化管理的需求,企业一体化管理模式应以产品生产为目的,包含产品形成过程和支持产品形成过程两大维度,涵盖相互匹配的9个维度:市场需要、竞争战略、产品、过程、供应链、组织结构、人力资源、企业文化和管理模式[210]。

一体化管理要求的是整体优化,采用的措施是"破壁联通",即打破企业间、部门间、业务单元间的阻隔壁垒,实现资源、要素优化配置,其评价标准是效率和效益,而非"人为的意愿和需求",其结果是实现三个转变(资源共享的层次性和低效性转变为非层次性和高效性,等级与分工转变为协同与合作,规模经营转变为个性化供给),可快速适应市场的变化,及时满足多层次、多频次、小批量、个性化的多元化需求。一体化管理可实现生产过程的同步化、资源配置的同步化和信息共享的同步化,使环节和流程更为精简,主体可以快速响应市场变化。

2.3.1.2 供应链一体化管理

供应链是介于企业和市场之间的中间组织。从系统论和集成论来解释,供应链是纵向关联、横向合作的多个企业的集成。供应链是一个价值不断增加的网络结构,由众多节点构成,实现强强联合。其围绕核心企业有效链接相关节点企业,实现对信息流、物流和资金流的控制,最终达到竞争的目标。供应链不同于市场,作为一个链式或网状集合体,它既有统一决策的功能,也可以通过最终产品的市场价值间接地体现出供应链中的专用性资产定价。供应链也不能等同于一个企业,节点企业间的关系取决于契约的性质和形式。供应链的出现可以减少相关信息费用和考核费用,是企业和市场发展的必然,在一定程度上突破了层级组织的企业和自由交易的市场所具有的局限性。供应链是由通过协同合作来共同制定战略定位和提高运作效率的企业组成的,一般包括顾客、供应商和过程分销商。

国内大部分学者认为,供应链管理是对供应链中的信息流、物流和资金流进行设计、规划和控制的过程。链上企业作为一个不可分割的整体,分担采购、生产、分销和销售职能,组成一个协调发展的有机体。供应链关系反映了企业的战略抉择,即建立在相互依存、相互关联的管理理念基础之上的渠道管理的合理安排。供应链一体化管理模式的核心思想是将供应链各个参与方的资源、信息和业务流程紧密连接起来,以实现信息共享、资源优化和协同决策。该模式注重供应链各参与方的合作和信任关系的建立,通过供应链各环节更好地协同工作,提高整体供应链的竞争力和灵活性。因此,企业的运作,从物料的采购到将产品或服务发送到最终客户手中,都被整合在供应链一体化管理模式中。

2.3.1.3 组织一体化

组织的有效运营要求其与时代发展和科技水平相适应,且盈利模式迎合社会的需求。组织结构是组织目标实现的基础性保障,它决定了企业内部各个有机组成要素相互发生作用的形式,也是一体化管理模式中其他管理维度的基础支撑,对组织效率和效益的提升有着举足轻重的作用。组织结构不是越复杂越好,亦不是越简单越好,其必须与组织的目标、管理模式、要素配置和竞争环境相匹配,这样才能实现整体效益最大化。只有建立与企业管理各因素相互匹配的组织结构模式,才能有效整合企业内外部优势资源,增强企业在市场中的竞争力。

技术变革在企业组织形式多样化进程中起着重要作用,可影响组织的演进路径与速度。随着信息技术的企业化应用,组织结构正由层级化向扁平化转变,管理幅度和管理层次也在悄无声息地变化着。组织的边界逐渐模糊,与外界的互动方式多样快捷,形成了一个复杂网络结构,涵盖了内外部组织。

组织一体化的演化经历了三个阶段:初级一体化、中级一体化和高级一体化。传统企业只是用资产产权的方式将市场中的分工个体融为一体,仅仅在技术和法律层面实现一体化,而企业内不可能完全利用专业化分工的优势,这属于初级一体化。企业集团用不严格的行政关系来部分替代市场交易关系是企业由层级制组织体制向市场体制演进的结果,其特征是技术上独立或半独立,法律上独立,能部分利用专业化分工的优势,这属于中级一体化。虚拟一体化(动态联盟)是一种高级一体化,它以信息网络技术为基础而不是以实际资产为纽带;利用信息共享来协调整个组织的供应、生产、运输、库存和分销活动,尽可能降低市场交易费用;以隐性契约为依托,通过网络来加速所有相关企业的信息交流,从而与顾客和供应商紧密连接在一起,组成动态供应链联盟;通过分工协调使所有相关企业变成整个价值链上的一个个模块,充分利用专业化分工所带来的最低生产费用。同时,由于模块之间没有资产产权的连接,更没有行政隶属关系,几乎不存在由规模扩张所带来的管理费用上升问题,组织边界也基本上趋于模糊化,组织可以成为一个无边界的、机构小但规模大的产业综合体。这种高级一体化的特征是技术上独立,法律上独立,能充分利用全社会乃至全球专业化分工的优势[211]。

2.3.2 应急资源一体化协同配置

2.3.2.1 资源配置的阶段和环节

配置是指将符合目标对象需求的资源置于其需求处,并进行合理使用的过程。应急资源配置是一个过程,通常包括常态配置和动态配置两部分。常态配置是指根据对灾情的有效预测而对救灾物资的应急点进行合理选址,并确定应急点的物资库存类别与数量(由确定的供应点按要求提供)。动态配置则是指灾情发生时由供应点向应急点的物资动态配置和由应急点向受灾点的动态配置的结合,也包括灾后的逆向配置环节,如图 2-1 所示。应急资源配置阶段如图 2-2 所示。

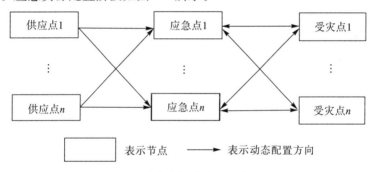

图 2-1 应急资源动态配置流程图

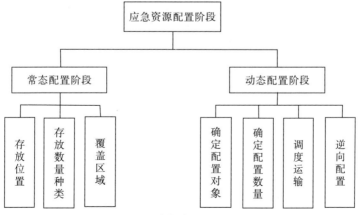

图 2-2 应急资源配置阶段

上述的两阶段中,各自包含着不同的环节,在配置状态中有订单环节、生产环节、运输环节、接收环节、分拣环节、储备环节、常态补充环节等;在配置过程中有出货环节、装运环节、调度环节、配送环节、动态补充环节、逆向配置环节等。若多个应急点实现配置联动,则会出现环节的并行和交叉,过程更为复杂。

配置状态和配置过程两阶段的划分依据是灾情潜在地存在,但并未转化为事实;灾情出现后,原先的配置状态阶段会消失,配置过程成为唯一的显性形式;静态的环节全部实现了动态化,统一于受灾目标的救援中。环节关系的处理对灾害的处理后果有着关键影响。

2.3.2.2　应急资源一体化协同配置的含义

本书将应急资源一体化协同配置定义为:在自然灾害应急管理中,以应急救援为目标,依据系统原理将资源配置过程的不同阶段/环节联系起来,实现阶段/环节之间协调运行的统一,较好地实现预定目标的过程。该定义包含两个层次的一体化协同:配置全过程的一体化协同和单个阶段与过程内部的一体化协同。

(1)全过程一体化协同,即常态阶段与动态阶段的衔接关系。常态阶段是一体化协同的基础和保证,以应急点为关键节点;动态阶段是行动和结果,以多供给点-多需求点匹配为核心,包含逆向资源配置。全过程一体化协同不是自然形成的,需要加入管理环节,即管理环节是实现阶段关系协调的关键。

(2)单个阶段与过程内部一体化协同。在不同的阶段与管理过程中,每个阶段与过程均涵盖多个环节,环节间一体化协同称为次一体化协同,是单个阶段与过程内部一体化协同的关键。

上述一体化协同是针对一个配置过程而言的,不同区域存在多种类似的配置过程,可产生路径与路径之间的关系,即横向关系。有时,一条配置路径可能实现不了预期的效果,需要多条路径之间的联动[212]。因此,要求配置路径具有一定的弹性,以满足融合需求。

2.3.3　自然灾害应急资源一体化协同配置的必要性

2.3.3.1　协调应急资源配置系统关系

自然灾害应急管理是一个复杂的系统,是关联环节相互交织、不同行为主体共同作用的过程。作为核心支撑要素,应急资源贯穿于这一过程的各个环节,与不同行为主体发生关系,形成环节复杂、主体多样、信息需求强烈的应急资源配置系统。一体化设计与管理是系统运行有效的保证,它确保应急资源配置系统的必要构成部分高效配合,可消除不同单元各自为政的现象,为环节的并行操作提供条件。

2.3.3.2 支撑应急资源配置效果

反应快慢、效率高低是反映应急资源配置效果的指标。反应快慢是时间效率问题,反映的是整个系统对灾害需求的敏感程度,要求组成系统的不同单元同步作出反应。效率高低则指各方的反应作用于对象后产生的效果,即资源实际配置与现实需求的符合度。符合度高表明效率高,反之,则表明效率低或无效。对自然灾害资源配置实施一体化管理,能促使配置效率的有效提升,具体体现在以下三方面:

(1)明确应急资源系统各个单元与整体的目标任务。一体化配置的目标为整体最优,即社会效益最大,最大限度地兼顾经济效益;不同单元应按照一体化的要求设置分目标,其任务的设置既要有明确的界定,又要具备一定弹性,能与交叉单元的任务实现对接,支持总体目标的实现。

(2)降低系统运行成本。应急资源的成本主要包括四部分:①设施、设备与物料成本,包含原料、半成品、成品及设施的投资等;②劳动力成本,包括直接人工成本和管理成本;③维护成本,资源在静止状态与在途状态发生的为维持原始状态而产生的成本;④运输成本,与运输有关的成本总和。一体化设计可使设施的布局结构合理、资源的生产过程集约、人员与岗位匹配、线路得到优化,有效降低综合成本。

(3)提供更高程度的信息共享。信息共享是应急资源配置的支撑。一体化的资源配置流程可以克服各个节点的信息孤岛,通过核心节点的信息传递与信息共享,实现步调的统一。

2.4 自然灾害应急资源一体化协同配置的理论基础

本书所指的自然灾害应急资源一体化协同配置并不是连续一体化配置,而是分段一体化与管理环节一体化的组合配置。该配置能否满足应急时的资源配置要求,其理论依据至关重要。

2.4.1 系统性原理的客观要求

作为一种最基本的管理原理,系统性原理认为,任何自然的、人为的事件均存在自己的运行系统,通过要素、关联、结构、效能与外部环境的有效结合,形成按照一定规律发挥作用的整体。

针对自然灾害应急资源配置这一事件,其过程比较复杂,涵盖多个阶段、环节与节点等不同层次的要素。单要素能按照自身规律承担特定的职能,实现配置的部分任务;单要素不是孤立存在的,需要同关联要素发生联系甚至融合,进而产生协同效应,提升要素产出率;有关要素按照一定规则全部组合起来可构成一个运作有序的系统,通过边界与外部环境发生接触,过滤对系统运行有利的成分并产生对环境的适应性。

2.4.2　和谐原理的现实要求

"以他平他谓之和"概括了和谐的本质。和谐原理强调的是,不同事物相互发生联系,使事物之间的关系保持平衡状态,从而使事件向好的方向转化。作为构成系统的要素,系统的关键成分应按照系统的要求发挥作用。单要素的效用发挥到极致并不是最优秀的,所有要素达到效用总和最大才是系统的预期。系统发挥最大功能的必要条件是要素的一体化,即所有要素形成一个虚拟的整体,受规章制度、契约等制约,每一要素都能在系统内存在并发挥作用,系统内部和谐,以整体性能适应外部环境的变化。

2.4.3　对象的特质理论

对自然人、群体而言,特质是指在不同环境状态下表现出来的一致、持久而稳定的特征。对于事件来说,特质理论提供了一种框架,帮助我们理解人类个体在各种情境下表现出的不同行为和思维方式,即针对事件在多环境下的特征,采用较为理想的方案来应对。

应急资源配置具有常态时的缓和性与资源的闲置性、动态时的紧迫性与资源的稀缺性、动态与常态配置的联动性与一体性。依据特征实现配置的优化是应急管理的迫切要求。

常态时的缓和性体现为时间上的宽松,闲置性表明资源的效用不能即刻实现,资源可能暂时沉淀,因此需要充分考虑经济性;应急行动状态对时间与效率的要求迅速提高,对资源的需求特别急迫,资源的稀缺性显现,此时方案决策尤为重要;常态与动态不是截然分离的两个事件,是同一事件的两种状态,需求产生时,二者要实现一体化运作。

2.4.4　耦合理论的支撑

耦合可以理解为两个或两个以上的系统或运动方式通过相互作用彼

此产生影响以至联动或联合的现象,是在各子系统间的良性互动下所产生的相互依存、彼此协同、共同促进的动态关联关系[213]。常态资源配置一体化、动态资源配置一体化与逆向资源配置一体化的耦合关系可以从耦合关系的确立、耦合度的大小及耦合条件三方面来分析[214]。

依据灾害特性、资源需求及配置特征,常态资源配置一体化与动态资源配置一体化具有必然的耦合关系。以应急点为核心,常态资源配置可为灾情时的资源需求提供来源,以减轻灾害造成的损失;动态的需求变化可为常态的资源配置提供依据,以进一步优化资源的配置结构,实现资源配置的可持续发展。二者相互协同、相互促进,共同维持系统的稳定。

按照一体化思路设计的常态资源配置系统与动态资源配置系统之间具有强耦合度,既能完全实现动态的资源需求目标,又能提升常态资源配置功能。

灾害应急资源配置的管理一体化是常态资源配置系统、动态资源配置系统得以实现强耦合的条件,是两系统间相互作用方向的指引,促进二者强耦合关系的形成与实现。

依据设计的灾害应急资源配置一体化系统,强耦合关系可分为以单应急点-多需求点为主导的耦合关系、以多应急点-单需求点为主导的耦合关系和以多应急点-多需求点为主导的耦合关系,分别实现资源的有效配置。

对不同资源配置阶段分析后不难发现,每一阶段均有重点目标,常态资源配置阶段的目标是在保障需求的情况下兼顾经济性,快速满足灾情需求是动态资源配置阶段唯一的目标。目标的完成需要诸要素的共同作用,一体化是必然的选择;阶段和环节一体化实现融合的条件是管理,管理一体化是系统一体化的保证。

2.5 小结

本章内容包括三个方面:一是描述了洪水灾害和地震灾害两类主要自然灾害的分类和特征,探讨了对相应应急资源的需求及其获取途径。二是阐释了应急资源一体化协同配置的含义及元素间的相互关系,论述了自然灾害应急资源一体化协同配置的必要性。三是将应急资源一体化协同配置分为常态资源配置和动态资源配置两个阶段,并充分考虑管理过程的一体化,同时对一体化协同配置的设计理论基础进行了分析。

第3章 自然灾害应急资源配置经验借鉴

3.1 美国应急资源配置经验

美国的应急管理机构包括以(美国)联邦应急管理署(Federal Emergency Management Agency,FEMA)、州政府为主导的应急服务办公室及其他应急管理机构。美国于1979年对其国家保险、消防、气象等机构的防灾救灾职能以及国家民防系统的监督指导职能等进行整合,成立联邦应急管理署[215]。基于"分级负责,属地管理为主"的指导思想,该机构对发生在美国并且当地州政府无法应对的灾害应急响应进行协调指挥。一般性灾害由州政府负责。对于特别重大灾害,灾害发生所在州的州长必须宣布紧急状态令,并正式向总统提出申请,要求联邦应急管理署和联邦政府对灾害作出响应。例外的是,当灾害事故发生的主体是联邦财产或联邦资产时,联邦应急管理署对事故直接作出响应,无须所在州的州长提出申请。"9·11"事件发生后,联邦应急管理署被纳入美国新成立的国土安全部,以期对紧急情况迅速作出有效反应,但是失去独立性的联邦应急管理署在实际应急管理工作中发挥的作用并不理想[216]。美国应急资源配置的经验体现在常态资源配置和非常态资源配置两方面。

3.1.1 常态资源配置规范

常态资源配置是对当地可能发生的自然灾害突发事件需求资源的系统规划,主要包括辨识风险后果、资源需求分析、潜在资源分析、资源动用和采购程序、应急资源管理的立法保障、资源目录发展与维护等六个环节[217]。

美国应急资源管理者认为,在灾前进行应急资源规划对于应对次生灾害、控制关键因素及处理衍生性关系具有重要指导意义。灾前辨识风险后果主要是指对当地可能发生的灾害事件类型进行分析,对可能造成的人员财产损失进行评估和测算,进而绘制出相关风险标识区域并制定物资调配应急方案。资源需求分析主要是指在资源类型、选址等问题的评估分析之后,对本地地域特点、季节特点、人文特点,以及物资需求时效性和需求结构、物资质量需求等因素进行分析,重点是建立应急资源需求量和资源需求实体间的匹配关系。潜在资源分析主要是对本地可用资源、上级援助资源、互助协议资源、商业资源、志愿者和捐助资源等进行分析。其中,本地可用资源是最直接的应急资源,需要对可用资源的种类、适用性、储备情况、人员经验及受训情况等进行分析。互助协议资源是根据预先签订的地区协议,自然灾害事件发生时能及时支援到位的应急资源。商业资源是根据预先和企业签订的商业合同,自然灾害事件发生后可随时从企业处获取的应急资源。资源动用和采购程序环节可明确资源动用相关程序和权限,保障应急情况下应急资源及时有序到位,同时对应急采购人员及其权限进行指定,严格非常规应急资源采购程序。立法保障旨在对各减灾管理机构和各突发公共事件管理部门的职能、责任和合作事项进行规制。资源目录发展与维护环节可按照类型、获取渠道等属性对确定的资源进行目录编排和常规化的维护、管理与更新。

3.1.2 非常态资源配置高效

"9·11"事件后,美国应急管理部门认识到本国在资源储备、信息收集、行动方面存在应急处置效率不高等问题。应急管理者意识到非常态资源管理同样重要,需要在救援过程中通过可靠的资源管理解决突发事件应急资源调度不及时、不准确等问题。非常态资源配置包括资源获取、信息管理、需求分析、优先级定义、调动、分配、遣散机制等内容[218]。为了高效获取资源,美国政府制定了标准化资源获取流程,对采购、合同签订、库存提取等各环节进行了严格规定。在应急资源信息化、数字化管理方面,美国政府依托功能完善的信息系统实现数据采集、实时跟踪、状态查询和动态管理。该系统包含地理信息子系统、资源跟踪子系统、运输跟踪子系统、资源储备管理子系统、信息报送子系统等,可发挥资源信息交换平台的作用,保障非常态下组织间的实时沟通和信息共享。非常态下应急资源的需求分析基于当地灾害后果及实际资源需求进行,可实现有计划、有针对性的资源调度,提高资源配置的科学性和及时性。根据资源调度优先级来解决多需求点资源配置的复杂问题,而非单纯遵循"先到先得"的原则,可较好地解决紧急需求和常规需求的矛盾。

美国应急资源管理实践表明,常态应急资源配置和非常态应急资源配置应紧密结合。常态下结构合理化、管理规范化的资源配置是非常态下资源获取高效、调度顺畅的基础。应急资源管理回归常态后,需要及时对消耗性应急资源进行补充,对耐用性应急资源进行维护。完善的应急资源分类也是美国应急资源管理的成功经验。美国建立了在线目录式的资源类型库工具(resource typing library tool,RTLT),包含了美国事故管理体系相关的资源类型,并定义了每类资源适用的突发事件类型。这种精细的分类和定义使得资源调配更加精准和高效,能够满足不同灾害情境下的应急资源需求。

3.2 日本应急资源配置经验

3.2.1 注重应急管理体系建设

日本是一个自然灾害频发的国家,主要灾种有地震、台风、海啸、暴雨等,几乎全国范围内均受到灾害的严重影响。在灾害的不断冲击下,政府和国民的防灾意识比较强,防灾技术比较先进,设备、设施齐全,应急响应启动快,全国上下反应比较及时。日本国内建有较为完备的灾害应急管理体系,体系以纵向结构为主线,横向结构为补充,呈现为职责较为明晰、以层级自救为主、救助为辅的网状结构,可较成功地应对灾害造成的影响。

日本应急管理体系的结构关系分为纵向结构的中央、都道府县和市町村三层级关系与横向结构的机构协作关系,如图3-1所示,其职责功能定位如下:

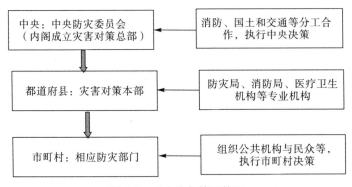

图3-1 日本应急管理体系

中央职责:成立中央防灾委员会作为最高决策机构(由首相、主要部门的负责人、专家学者和地方政府代表等组成);负责全国防灾规划、政策等的制定;发生重大灾害时在内阁中成立灾害对策总部,研判灾情并制定灾害救援整体实施方案;协调消防、国土和交通等部门开展救援行动;根据下级政府的请求调动应急资源,指导、支持下级政府的灾害救援。

都道府县职责:制定本地域的灾害防范与救援规划和政策;灾害发生后,调动防灾局、消防局、医疗卫生机构、教育机构等开展灾害救援。

市町村职责:依据本地域的灾害防范与救援政策和应急资源配置方案开展救援与灾后重建工作,组织公共机构和民众参与救援与自救,依据互助协议开展邻近地域的灾害救援工作。

3.2.2 高度重视兼职应急队伍建设

警察、消防署员和自卫队员组成了日本的专业骨干应急队伍,负责执行灾害对策总部和本部的决策,主要负责重大灾害救援、特定区域救援,其他灾害救援由兼职应急队伍实施。鉴于日本的灾情现实,企业和公民有很强的灾害防范意识,民间应急队伍规模庞大,表现出强烈的"主人翁"精神。日本对兼职应急人员的培训也极为重视,会对通过审查的人员进行专业的培训,具有资质证书的人员方可成为应急队伍的一员;支持企业组建自己的应急队伍,特殊情况下调遣其参加国家和地方组织的灾害救援工作。

3.2.3 完善的物资储备体系和定期更换制度

日本建立了预防和应急相结合、多元参与的应急物资储备体系,该体系是高效、有序应对自然灾害突发事件的基础。日本建立以地方政府储备为主、互助联动的储备模式。基于国家治理体系的规则设计,日本都道府县和市町村是应急物资储备的主体。他们依据对灾害过去、现在和未来的分析,储备较为充足的应急资源,并考虑本地域灾害的救援需求以及邻近区域的互助需求,增强应对灾害的能力。日本的应急资源储备重点向基层和公共场所倾斜,可实现救援的实用化和高效率化。在基层的町村、体育馆和公园等避难场所均配置种类和数量较为丰富的应急资源;在素有"第一避难所"之称的学校,为保证师生安全,亦有一定的物资储备。日本国民的防灾意识普遍较强,几乎每个家庭都储备有防灾应急用品,根据居住环境和潜在应急资源需求,储备的物品也各有侧重。对于应急物资储备中有使用期限的物资,如食品、药品、饮用水等,必须定期更换,更换下来的物资可用于各种防灾演习。

3.2.4 应急资源信息管理体系

日本的应急资源信息管理体系在灾前准备、灾中响应和灾后恢复方面发挥着重要作用。灾前准备主要包括灾害预警系统和灾情分析。日本利用先进的监测和预警技术,实时跟踪天气、地质和海洋的变化情况,预测灾害发生的时间、地点和强度。通过对灾害进行分析,政府能够制定相应的预防和减灾措施,提前调配应急资源。灾中响应主要依赖应急通信网络、信息传递和发布系统。应急通信网络覆盖日本各地,包括卫星通信、移动通信和固定通信等多种方式,确保信息的及时传递和沟通。信息传递和发布系统可以实现信息在决策者之间、执行者之间以及执行者与灾民之间的传递。灾后恢复阶段,应急资源信息管理体系主要关注受灾损失信息的收集和重建规划。通过收集灾区地方政府和救援人员提供的受灾损失信息,政府能够制订灾后重建计划,有效分配资源。

3.3 德国应急资源配置经验

3.3.1 德国应急管理机构健全

德国是一个联邦制国家,由 16 个州(市)组成,人口总数达 8400 多万,是欧盟人口最多的国家。根据应急管理部-教育部减灾与应急管理研究院等单位编制的《2021 年全球自然灾害评估报告》,2000—2021 年全球直接经济损失排前 10 位的极端天气气候事件中,2021 年 7 月 12—15 日德国的极端洪涝灾害居第 8 位,造成的直接经济损失达 400 亿美元;2000—2021 年,德国因极端天气气候事件死亡人数为 9552 人,排第 10 位。因此,联邦政府和州政府在灾害应急管理中各司其职,前者主要通过内政部协调州际救援工作,调用军队,在灾害期间实施危机管理、救助管理,维护社会的安全稳定运行;后者负责本州内常规应急体系的建设、应急救援措施的制定和实施、灾害的具体处理等。

作为国家应急救援的主要部门,联邦内政部设有 3 个相关机构,其职责分工较为明晰,且可实现较高程度的信息共享。当灾难事件超出一州的独立应对处置能力时,德国联邦内政部会启动救援预案,通过驻各州的分部跨州协调应急资源,协助地方开展应急救援工作。

德国应急指挥部一般由行政指挥部与战术指挥部构成。该种形式的分工合作实战性极强,赋予了现场管理人员充分的决策权,使其能根据现场的灾情变化实时调整救援方案,避免受到外界的干扰,提高了救援的效率和效果[219]。

3.3.2 特色应急救援队伍建设水平高

德国的救援力量来源广泛、形式多样、专业性强,且有很多专业民间组织参与其中。德国应急救援队伍主要有德国消防队、德国联邦技术救援署、德国红十字会、马耳他骑士战地服务中心、德国工人助人为乐联盟、德意志生命救助协会、德国约翰尼特事故救援团、技术救援机构、医疗救护和专业救援机构等组织[220]。即使是消防队伍,德国也存在三种类型:职业消防队、志愿消防队和义务消防队。在全德130万名消防员中,绝大部分都是志愿者[220]。

综合性应急救援队伍的救援和救护能力并重。作为应急救援队伍的第一梯队,德国消防队伍和医疗救援队伍肩负着突发事件第一现场应急处置工作。德国消防员需要掌握各种灾害场景下的基础性救援技能以及必备的基础性医疗救护知识,拥有应急救援时第一时间对伤者进行医疗救护的基础能力,尽可能减少人员伤亡。

志愿者是德国应急救援体系中的重要力量,在国际应急救援中享有盛誉[220]。灾情出现时,志愿者队伍与政府救援力量共同应对突发事件。虽然志愿者平时有本职工作,但只要接到发生险情通知,就能迅速集结,投入应急救援工作中。这些志愿者主要分布在德国工人助人为乐联盟、德国约翰尼特事故救援团、马耳他骑士战地服务中心、德国红十字会、德意志生命救助协会、德国消防队、德国联邦技术救援署等志愿服务组织中。这些应急救援支援队伍具有专业化应急救援的知识和技能,队伍庞大,呈网格化分布,组织体系完备,应急响应迅速。

3.3.3 应急信息资源配置较先进

依托联邦公民保护与灾难救助署,德国建立了联邦和州危机共同通报及现况中心、突发事件预测及信息系统、联邦卫星预警系统[221]。三种信息系统在灾害管理中发挥的功能存在差异,服务对象也不同。

联邦和州危机共同通报及现况中心的功能是实现州际、组织、部门间的信息沟通与交换,国家与国际组织的协调合作。该中心在德国应急管理系统中居于核心位置,在重特大灾害发生时能协调跨区域、跨部门、跨组织的应急资源和力量参与灾害的防控,发挥全方位的应急响应功能。

突发事件预测及信息系统包括两个独立的系统:Ⅰ级系统和Ⅱ级系统。两个系统的功能和服务对象存在很大差异。Ⅰ级系统是多种灾害信息、灾害应对资源、研究报告和相关数据资料的集合,服务于全体国民。任何个人和组织均可以随时通过个人终端设备访问系统进行查询,对相关信息有充分的知情权。此外,系统内部设有多种灾害个人自救方法,方便个人和家庭成员学习,提升了全体国民灾害防控意识和自救能力。Ⅱ级系统是专业化程度较高的封闭系统,仅供授权的政府部门、救援组织使用。其功能定位为:部门间分享重特大灾害的灾情信息、危害信息和需求信息,不同专业机构的救援信息、救援效果信息,决策需要的现场信息、数据信息等。Ⅱ级系统可使政府关联部门及时掌握相同的信息,有利于采取协作措施应对灾情。

联邦卫星预警系统是专门的灾害信息传递与发布系统,能及时将经决策部门核实、研判、授权的信息直接发送至民众的终端接收系统,对民众的行为进行预警,防止灾害突然发生对民众生命和财产造成大规模损害。

3.4 俄罗斯应急资源配置经验

3.4.1 应急管理机构健全

俄罗斯实行以联邦紧急情况部为核心,其他有关部门协调配合的垂直管理体制。1994年,俄罗斯成立了"俄罗斯联邦民防、紧急状态和消除自然灾害后果部"(俄罗斯联邦紧急情况部),其前身是苏联在1990年成立的紧急事务国家委员会。俄罗斯联邦紧急情况部主要负责自然灾害、技术性突发事件和灾难性突发公共事件的预防和救援工作,是俄罗斯自然和人为灾害应急救援管理体系的指挥和协调中枢。

俄罗斯联邦紧急情况部是俄罗斯应对突发公共事件的中枢机构,内务部、国防部或者内卫部队协助紧急情况部处置突发事件。俄罗斯联邦紧急情况部下设若干局,具体负责不同灾种的监测和救援工作。在地区管理方面,俄罗斯联邦紧急情况部将俄罗斯划分为9个地区,每个地区设有区域中心,负责85个联邦主体的救灾活动,每个联邦主体又设有相应的分支机构[222]。

3.4.2 物资储备体系完善

俄罗斯负责战略物资储备的机构是俄罗斯联邦国家储备局,由俄罗斯联邦政府直接负责。俄罗斯联邦国家储备局将应对紧急状态需要的物资纳入战略物资储备,进行统一采购和储存管理。俄罗斯联邦政府设有国家储备委员会,成员由联邦政府各部门官员组成,负责国家物资储备重大事项的决策。该机构的一项重要职责就是每年根据国际国内形势变化对物资储备品种和规模提出修改意见,并直接汇报给总统。物资储备品种包括粮食、食品、燃料、药品、帐篷、衣物等,可用于保障灾害发生地人员的生活需求,助力灾后生产恢复。俄罗斯战略物资储备的种类也在不断进行更新和完善,以更好地满足灾害应对的需求。

3.4.3 反应灵敏、功能强大的信息报告体系

俄罗斯灾害应急指挥中心、灾害监测预报系统全天候运转,时刻准备应对处置突发灾害。俄罗斯联邦紧急情况部建立的国家危机情况管理中心及其分支机构,是全国高效的救灾指挥中枢。该部还拥有据称为世界上唯一的24小时预防和预测机制,突出特点是可实现对自然灾害的全天候实时监测和预报,且可对不断更新的信息数据进行分析。同时利用各类视频、声频终端进行高效传输,使民众在最短时间内接收到应急预警信息,提高灾害情况下信息传送的时效性,从而达到安抚民众情绪、降低灾害损失的目的。

3.5 应急资源配置经验借鉴

3.5.1 建立成套化的应急资源组合配置

鉴于自然灾害的突发性、巨大危害性和救援紧迫性,反应速度和应急资源的到位速度成为救援的关键因素。反应速度体现在应急预案的完备性、可执行性与主体间的协同程度上;应急资源的配置速度则体现在调运的全流程速度和现场的投入使用速度上。若到达需求点的应急资源种类

不齐全、数量不充足,则很难发挥应急资源的合力,可能延误救援的黄金时间。成套化的资源组合可以有效解决应急资源现场临时组合的问题,节省大量组装时间和检验程序,增强资源的可用性。应急资源的组合配置可以采用常态组合配置和调运途中组合配置两种模式。

(1)常态组合配置前期有充分的时间、场地和资源实现应急资源的组合配置。可以根据历史和预测的灾情大小进行不同规格和数量的组合。组合配置后的应急资源应专库或专位存放,最好以托盘或独立包装的形式存放。事前配置与组合资源需求相适应的运输工具有利于快速反应。

(2)调运途中组合配置模式是指根据灾情的需求,将一定种类和数量的应急资源和专业人员装载于运输工具中,利用运输途中时间段开展资源的组合配置。该模式调运时间短,对运输工具和技术人员的要求高,前期准备工作量大。

为更好地提高灾害救援的效果,成套化资源组合需不断在实践中改进,应对不同的灾种和不同强度的灾情确定科学的组合标准,作为未来应急资源储备的重要形式加以固化。

3.5.2 强化民间应急救援队伍建设

民众对灾害救援有强大的内在动力。有序组织的民间救援力量是自然灾害救援中不可或缺的队伍。

(1)充分引导各类专业民非组织组建专业民间救援队伍。专业民非组织数量庞大,包括医疗行业、物流行业和建筑行业的民间组织等,集聚了众多专业技术人员,拥有一定的设施设备,能在灾害救援中发挥较大作用。对于此类民间救援队伍,平时应给予政策和经费支持,将其纳入国家救援体系中并实行对口指导。

(2)依托大型企事业单位组建民间救援队伍。该类组织比较稳定,人员和资源均有较好的保障,可以组建民间救援队伍,重点服务于本行业和周边区域的应急需求。

(3)完善社区、村镇民间救援队伍建设。由于社区、村镇是可能的灾害区域,灾害危及民众切身利益,因此,民众具有投入灾害救援行动的强烈意愿。应从法律层面规定公民的社会服务义务,赋予地方政府具体实施的权力。基层政府应未雨绸缪,组建不同规模的民间救援队伍,集中配备一定的救援物资,定期进行培训和演练。

3.5.3 建立灾情直达基层的权威发布系统

从国外救援经验来看,完善的信息系统是应对灾情的关键,它不但有利于实现快速救援,更能启动灾情的全社会响应,警示管理主体积极履行自己的岗位职责,提醒广大民众采取积极措施保护自己的人身安全和财产损失。

(1)进一步完善管理主体间共享灾情的信息系统。应急管理部建有融风险预警、灾难提示、应急响应和现场救援于一体的应急信息系统,可基本实现应急信息在水利部、中国气象局和中国地震局等主要单位的传递和共享,同国家突发事件预警信息发布系统进行较好的联动,及时发布重大灾害信息。该系统与各省市县的应急管理综合业务系统共享程度高,但与主要的企事业单位的共享程度很低。

(2)直达基层的权威发布系统待完善。在中国,为了更好地实现权威信息的发布和传递,确保信息的准确性和及时性,政府已经建立了一系列直达基层的权威发布系统,包括省级和地方政府权威发布平台、基层政府信息发布系统以及政府部门和相关机构的新媒体账号。不断完善和发展这些权威发布系统,将有助于提高社会管理效率,方便民众快速获取信息。

3.6 小结

在应急资源配置实践中,美国将常态化资源配置和非常态化资源配置紧密结合,增强应急资源管理信息系统的功能。日本将完备应急管理组织体系建设置于最高位置,注重建设专职和兼职相结合的应急队伍、完善的物资储备体系和定期轮换制度、高效的应急资源信息管理体系等。德国在长期的实践中形成了适合本国国情的应急管理构架,非常重视特色的应急救援队伍建设和高效的应急信息资源配置。俄罗斯具备全面的自然灾害应急物资储备体系,以及反应灵敏、功能强大的信息报告体系。通过分析上述国家应急管理的实践经验,我们可以借鉴成套化的配置模式、强化民间应急救援队伍建设、建立灾情直达基层的权威发布系统等经验,强化应急资源配置的效果。

第4章 不同自然灾害应急资源需求分析与预测

4.1 洪水灾害应急资源需求特征与配置特性

4.1.1 洪水灾害应急资源需求特性

作为自然灾害的主要灾种,洪水灾害与地震等其他灾害的致灾因子存在根本区别。除气候外,地理、水文与人为因子等也是洪灾产生、发展的重要因子。其中,人为因子更为特殊,虽不是洪灾产生的近因,却是引发洪灾的重要因子。对于人为因子,可通过采取事前建设、事中调度配置、事后总结改进等措施,避免洪灾的发生或减轻发生的程度。地震灾害的致灾因子主要为地质构造、板块运动活跃程度,人为因子影响微乎其微,更不能控制其发生的强度。

致灾因子的差异、灾害变化发展轨迹的区别、灾害覆盖范围的大小等决定了不同灾种对资源的需求具有各自的特性。通过分析比较,洪水灾害对应急资源的需求具有下述特征。

4.1.1.1 常态化资源需求特性

(1)防洪工程资源需求大。依据洪水产生的类别,防洪工程可分为城市管网工程、水域(江、河、湖泊)堤防工程、水库大坝防护工程与防洪调度连接工程,其中水域堤防工程是配置重点,其功能为消除边坡失稳、漫顶、管涌与水浪冲刷侵蚀[223]等风险。在防洪工程的建设和维护过程中,考虑到气候、水文、水力等各种不确定性因素的影响,需要配置一系列的应急资源,以应对可能发生的洪水灾害。由于我国地域广阔,气候复杂,自然灾害频发,因此,防洪工程级别要求高,持续需求周期长,应急资源需求量大[224]。

(2)以年度储备性需求为主。可预防、可救援是洪水灾害的典型特征。可预防的前提是能采用技术与设备实现实时监控、预警,并能根据对象状态的变化调用潜在需求的资源；可救援表现为致灾后能通过资源的合理配置阻断、降低或延迟灾害带来的影响。各区域为保障储备资源的充足和可用，常采用按年度增加一定比例或更新储备资源的做法。对区域气候变化规律进行监控与预测，大概率发生洪灾的年度资源储备需求大于其他年度资源储备需求，形成对资源的非周期性需求。

4.1.1.2 灾情下资源需求特性

发生洪灾时，为了实施资源的配置过程，满足主要需求，管理者需要考虑以可减缓性、可挽救性和可恢复性作为评价原则。洪灾应急资源需求具有以下特征：

(1) 资源需求的流域性。我国大部分地区受大陆性季节气候的影响，降雨集中且覆盖面宽，易形成以暴雨为主的洪灾，流域堤防与城市管网易受灾害影响。灾害发生后，全流域均存在对资源的现实或潜在需求，资源配置的广度、配置路径较其他灾种复杂。

(2) 资源需求的多样性与可回收性。洪水能产生多种后果，如堤坝渗水、管涌、脱坡、风浪淘刷、洪水漫溢、陷坑、裂缝、坍塌、溃坝等，需要用到液压挖掘机、装载机、加长臂挖掘机、全驱动型自卸车、湿地推土机、单棉帐篷、土工布、救生衣、冲锋舟、发电机、查险灯、移动式照明灯车、木桩、铁丝、石料、麻袋、食品、医药器材等。大多数资源经过适当的处理后可以回收再用，重新进入配置渠道。

(3) 资源的需求具有竞争性。同一致灾体引发的洪灾对资源的需求相似，多受灾点在同一时间段对同一资源的需求可引发资源需求的竞争。对具有竞争性需求的资源，资源配置应区分情形。因资源短缺而引发竞争性需求时，应对需求点按风险高低进行排序，优先满足风险高的需求点；具有竞争性需求的资源充足时，对需求点的风险高低与资源配置到达的时间分别排序，形成"高风险点-短时间配置到达"的匹配关系。在多需求点情景下，应考虑资源的盈余与需求点相互支援问题。

(4) 工程性与非工程性需求重叠。工程性需求是指由洪水灾害引发的防洪工程修复或重建需求，用于确保原有防洪工程能够继续发挥其预期的功能。非工程性需求是指洪水灾害引发的社会、经济和人民生活需求。工程性需求集中体现为恢复和维护防洪工程的功能，确保原有防洪工程能够继续发挥其功能；而非工程性需求则着重于满足人们的基本需求，重建社会、经济和人民的生活。这两种需求是相互关联的，修复和重建防洪工程能够为满足非工程性需求提供保障,而非工程性需求的满足也有助于防洪工程修复或重建。

4.1.2 洪水灾害应急资源配置特性

应对任何灾种都需要对应的资源配置。与其他灾害相比,洪水灾害的资源配置在行为主体、阶段的关系、动态的配置系统、应急点的生存性与响应执行的有效性等方面具有明显的特性。

4.1.2.1 洪水灾害应急资源配置中的多行为主体治理困境

频繁多发的灾害事件影响了经济与社会现代化,各级政府纷纷将灾害治理效果纳入本区域管理考量指标,并动员多种力量参与灾害治理[225]。与防洪资源有关的系统包括五大类,每类又包含若干部门,共同构成一个体积庞大、运作独立、协调困难的资源配置体系。指挥协调系统,由应急管理部和地方应急管理部门、行业专家组成;防汛系统,由国家防总、流域防总(国内有七大流域)与各省市县的防指组成,指挥部办公室设在各级水利部门,是防洪资源配置的主体之一;民政系统,由各级民政部门组成,在国家减灾委员会的领导下开展工作,是受灾人群所需资源的主要提供者;交通系统,包括铁路部门、公路部门、航空部门与水运部门,是应急资源调运的实际承担者;卫生系统,由各级卫生部门组成,提供受灾人群所需要的各种医疗服务与心理咨询服务;气象系统,由各级气象部门组成,负责灾区的气象与环境监控,为救灾工作的开展提供技术支撑。此外,庞大的社会工作系统亦是该体系的一个重要组成部分,是资源配置的有益补充。

多种主体相互作用,汇集成为一个治理结构。当结构中的内部诉求无法得到满足时,其内部各要素及关联处于一种非均衡状态[226],力量被分散甚至抵消,无法实现"有效治理"。实现结构均衡的前提是主体内部诉求均得到充分满足,内部要素按照一定规则有序运行,并通过内外环境作用完成动态"有效治理"过程。理论设计的治理预期往往与现实发生冲突,如常态资源配置、动态资源配置中均存在主体间的协调与沟通障碍,形成应急资源配置中多主体治理困境。其表现是:需要参与的主体数量多,相互间的合作性差;灾害处置中,主体都忙忙碌碌,资源配置效果却不理想;事中资源供给充分与事后重建资源匮乏并存等。其根源在于:

(1)主体权利与责任边界模糊。按照权责对等原则,权利与责任统一是主体发挥功能的动力。在采取不同配置模式、应对不同规模洪水灾害时,配置主体存在一定差异。应依据资源配置目标赋予主体相应的权利和责任。有些洪灾救援中,资源配置主体的权利与责任边界表面清晰、明确,实则比较模糊。更为严重的是,部分主体的权利与责任重叠,相互推诿、扯皮。而作为强势主体的政府身处危机的救援中,无法完全协调相互间的关系,造成部分主体事实上"无奈的"不作为。

(2)主体间缺乏竞争性合作。危急状态下,决策一致性尤为重要。但并不是说要摒弃主体个性化决策,否则很容易造成群体盲思,为资源配置带来不利后果。由于存在利益冲突、认知差异和信息不对称,同时缺乏协调机制,洪水灾害应急主体间缺乏竞争性合作,主要表现为缺乏信息共享机制、缺少明确领导者、个人或组织间易发生冲突、缺乏共同目标、缺乏信任和合作精神等。

(3)信息沟通障碍。由多主体构成的结构系统靠信息共享实现分工合作。充分的信息共享能使主体对信息进行准确的理解,实现行为精确定位,使系统处于有序动态平衡状态中。灾情的出现对资源提出了新需求,该信息打破了原有系统的平衡,主体需要接收、理解该信息并执行相应措施。现实情况却是最先获得信息的主体无暇、无力,或者不愿与其他主体分享某些敏感信息,导致信息传递中断。其他主体只能凭借不准确的信息开展工作,造成主体间行动不协调。

作为客体,应急资源在配置过程中流经多阶段与多环节,受多主体的行为约束。多主体行为的标准化、规范化与一致性成为资源配置效果的主要影响要素,需要在一体化模式中重点关注。

4.1.2.2 资源配置的相对独立性与一体化并存

灾情出现以前,资源配置以常态形式存在,依据常态一体化管理实现资源有效配置。该状态下的实际配置并不完全依附于未来的动态需求,因而存在一定的数量差异、种类差异或配置时间差异,具有一定的独立性。数量与种类差异表现为数量相对不足,易腐易烂资源延迟生产配置;配置时间差异往往表现为资源配置到位时间的延迟。此时的动态配置是潜在的、未发生的,所有的动态资源配置均以预案的形式存在。

常态资源配置的相对独立性并不代表完全按照本阶段的利益最大化原则实现资源的配置,其配置程序与环节在符合自身规律的同时更要实现与可能发生动态需求的资源配置环节的衔接,需要对"真实"的常态配置与"虚拟"的动态配置进行一体化设计。

4.1.2.3 动态资源配置一体化的内容更丰富

洪水灾害对资源的需求特性决定了灾情状态下资源配置必须是一体化的过程，否则难以实现配置目标，且可能在产生较大损失的同时降低资源使用效率。洪水灾害动态资源配置的一体化可从方案与操作两方面分析。

(1)方案一体化。以控制原始洪灾规模为基本目标，以减缓灾情演绎发展为追踪目标，将常态资源配置、动态资源配置与管理一体化充分结合起来，制定应对特定需求的资源配置方案。依据"需求-供给"关系形成三个动态资源配置模式，一体化"模式群"构成动态资源一体化的主要内容。

(2)操作一体化。操作一体化是主体行为和谐化与资源互助化的结合。多主体治理可产生信息上的共享、程序上的协同、决策上的集成，形成资源一体化配置的强大推力。

①主体行为和谐化是一体化方案实施的支撑，是指在宏观体制设计基础上引入竞争、约束机制，最后以政策、法律进行规范。

②资源互助化可从应急点互助与灾害点互助结合的角度思考。应急点互助是资源的供给合作，是指用一体化设计确定应急点坐标，配置关联资源，调取需求资源。灾害点互助是洪水灾害中资源配置的鲜明特点，基于对灾情的判断，通常在可能的洪水灾害点预置资源。流域性需求特点使可能的灾害点对资源的需求产生不均衡性，此时，可将某些灾害点的剩余资源转移到资源短缺的灾害点，形成灾害点之间的互助关系。同时，部分灾情减轻的灾害点也可以对资源进行简单处理，并将其重新配置到其他灾害点。资源互助在动态配置模型中得到了较多体现。

将应急点资源供给与灾害点间的资源互助结合起来配置的意义在于，使资源来源多样，拓宽选择空间，缩短救援时间。通过比较不同来源资源的配置路径和到达时间，可以优先选择路径最优、过程时间最短的资源进行配置。

4.1.2.4 应急点生存能力强与应急执行有效

应急点生存能力强是灾害处置取得成效的基础。应急点的选择考虑了众多影响要素和历史洪灾纪录，其生存能力较强，被洪灾摧毁的概率极低。其他灾种可与洪灾共用应急点，将资源储备在不同的仓库中。要保障洪水灾害应急点的生存能力，需要提前制定应急预案，配备应急物资，提供安全住所，建立信息通信渠道。在选择洪水灾害应急点时，需要考虑相关因素并进行评估,以确保应急点能够为当地防灾与救灾提供必要的支持。要确保应急点位于高地或不容易受洪水影响的区域,在洪水发生时能够保持安全;应急点的可达性要强,要靠近主要道路或交通站点;应急点的建筑物须足够坚固,能够承受洪水的冲击;确保生活和医疗物资获取便捷,储备充足;应急点应配备紧急通信设备,以便与外界取得联系,及时获取灾情信息。

4.2 地震灾害应急资源需求特性与配置特性

4.2.1 地震灾害应急资源需求特性

4.2.1.1 地震灾害应急资源需求的复杂性

地震灾害应急资源需求的复杂性主要体现在资源需求数量大且种类多、时间紧迫和需求不确定等方面。地震灾害破坏性大,防御难度大,灾害影响持续时间长,造成人员伤亡和财产损失巨大,需要短时间内投入大量人力资源、物资资源和信息资源,这些应急资源需求数量大且种类多。同时,因地震灾害在短时间内产生,要求这些应急资源迅速供应到需求点,具有时间紧迫性。强震的影响是巨大的,包括建筑、道路、公用设施破坏严重,人员伤亡惨重,与外界联系严重受阻。由于灾区的各种正常工作停滞,无法精准统计受灾情况,因此,向外界传递需求信息具有较大的不确定性,给应急资源的紧急调度带来了压力。

4.2.1.2 地震灾害应急资源需求的分级性

地震灾害发生后,由于应急资源的重要性、时效性和可获得性存在差异,不同应急需求点的应急资源需求不可能同时被满足,同一应急需求点的不同应急资源需求也不可能同时被满足。因此,采用科学的方法对应急需求点和应急资源进行优先级别分类是非常必要的。对优先级别高的应急需求点优先保障,对优先级别高的应急资源优先调度,这样可以实现应急资源配置整体最优化。目前,应急物资资源和应急需求点优先级分类是学术领域的关注重点。孙超[227]基于应急物资管理规则,结合物资属性和物资在灾害救援中的功能定位,将应急物资分为 A 类(通用物资)和 B 类(专用物资),并运用模糊综合评判模型对每一类应急物资进行优先级分类(Ⅰ类特急物资、Ⅱ类紧急物资和Ⅲ类较紧急物资),为地震灾害应急物资资源的管理建立了一个明确的分类标准。何曼设计了灾害需求点的人员指标(受困总人数、致死人数、受伤人数)、设施指标(道路损坏数量、建筑损坏数量)和应急资源供应指标(应对灾害的综合能力,包括人力、物力、财力、信息能力、技术能力、决策管理能力等),采用聚类和模糊层次分析法将应急需求点划分为两类。第一类需求的优先级高,对应急资源的需求急迫,潜在的和次生的破坏概率大,需要及时提供物资。第二类需求的优先级相对较低,灾害的威胁相对较小,所需求的救灾物资可以适当延误,但是应控制延误的时间,确保应急资源配置的严肃性。

4.2.1.3 地震灾害应急资源需求的动态性

地震灾害应急资源需求的动态性主要体现在震后非常规应急资源配置阶段。灾后的初始阶段,所需应急资源的种类、规格和数量难以预测;灾害的演变过程中,对于应急资源的需求不断调整和变化。地震灾害会伴随次生灾害,后续的余震、泥石流、滑坡、堰塞湖等次生灾害对应急资源的需求类别、数量、紧迫性等不断发生变化,使得应急资源需求在地震灾害生命周期的不同阶段呈现出差异性。灾害爆发阶段的主要任务是抓紧72小时黄金救援时间,打通生命救援和运送通道,急需的应急物资是破拆设备、生命探测设备、医疗用品、高空作业车等;灾害发展阶段主要做好受灾人员的救治和生活安置,需要大量的帐篷、床、棉被、食品和水等;灾害后期重在重建,应急资源的需求相对弱化,对建设资源的需求更为迫切[228]。

4.2.2 地震灾害应急资源配置特性

4.2.2.1 时间和空间的多阶段性

时间维度的多阶段性是指地震灾害的应急资源配置同样是一体化的过程,应根据灾害特性作出长期规划,分阶段实施,顺次有序推进。每一阶段的配置和上下阶段紧密衔接、互为支撑。地震灾害应急资源配置在整体上分为灾前常规配置阶段和灾后非常规配置阶段。灾前常规配置阶段的工作包括分析预测潜在灾害并采取适当的预防措施,其中,非常重要的工作就是依据分析预测进行灾前资源储备。灾后非常规配置阶段应急资源需求呈动态性变化,可以在灾害爆发阶段、灾害延续阶段、灾害衰减阶段分别进行有针对性的应急资源配置。

空间维度的多阶段性是指应急响应启动后,常态应急资源配置转化为动态应急资源配置,按照一体化配置的要求,迅速完成各储备库、储备点、运输工具的准备,将距离较远的应急物资调配至合适地点,实现第一次配置;依据需求点的需求特性,按需将应急物资分运至一线需求点,实现第二次配置。同时,储备库的订购环节启动,协调生产商、临时供应商启动指定应急物资的生产,及时补充库存,确保下一轮调运的实施。当然,根据紧急决策,可以将应急资源由生产商处直接运至需求点。

4.2.2.2 多出救点和多需求点

出救点是应急资源中转站、服务设施点或应急资源储备点,也称为应急服务点(应急点)。受灾点是指应急资源的实际需求点。地震灾害破坏性大,受灾点在地理位置上往往是分散的,需要采用合适的运输工具来承运应急物资。在地震发生初期,道路通行受到很大制约,往往采用火车、汽车、农用车和人力混合接力的方式;道路恢复通行后,应急资源配置速度大幅提高,应急点和需求点的联系也更紧密,物资配送的效率和针对性极大提高。因此,地震灾害应急资源配置涉及应急资源出救点选址决策、应急资源分配以及出救点到受灾点的调度,需要武警部队驻点、工程队驻点、医疗救护中心、帐篷配发中心、食品配发中心等应急出救点的并行运作,有助于提高救援的效率和救援的质量,降低配送成本。地震应急资源配置的多需求点和多出救点组成一个空间网络,使得应急资源配置形成一项庞大而复杂的系统工程。例如,"5·12"汶川特大地震造成的破坏范围约为50万平方公里,分为极重灾区、较重灾区和一般灾区,极重灾区有10个县(市),较重灾区有41个县(市),一般灾区有186个县(市),几乎所有的灾区均是应急资源的需求点,给应急物资的供给带来了很大挑战。

4.2.2.3 决策条件不确定性和信息更新性

地震应急资源配置决策通常由灾区的现实需求决定,应充分考虑其变化性和紧迫性。地震发生初期,灾区通信、交通中断,无法立即统计出灾民所需要物资的具体种类与数量,对于应急资源需求的分析和预测也就不完全准确。地震灾害的应急救援具有强时效性,需要在较短时间内完成优先级别高的应急资源的配置,尽量挽救生命,减轻伤员痛苦,减少损失。地震灾害发生初期的应急资源配置往往范围较小;后续配置实施需要以信息作为支撑,信息不确定和流通不畅给配置决策带来很大困扰,往往实行"超配"方案,给逆向应急资源配置带来了新的困难,同时增加了实施成本。

为减少应急资源配置决策条件不确定性的影响,需尽可能地制订出科学合理的应急资源配置计划,可以从两个方面进行努力:一方面,充分利用可以获取的一线信息和数据,并采用稳定的预测模型进行模拟,根据需求上限和下限确定配置的数量和类别;另一方面,随着灾害的不断演化,应根据获取的信息不断更新决策,提高决策的科学性。

4.2.2.4 应急资源配置强时效性和弱经济性

地震灾害突发性强、破坏性大,客观上要求应急资源配置决策和管理部门快速有效地完成应急资源分配和调度方案,尽可能快地挽救受灾人员生命,减轻伤员痛苦,稳定社会秩序。应急资源配置的首要目标是资源配置效果和配送效率最优,经济目标如成本、效益可被视为次要目标。同时,在应急资源配置过程中,为了使应急资源配置各阶段更加紧凑,会省略或简化一些一般商业运作的程序,以保证应急资源配置的强时效性。

4.2.2.5 配置资源种类多,配送方式多样化

地震灾害应急资源需求具有需求种类和数量"双高"的特征,使得应急资源配置也要面临资源种类多且数量大的客观现实。不同种类的应急资源对于配送方式的要求不尽相同,这和应急资源的形态特征密切相关。对于实物形态资源,通常基于交通基础设施如公路、铁路等进行配送,相应采用的运输工具也不同;对于信息形态资源,通常基于现代通信基础设施实现传递;对于人力形态资源,则可以采用汽运、空运、徒步等方式来实现配送。

4.3 自然灾害应急资源需求峰值测算

判断一个区域的应急资源布局是否合理,最为核心的指标是灾害发生时可获取与投入使用的资源种类与数量能否满足峰值的需求。所谓"峰值",是指灾害发生后能有效满足救灾需要的各种资源的种类和数量。这里有一个"度"的问题。储备的应急资源过少,对救援工作造成不利影响,进而制约救灾效果;储备的资源过多会增加管理和维护成本。对于特定区域而言,自然灾害应急资源需求峰值可以采用以下方式进行测算。

4.3.1 单种灾害的资源需求峰值测算

单种灾害的资源需求峰值测算是以单个灾种历史数据的最大值为目前和未来一定时期资源配置值的方法。通过对已发生灾害数据的分析,可以清晰地了解自然灾害及救灾工作的详细情况:时间、周期、强度、影响、所需资源的种类和数量以及采取的救助措施(设施位置的选择、物资的来源途径、运输方式和路径、救援人员的构成、行动方案、效果等)。若历史上同

一事件出现 i 次,每次需要的资源数量为 S_i,则灾害所需资源的历史需求峰值为 $S_{\max}=\max\{S_1,S_2,S_3,\cdots,S_i\}(i=1,2,\cdots,n)$。该峰值是一个相对数值,与所处的技术环境、自然环境和社会环境相关。

(1)技术水平不断进步可以推迟实体资源的生产。技术不发达、生产工艺落后、生产力水平低下必然要求将未来所需的应急资源提前制造出来并以适当的方式储存、保养,以满足变化的灾情需要,使救助行动能持续有效进行。若在该时期技术水平已经达到了相当的程度,生产力水平得到了显著提升,则所需的应急资源可以部分以物质形态存在,部分以信息形态存于中心数据库中。应急资源系统的信息形态、原材料供应计划、生产计划和运输计划应进行联动和同步存储,以确保在灾情需要时能在约定的时间、约定的地点,以约定的数量、约定的质量提供约定的应急物资。其优点是实现了由实物管理到信息管理的转变,应变能力更强,同时节约了库存费用,减少了实物形态的无形损耗。

(2)自然环境差异影响应急资源峰值的分配。此处的"自然环境"是一个较大的概念,包括人类生存和发展所依赖的各种自然条件。在应急管理中,对自然环境的考察集中于事发地和应急点的位置、环境状态、气候状况及资源的可获得性与可到达性。若一切条件良好,且经过测评不会在灾害发生时产生大的变化,可以采用线性分布,即应急资源的布局呈现一定的规则;若出救点与需求点所处的环境比较复杂,随灾情的发展会出现不可预测的结果,应急资源采用"点状+多线性"布局。"点"指的是重点,在可能出现较大需求的部位设置较为充足的储备;"多线性"指的是多通道,能通过多种途径将所需的资源运抵现场。

(3)社会环境变化影响应急资源峰值的预置种类。社会环境包括人口密度、城市化水平、经济发展水平、技术进步等因素,这些因素会对灾害引发的需求产生直接或间接的影响。区域人口密度的变化也会影响应急资源的需求,人口密度大的地区灾害风险更高,可能需要更多的应急资源峰值预置种类。人们的消费能力和消费水平提高,可能会对应急资源的需求类型和数量提出更高的要求,进而对应急资源的峰值需求产生影响。新技术的引入和应用可以改变应急资源的种类和使用方式。数字化和智能化的应急资源管理和调度系统可以提高应急响应的效率和精确度,对应急资源峰值的预置种类提出了新的要求。进行应急资源配置时,需要密切关注社会环境的变化,进行合理的预测和规划,以确保应急资源的及时供给。

4.3.2 由历史各单灾种需求峰值复合未来的需求峰值

单灾种需求峰值可以从以往记录中获得,包括需求最大的种类和各种类最大需求量。就一个特定的区域而言,潜在的灾害有若干类,有的在历史上已经发生,有的还没有发生或很少发生。根据单灾种需求来预测未来需求,对每一种可能灾害都按潜在的最大需求值储备,存在重复和浪费的现象,不符合应急管理的基本原则。对于特定区域的应急资源配置,可以作如下复合。

(1)不同应急资源配置种类和数量的复合。对于不同种类的灾害,通常需要配置不同类型的应急资源来应对。综合和系统的资源配置方法可以考虑不同类型灾害的相互影响和综合要求,避免资源短缺或重复配置。可以从资源通用性与部件互补性、组合性角度分析应急资源配置种类和数量的复合。所谓资源通用性,是指某种资源能在某种程度上满足不同灾害的需要。这就要求当该资源有多种灾害需求时,不是将每一种灾害的需求都配置到峰值状态 Q_i,即总的配置为 $\sum Q_i (i=1,2,3,\cdots)$,而是根据灾害发生可能性的大小、危害程度、先后顺序(尤其是次生灾害的发生)来进行总体配置,即总的配置为 $a\sum Q_i (i=1,2,3,\cdots,a$ 为调节系数,$0<a<1)$,显然 $a\sum Q_i < \sum Q_i$。

(2)不同应急资源部件的复合。这是从应急资源的互补性和可组合性的角度来分析的。相当一部分应急资源都是由不同部分组成的,如机械装备、专用设备等。可以根据专业化分工的原则对部件实行规模化生产,在一个合理范围内分离储备,需要时快速组装,并根据灾情需要实行末端延迟化(需要有合理的作业区),以节约成本,减少浪费。

此外,根据应急需要,对于应急资源的配置还可以考虑替代性原则,以减少对特定物资的过度依赖。

4.4 基于情景分析的应急资源需求预测

前述的需求分析方法在一定程度上能解决应急时对资源的需求,这对资源合理配置有较好的指导作用。但不可否认,这些方法并没有准确地刻画资源需求时的情景,割裂了"情景"和"资源"的关系,使决策者没有紧迫感和现场感,造成资源管理决策粗放与方案不适用等问题。而情景分析法通过对系列关键要素的分析模拟出未来的主要情景方案,为决策者进行资源配置决策提供帮助,为应急救援的开展与顺利进行提供保障[229]。

4.4.1 情景思维模型

"情景"是一个构想的、用来描述系统未来发展的图景,该图景由一系列对未来发展有重大影响的事件或变量组成。情景分析法最早在军事上使用,用以评估对方可能会采用哪些措施,从而确定己方对策。目前,情景分析法已经成为一种较成功的预测工具,在经济生活中得到广泛运用。

情景分析法具有诸多特点:①多因素性,需要从经济、社会、文化、技术和人口结构等众多的因素进行全面分析,进而对事件发展作出切合实际的、声色并茂的描述,帮助决策者把握事件的未来发展方向;②不确定性,即未来图景不是唯一的,存在多种可能性,其发生概率不同,尤其是影响系统的本质因素是无法确定的[230];③动态性,该方法预测的是一定期限内的图景,所有的影响要素均符合这一时期的特征和需要,预测期限发生变化,主要因素也随之变化;④人的作用显著,在定性分析和定量分析相结合的基础上,充分调动预测人员的主观能动性,鼓励其挣脱思维的束缚,展开自由想象的翅膀。

通过情景分析,尽可能掌握可以预测的因素,进而降低系统的不确定性,使得由多个相互影响的因素组成的系统变得更容易预测。

情景分析立足现在,预测未来,即依据现有条件,在分析系统内部和外部环境的基础上勾画出未来情景,如图 4-1 所示。当然,描绘的未来情景可能会出现,也可能不会出现,对不同的情景需要有一个判断和取舍的过程[231]。

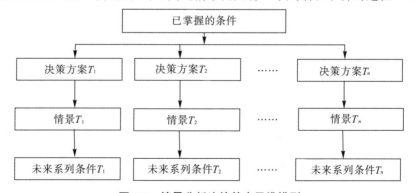

图 4-1 情景分析法的基本思维模型

图 4-1 中,$T_1, T_2, \cdots, T_n$ 均可以作为真实的现场需求,应寻找与之相

匹配的供给，从而建立起基于"供给-需求"的资源一体化配置体系（决策方案 $T_1, T_2, \cdots, T_n$），并对体系中涉及的环节进行相应的资源配置。

4.4.2 基于情景的应急资源需求预测

情景分析法的模式比较多，如十步骤分析法、六阶段分析法、五步骤分析法等，在不同的领域都得到了一定程度的应用。鉴于地震灾害的不可准确预测性，本书以洪水灾害为例，综合运用情景分析法确定洪灾区域的未来图景，从而为科学决策提供依据。

第一步，预测时间区间的设定，重点是确认分析目标。灾害的预测强调的是长期性，以灾害发生时所造成的损失最小为目标来相应配置资源，满足可能产生的需求。

第二步，关键要素的筛选。影响资源需求的因素很多，也很复杂，将影响需求的关键因素确定下来有利于资源配置的决策。根据灾害发生时的资源需求特点，可以将其核心影响因素分为灾害规模大小、现有防控工程功能、非工程因素与灾区环境脆弱性四方面。各种影响因素具体如表4-1所示。

表4-1 影响应急资源需求因素的维度

因素维度	水平
灾害规模大小	灾害规模超过了预期，风险很高
	灾害规模大，灾情严重，存在重大灾情的风险高
	灾害规模一般，比较容易控制
	灾害规模较小，可以看作一般事件而无须特殊处理
现有防控工程功能	固有的防控工程功能优秀，抵御灾害的能力强
	防控工程良好，能抵御较强的灾害
	防控功能一般，可以抵御预期中的灾害
	功能丧失
非工程因素	功能优秀
	功能良好
	功能一般
	功能较差
灾区环境脆弱性	环境优秀，抵御灾害的侵扰能力强
	环境良好，能较好抵御灾害的侵扰
	环境一般，与期望中的灾害相匹配
	环境脆弱，容易在灾害的侵扰下崩溃

第三步,关键要素的组合。结合四个要素的内涵,将其分为两类:①施灾类要素,即灾害规模;②承灾类要素,包括防控工程功能、非工程因素和环境脆弱性。两类要素的组合如表 4-2 所示。其中,施灾类要素的"灾害规模大"和"灾害规模超过了预期"两个水平合并为"规模较大",承灾类要素的"优秀"和"良好"两个水平合并为"优良"。

表 4-2 施灾类要素与承灾类要素的组合

施灾水平 承灾水平	规模较大	规模一般	规模较小
优良	Z_1	Z_2	Z_3
一般	Z_4	Z_5	Z_6
差	Z_7	Z_8	Z_9

第四步,关键要素组合的分析与选择。针对上述 9 类组合,依据"功能异向"原则对需求大小进行分析,若产生灾害的要素影响大,而应对要素力量薄弱,则资源需求强烈。显然 Z_7 对资源的需求最大,Z_3 对资源的需求最小,其余介于二者之间。

第五步,未来情景的构建。依据施灾体与承灾体的关系,可以确定下列几种情景:

情境 1:(极)高度需求型。这是出现需求极值的情景,体现在 Z_7 与 Z_4 上,其中 Z_7 为极高度需求,Z_4 为高度需求。此情景下应选择高效率供给,以形成"高效率供给-高度需求""高效率供给-极高度需求"的资源供需情景。

情景 2:中度需求型。需求的强度中等但需要关注,否则可能会产生次生灾害,体现在 Z_5 与 Z_8 上。可以采取两种策略进行应对:以高效率供给应对,形成"高效率供给-中度需求"的资源供需情景;以中效率供给的策略满足需求,形成"中效率供给-中度需求"的资源供需情景。其中"中效率供给"不是一体化配置模式的配置形式,不在本书研究的范围内。

低度需求的情景不存在应急管理的问题,可以忽视。笔者最终构建了以高效率供给为应对策略的三种资源供需情景,有助于采取更有针对性的措施,实现资源配置的优化。

4.5 小结

本章首先对洪水灾害和地震灾害的应急资源需求特性进行了分析；用两种方法测定了灾害对资源需求的峰值，分别为区域内历史单灾种的资源需求峰值，以及通过各个单灾种峰值的复合确定未来灾害的资源需求峰值。针对自然灾害的资源需求，重点运用情景分析法来确定未来资源需求场景，通过预测时间区间的设定、关键要素的筛选、关键要素的组合、关键要素组合的分析与选择和未来情景的构建五个步骤，确定"高效率供给-高度需求""高效率供给-极高度需求"和"中效率供给-中度需求"三种资源供需情景，为资源优化配置提供了情景。

第 2 部分

自然灾害应急资源多维配置及模型构建

第5章 自然灾害应急资源协同配置载体——应急点选址模型构建

5.1 应急点选址模型构建与分析

应急点也称为应急资源(物资)储备点,是根据区域综合特征,以满足过去、现在和未来的应急需求为目标建立起来的可对不同资源进行储备、维护、分拣的设施集合群。它是各类应急资源的承载体。资源以实物与信息两种形态储备,其中实物形态为主体。

在应急管理实践中,经常运用线性规划和整数规划对应急点选址问题进行研究。针对不同的应急目标,建立动态、多重心的应急点选址模型,解决应急点的数量、容量、位置以及储备的资源数量问题,协调应急资源的覆盖范围、供给能力和库存配置与运输的优化问题。

在应急点优化选址方面,国内外众多学者从不同层面进行了较为广泛的研究。然而,应急点选址涉及的影响因素极为复杂,包括经济、社会、技术、环境和安全等众多因素,有些可以用精确的数值定量描述,有些却只可以用模糊数或语言变量来刻画,属于混合性多属性决策问题[232]。同时,在应急点优化选址决策中,涉及对投入和产出多个数量指标的测量、分析与评估,仅采用单一指标进行决策显然说服力不强,应采用更有效的综合评价指标。数据包络分析(data envelopment analysis,DEA)是一种对多个同类样本的相对优劣性进行评价的决策方法,可根据一组关于多输入多输出的观察值来评估系统的有效性。

本书给出了一个带决策者偏好的 DEA 模型(preference-based data envelopment analysis,PDEA),该模型具有在效能评价中避免主观因素与简化运算、减少误差等方面"有效性"评价的优点和考虑"偏好"进行评价的优势[233]。这里拟采用该模型进行应急点优化选址算法研究,并通过引入灰色关联分析方法确定决策者的偏好程度,同时充分考虑观察值的多类型性,对模型进行改进[234]。

5.1.1 国内外相关研究

应急点选址模型分为随机性模型和确定性模型。随机性模型研究主要有两种情况：一是排队论，Larson[235]、D'Amico[236]分别应用超立方排队模型解决了紧急医疗服务系统的选址问题、警察巡逻区域的设计问题；二是随机覆盖问题，主要有Daskin[237]的最大期望覆盖问题（maximum expected covering location problem，MEXCLP）模型，Revelle[238]的最大可获性覆盖问题（maximal availability location problem，MALP）模型。确定性模型研究方面也存在两类情况：一是Sylvester[77]提出的P-center（中心）问题；二是覆盖选址问题，主要有Toregas等[81]的集覆盖问题（location set covering problem，LSCP）模型，Revelle[82]的最大覆盖选址问题（maximal covering location problem，MCLP）模型。

在应急点选址模型的设计上，许建国[85]考虑了应急资源需求周期性变化条件下的规划选址问题。针对特定灾害，他研究了如何在需求点的需求量发生变化时相应地调整应急资源配置量，以最大化满足需求点在需求变化周期内的总需求量。方磊[63]通过建立基于偏好的DEA模型，解决了应急资源数量与使用效果随着时间推移发生变化的情况下，相关管理部门如何在控制资源总量的前提下调整应急服务点的数量，协调资源在各应急服务点重新分配，使系统中的应急资源配置得到优化，提高应急资源使用效率的问题。于瑛瑛[239]考虑了在不同级别的事件发生后，如何通过评估现有应急点数量的增减以及对单个应急点储备资源进行调整，以最小的成本和损失满足现场需求，建立资源布局调整模型（该模型解决了特定区域因突发事件产生较大损失时如何调整资源布局的问题），并利用禁忌搜索算法来进行求解。田依林[233]以安全性、及时性、社会效益及经济效益为原则，应用模糊数学集成的方法，构建了应急资源储备库选址模型。

5.1.2 基于GRA-PDEA模型的应急点设计原则及影响因素

应急点是灾害发生时资源配置的始点与支撑，需要在考查众多因素的基础上进行科学设置，对常态资源配置、动态资源配置模式选择均有基础性影响。理想情况下，应于灾害发生前做好应急点的建设和资源的储存，灾害发生时在规定的时间、路线内向有需求的地区运送需要数量的应急资源，最终实现应急救援。

5.1.2.1 应急点选址原则

应急点选址是为应对灾区对资源的需求而设立的储备相关救援资源的设施点,即常态下应急资源的布局。资源设置在合理位置,不仅可以降低成本,而且能保证应急救援的时效性,从而最大限度地减少人员伤亡和财产损失。应急点选址决策是一项系统工程,在考虑技术、经济、安全和社会等因素的基础上,特别要考虑目标区域的事件分析结果,这样才能使选址更加合理。应急点的布局应遵循如下六个原则。

(1)战略性原则。用战略眼光来考虑应急点选址是对管理者的较高要求,也是应急管理的现实需求。要求用发展的视野来审视现实和未来需求,从全局角度、长远角度进行应急点的布局。

(2)综合适应性原则。应急点建设与政策法规及相邻的应急设施有着相互适应的关系,即应急点选址必须与国家以及相关区域经济发展方针和政策相适应,与国家以及区域交通规划相适应,与对应的应急需求分布相适应。

(3)整合性原则。应急点布局涉及众多环节,同时受多种内外因素的影响,需要对系统内部和外部关系进行整合。在选址过程中,要将单一设施因素和整体结构效应一并考虑,既考虑设施自身的要求,又考虑设施与区域交通的整体协调关系;将社会效益放在第一位,同时兼顾成本,实现救灾布局可持续性发展。

(4)设施最少化最小化原则,即经济性原则。在特定区域尽可能少地设置应急点,设置的应急点在某种程度上满足应急需求即可。这既体现了应急管理的公共性,也体现了经济性。与应急点选址有关的费用主要包括两部分:建设费用和应急服务费用。在不同地点建设的应急点应急活动的花费不同,应尽可能地将成本因素考虑进去。

(5)覆盖率最大原则。应急点覆盖率是指实际覆盖范围与应该覆盖范围的比值。对一定区域而言,根据自然灾害分布和地域客观情况来设置应急点,应尽可能地覆盖预期目标区域,同时要求响应时间在合理范围之内。

(6)时间优先原则。首先保证处置事件的效率性,将社会效益放在第一位,在第一时间保证人员安全。在此前提下,合理规划,使资源的利用率最大化。

5.1.2.2 应急点选址影响因素

应急点选址是一个复杂的过程,以设立应急的目的为主线,综合考虑与其直接相关或间接相关的多个要素。

(1)各种费用,包括固定费用与变动费用。前者主要是建设应急点需要投入的设施费用;后者主要是应急管理过程中产生的各种费用。

(2)区域自然地理和人文地理环境。区域自然地理和人文地理环境是应急点选址决策的一个重要因素,直接影响着应急点的具体方位、规模和资源配置属性。自然地理环境的基本要素有水文、气候、生物、地貌和土壤;人文地理环境要素有民族、人口、政治、部落、经济、交通、军事、社会行为和社团等,其成分远比自然地理环境复杂。两种环境越复杂,对应急点选址决策的影响越大,资源配置成本也越高。

(3)区域交通与道路状况,包括交通条件(如车辆的可获得性、数量、质量等)和路径条件(如路径条数、通行能力、距离长短等)。将运输工具与运输路径优化组合,可实现救援效果最好、资源完好率最大、行驶路径最短和经济成本最低的理想目标。

(4)应急点内配置资源的可获得性。该要素反映的是所需资源的供应问题,体现的是资源生产与应急点的库存关系。选址时需要考虑四点:一是库存资源生产难度和生产周期长短;二是该资源的生产成本;三是该资源能否高效、完好、低成本地运抵应急点;四是储备技术是否成熟。其中,第三点是核心。

(5)区域协调性,包括静态的设施协调和动态的管理协调。设施协调是指围绕应急点的建设和运行,有配套的设施设备为其提供支持和保障,使应急点的功能发挥到最大;管理协调是指在应急点资源配置管理中做到计划、组织、领导、控制的统一,用高效的管理技术和手段实现对设施和资源的综合管理。区域具有好的协调性能使设施和资源的匹配更融洽,管理过程更顺畅。

(6)应急点安全性,包括日常安全和灾害发生时的安全。前者与应急点所处的环境和管理密切相关;后者与应急点所处的位置、灾种及抗灾能力有关,对于特定灾种适用的应急点不一定适用于其他灾种。

(7)应急点功能定位。不同应急点有不同的责任和使命,区域不同、灾种不同,其功能定位也存在着较大的差异。在应急点的选址和建设过程中,要立足功能定位,用战略的眼光进行应急点的选址,能适应情景的变化且具有一定的弹性。同时,要考虑与相关应急点的关联性,对其他应急点的功能实现有一定的支持作用和联动作用。

5.1.3 PDEA 决策模型

数据包络分析(DEA)方法自 1978 年提出以来,得到了很大的发展,被广泛地应用于决策领域中众多问题的研究。传统 DEA 模型(C^2R)描述如下[240]:

设有 n 个同类决策单元(decision making unit,DMU),每个决策单元都有 m 种输入类型(表示资源的消耗)以及 s 种输出类型(表示消耗了资源之后表明成效的信息量)。第 j 个决策单元 DMU_j 的投入向量和产出向量分别为 $x_j = (x_{1j}, x_{2j}, \cdots, x_{mj})^T$,$y_j = (y_{1j}, y_{2j}, \cdots, y_{sj})^T$,$(x_j, y_j)$ 为 DMU_j 的生产活动。x_{ij} 为 DMU_j 对第 i 种输入类型的投入总量,$x_{ij} \geqslant 0$;y_{rj} 为 DMU_j 对第 r 种输出类型的产出总量,$y_{rj} \geqslant 0$,$i = 1, 2, \cdots, m$;$r = 1, 2, \cdots, s$。

对基于输入的 DEA(C^2R)模型,本书以对 (x_0, y_0) 决策单元 DMU_0 的线性规划对偶模型为基础进行说明。模型为

$$\min[\theta - \varepsilon(e_1^T s^- + e_2^T s^+)]$$

$$\text{s.t.} \sum_{j}^{n} X_j \lambda_j + s^- = \theta X_0$$

$$\sum_{j=1}^{n} Y_j \lambda_j - s^+ = Y_0 \tag{5-1}$$

$$\lambda_j \geqslant 0 (j = 1, 2, \cdots, n), s^- \geqslant 0, s^+ \geqslant 0$$

其中,e_1^T、e_2^T 分别为元素均为 1 的 m 维向量和 s 维向量,ε 表示阿基米德无穷小量,$s^- = (s_1^-, s_2^-, \cdots, s_m^-)^T$,$s^+ = (s_1^+, s_2^+, \cdots, s_m^+)^T$ 是松弛变量。

C^2R 模型对各决策单元的相对有效性的评价是客观的,但是未能考虑评价时各决策单元的重要程度,而以同等重要程度来对待。为了在决策系统中体现决策者的偏好,本书根据研究需要直接给出面向输入/输出的 PDEA 模型。

设有同类决策单元 n 个,有 m 种输入类型以及 s 种输出类型。假设 $x_j = (x_{1j}, x_{2j}, \cdots, x_{mj})^T$,$y_j = (y_{1j}, y_{2j}, \cdots, y_{sj})^T$,表示第 j 个决策单元 DMU_j 的投入向量和产出向量,(x_j, y_j) 为 DMU_j 的生产活动。x_{ij} 和 y_{rj} 分别为 DMU_j 对第 i 种输入类型的投入总量和对第 r 种输出类型的产出总

量, $x_{ij} \geqslant 0, y_{rj} \geqslant 0, i = 1, 2, \cdots, m; r = 1, 2, \cdots, s$。PDEA 模型设计如下：

$$\max \left[\frac{\sum_{i=1}^{m} \omega_i h_i + \sum_{r=1}^{s} u_r g_r}{\sum_{i=1}^{m} \omega_i + \sum_{r=1}^{s} u_r} \right]$$

$$\text{s.t.} \quad \frac{x_{ij0}}{h_i} - \sum_{j=1}^{n} \lambda_j x_{ij} \geqslant 0, i = 1, 2, \cdots, m \quad (5\text{-}2)$$

$$g_r y_{ij0} - \sum_{j=1}^{n} y_{ij} \lambda_j \leqslant 0, \ r = 1, 2, \cdots, s$$

$$h_i, g_r \geqslant 1, \lambda_j \geqslant 0, j = 1, 2, \cdots, n$$

该模型为非线性规划模型。

当所有 $u_r = 0$ 时，取 $g_r = 1$，该模型即变为面向输入的 PDEA 模型；当所有 $\omega_i = 0$ 时，取 $h_i = 1$，该模型即变为面向输出的 PDEA 模型。

该模型的目标函数值不小于 1，且当 $h_i = g_r = 1$ 时，其值等于 1，反之亦然。h_i 和 g_r 的取值表明投入与产出的平衡关系。

当且仅当 $h_i^* = g_r^* = 1$ 时，称 DMU$_{j0}$ 为 DEA 有效；否则，称 DMU$_{j0}$ 为 DEA 非有效。

5.1.4 基于 GRA 的决策者偏好程度确定模型

决策者为应急点选址时，由于受责任属性、对应急状态的不同理解、技能特性等因素的影响，对各指标的偏好程度是不同的，且未知因素较多，经验判断值不能准确地反映各指标的重要性。灰色关联分析（grey relational analysis, GRA）是一种系统分析技术，是分析系统中各因素关联程度的一种方法[241]。将其用于评价指标的权重，实际上是对各位专家判断的权重值与某一专家判断的最大权重值（设定）进行量化比较，根据彼此差异的大小来分析确定专家群体判断权重的关联程度，即关联度。关联度越大，说明专家判断的一致性越高，该指标在指标体系中的重要程度就越大，权重也就越大。用于确定指标权重的灰色关联分析可以按照下面的步骤进行[234]。

第一步：聘请专家进行权重的经验判断，确定参考数据列。设有 n 个评价指标，有 m 个专家同时对各个指标的权重作出经验判断，从而组成各个指标权重的经验判断数据列

$$X_i = (x_i(1), x_i(2), \cdots, x_i(n)), \ i = 0, 1, 2, \cdots, m \quad (5\text{-}3)$$

从 $X_1, X_2, \cdots, X_m$ 中挑选一个最大的权重值作为"公共"参考权重值，各个

专家的参考权重值均赋予此值,从而组成参考数据列

$$X_0 = (x_0(1), x_0(2), \cdots, x_0(n)) \tag{5-4}$$

第二步:求出各个专家对各个评价指标权重的经验判断值与"公共"参考权重值之间的关联系数 $\gamma_{0i}(k)$ 和关联度 γ_{0i},即

$$\gamma_{0i}(k) = \frac{m + \xi M}{\Delta_i(k) + \xi M} \tag{5-5}$$

$$\gamma_{0i} = \frac{1}{n}\sum_{k=1}^{n}\gamma_{0i}(k), \ i=1,2,\cdots,m; k=1,2,\cdots,n \tag{5-6}$$

其中, $\Delta_i(k) = |x_0(k) - x_i(k)|$, $M = \max_i\max_k\Delta_i(k)$ 和 $m = \min_i\min_k\Delta_i(k)$ 分别为两级最大差和最小差;$\xi \in [0,1]$,为分辨系数。各个数列的关联度大小直接反映了各个评价指标相对于设定数列的相对重要程度(权重大小)。

第三步:以 γ_{0i} 的归一化值作为各个决策指标的权重值,即

$$\omega_i = \omega_{0i} = \gamma_{0i}\bigg/\sum_{i=1}^{m}\gamma_{0i}, \ i=1,2,\cdots,m \tag{5-7}$$

5.1.5 指标体系的构建与指标属性值的规范化处理

5.1.5.1 应急点选址的一般算法步骤

第一步:研究目的与研究范畴的界定,构建衡量应急点选址优劣的指标体系。

第二步:确定待定地址的若干个备选方案(决策单元),并依据应急点优化选址的指标体系,收集并整理各决策单元对应指标的观察值(原始属性值)。

第三步:依据实践要求和研究需要,对指标原始属性值进行同趋化和去量纲化处理,得到标准化指标属性值矩阵。

第四步:根据决策要求和研究需要,构建决策者偏好定权模型,并确定指标体系中各指标在决策过程中的权重。

5.1.5.2 应急点选址指标体系构建

综合考虑上述应急点选址的影响因素及优化选址模型的适用性,细化出9个具体可操作性指标,构建应急点优化选址指标体系。可操作性指标包含5个输入指标($X_i, i=1,2,\cdots,5$)和4个输出指标($Y_i, i=1,2,3,4$),各指标的含义和属性类型如下:

x_1(固定费用):包括在某地点建立应急点的固定资产费用(土地、建筑

物、工程设施等)和年运行费用,该指标属性值为区间型数据。x_2(应急费用):从应急启动到实施过程中,由应急点产生的总费用,该指标属性值为区间型数据。x_3(区域繁荣程度):应急点所在区域的性质,如郊区、商业区、居民区等,该指标属性值为模糊评判型数据。x_4(交通容载能力):应急点到需求点的道路可选性、路面情况、畅通情况等,该指标属性值为模糊评判型数据。x_5(人员素质):应急点所在区域的人员平均生活水平、社会素质等,该指标属性值为模糊评判型数据。y_1(最长通行时间):最坏情况下从应急点到所承担的服务区域内最远需求点的最长通行时间,该指标属性值为确定型数据。y_2(平均通行时间):正常情况下从应急点到具体需求点的平均通行时间,该指标属性值为确定型数据[242]。y_3(安全防护能力):将某地点设置为应急点后,保护其免遭恶性破坏的能力,该指标属性值为模糊评判型数据。y_4(整体协调性):应急点与所在区域的整体规划、环境的协调一致性,该指标属性值为模糊评判型数据。

5.1.5.3 指标属性值的规范化处理

由于指标属性值的极性和数据类型不同,有必要对各决策单元对应的指标原始属性值进行同趋化和去量纲化处理,即给出指标属性值的规范化矩阵。输入指标(成本型指标)的属性值越小越好,应为极小化指标;而输出指标(效益型指标)的属性值越大越好,应为极大化指标。下面针对不同极性和数据类型的指标属性值采用不同的方法进行规范化处理[243]。

(1)确定型数据。若给定指标属性值为确定型数据,先判断其是成本型指标还是效益型指标,是否需要进行极化处理。对于本书给出的指标属性值是绝对数的指标,效益型指标不需要进行极化处理,而成本型指标只需按照取倒数的方法进行极化处理。为使模型求解时各数据处于同等量纲下,需进行去量纲化处理。对 y_1 和 y_2 对应的属性值采用极值差法进行规范化处理,令

$$y'_{ij} = \frac{y_{ij}}{M_j - m_j}, \ i=1,2,\cdots,6; j=1,2 \tag{5-8}$$

$$y^*_{ij} = \frac{y'_{ij}}{\sum_{i=1}^{6} y'_{ij}} \tag{5-9}$$

其中,$M_j = \max\limits_{1 \leqslant i \leqslant 6} \{y_{ij}\}, m_j = \min\limits_{1 \leqslant i \leqslant 6} \{y_{ij}\} (j=1,2)$。

(2)区间型数据。首先进行区间数据的归一化处理,而后按照极大化方法进行极大化处理(若该区间型数据为成本型指标,则进行极小化处

理),最后采用均值法得到规范化指标属性矩阵。区间型指标 x_1 和 x_2 均为成本型指标,其规范化处理方法如下:

设对应的指标属性数据为 $[x_{il}(j), x_{ir}(j)], i=1,2,\cdots,6; j=1,2$,则

$$x'_{il}(j) = \frac{x_{il}(j)}{\sqrt{\sum_{i=1}^{6}(x_{il}(j))^2}}, \; x'_{ir}(j) = \frac{x_{ir}(j)}{\sqrt{\sum_{i=1}^{6}(x_{ir}(j))^2}} \quad (5\text{-}10)$$

得到归一化后的区间数 $[x'_{il}(j), x'_{ir}(j)]$,进而得到

$$x_{ij} = \frac{x'_{il}(j) - m_{il}}{M_i - m_i} + \frac{M_{ir} - x'_{ir}(j)}{M_i - m_i} \quad (5\text{-}11)$$

其中,$M_i = \max\{x'_{il}(j), x'_{ir}(j)\}, m_i = \min\{x'_{il}(j), x'_{ir}(j)\}, m_{il} = \min\{x'_{il}(j)\}$,$M_{ir} = \max\{x'_{ir}(j)\}, i=1,2,\cdots,6; j=1,2$。其规范化指标属性值为

$$x_{ij}^* = \frac{x_{ij}}{\sum_{i=1}^{6} x_{ij}}, \; j=1,2 \quad (5\text{-}12)$$

(3)模糊评判型数据。针对模糊评判型数据,本书按照五级制的评判标准提供评判信息。基于三角模糊数和语言变量的对应关系,使用 9 级值来表示相应的三角模糊数,对应关系见表 5-1。

表 5-1 三角模糊数与语言变量的对应关系

语言变量	A	B	C	D	E
三角模糊数	(0.7,0.8,0.9)	(0.5,0.6,0.7)	(0.4,0.5,0.6)	(0.3,0.4,0.5)	(0.1,0.2,0.3)

首先,采用如下公式进行三角模糊数归一化。设某指标的属性值为

$$x_i = (x_{il}, x_{im}, x_{ir})(i=1,2,\cdots,6)$$

则

$$x'_{il} = \frac{x_{il}}{\sqrt{\sum_{i=1}^{6}(x_{il})^2}}, \; x'_{im} = \frac{x_{im}}{\sqrt{\sum_{i=1}^{6}(x_{im})^2}} \quad (5\text{-}13)$$

$$x'_{ir} = \frac{x_{ir}}{\sqrt{\sum_{i=1}^{6}(x_{ir})^2}} \quad (5\text{-}14)$$

然后,根据所研究指标是效益型指标还是成本型指标,进行相应的极化处理。

$$x'_i = x_{im} + \frac{x'_{ir} - x'_{il}}{4} \; \text{或} \; x'_i = \frac{1}{x'_{im}} + 4\left(\frac{1}{x'_{il}} - \frac{1}{x'_{ir}}\right) \quad (5\text{-}15)$$

$$x_i^* = \frac{x'_i}{\sum_{i=1}^{6} x'_i} \quad (5\text{-}16)$$

应急点前端连接着资源的生产,后端连接着资源的应急需求,在应急资源

的配置中起着支撑性作用,是应急管理的重点之一。应急点优化选址问题是国内外学者研究的热点问题之一,在应急管理实践中意义重大。笔者依据确定的模型、指标体系及指标属性值的规范化处理过程,从设定的原始属性值出发,对数据进行适应性处理、偏好权重的运算,并采用基于改进的GRA-PDEA模型,最终获得备选方案的优化决策结果。该方法克服了经典模型和算法指标单一、不能全面反映实践复杂性的缺陷,为应急点的选址决策提供了新的思路。

5.2 多应急点网络化关系

5.2.1 基于供给-需求的多应急点网络化关系

通过建模分析完成应急点选址、建立所有的应急点之后,应急点形成一个相互依存、资源联动的应急点群 $d_j(j=1,2,3,\cdots)$,在应急点间合理分配资源储备从而保证救援的有效性是常态应急资源配置的重要环节。

对于多应急点间资源分配,可以从两个方面来考虑:①需求的频率、数量;②供给的快捷性、经济性。灾害现场需求频次高、需求数量大的资源,重点配置在离需求地较近的应急点(应急点位置的远近是根据模型设定的条件来确定的)。同时,为保障供给,实现资源的联动配置,需要在其他应急点进行适当分配,形成网络化配置格局,实现必需资源的全覆盖,保证在前期无须生产即可从不同的应急点调取资源。资源生产地的距离对多应急点的资源配置有很强的制约作用,主要体现在两方面:一是影响资源的供给速度,位于该资源生产地的应急点能在短时间内获得资源的配置,距离较远的应急点则需要经过较为复杂的物流过程才能实现;二是影响资源的供给成本,距离远的应急点资源配置需要承担更高的成本。

依据供给与需求的双重影响,对不同应急点的资源配置问题可以用"双ABC"模式来解决,即"AaBbCc"。"ABC"代表应急点内的应急资源需求,"abc"代表应急点内的应急资源获得情况。通过分类与组合,按照需求第一、兼顾成本的原则设计应急点间的网络关系,将社会效益置于首位,适当考虑经济效益,获得基于成本和效益兼顾的多应急点配置方案。对于Aa匹配关系,考虑生产环节的多应急点间网络化资源配置如表5-2所示。

表 5-2　考虑生产环节的多应急点间网络化资源配置

应急点 d_j	生产地 p_j	d_j 与 p_j 的位置关系	资源需求	资源供给	对资源的需求量	应急点资源配置安排
d_1	p_1	同一区域	A	a	大	较多地以实物形态储备,其余以信息形式储备
					一般	实物形态储备较少,其余以信息形式储备
					小	实物形态储备很少,以信息形式储备为主
d_2	p_2	不同区域,但距离适中	A	a	大	较多地以实物形态储备,其余以信息形式储备
					一般	适当地以实物形态储备,其余以信息形式储备
					小	较少地以实物形态储备,其余以信息形式储备
d_3	p_3	不同区域,距离很远	A	a	大	相当多地以实物形态储备,较少地以信息形式储备
					一般	较多地以实物形态储备,其余以信息形式储备
					小	适当地以实物形态储备,其余以信息形式储备

从上述分析中,可以得出以下结论:

第一,应急点资源储备形式与资源需求、资源供给产地有着密切关系。需求越大,实物形态储备越多;距离产地越近,实物形态储备越少。

第二,经济性也是一个需要考虑的重要因素。经济性原则要求在资源配置中评估不同资源的成本及其提供的效益,寻求成本效益最大化。某种资源的成本可能较高,但在应急响应中有重要作用,因此,在较远的应急点可能需要增加储备量,以满足应急管理的重要资源需求。

第三,信息技术在应急点的资源储备中发挥着巨大的作用。一般情况下,以信息形式储备比实物形态储备更合理。

第四,经济性与需求相比,需求放在第一位。如信息形式的储备不能很好地满足灾情需求或容易出现环节上的纰漏时,宁可牺牲经济性来大量储备实物形态的资源。

第五,应急点资源储备除重点考虑需求与供给两大核心因素外,其余要素也要加以重视,如技术与运输等。

对于 Bb、Cc 等匹配关系可以有相同的分析,得出相同的结论。

截至 2021 年,中央应急物资储备库增加到 113 个,几乎覆盖了所有多灾易灾区域,资源储备种类亦大幅增加,除了最常用的单棉帐篷,各种活动板房、折叠床、移动卫生间、棉被、衣服、救生衣、应急包、睡袋等物资也被列入储备的范围,提高了资源的适用性。

5.2.2 应急点内资源布局

通常用平方米或立方米来衡量应急点仓库仓储容量。应急点内资源布局的主要影响因素包括应急点所处的位置、灾害发生频度与强度、资源属性、与资源生产方的关系、使用的物料搬运系统和设备、提前期、仓库布局和过道要求、仓库区域功能划分等。需要强调的是,灾害需求预测是影响仓储容量的主要因素。

5.2.2.1 单应急点的整体布局

以尽可能低的成本,实现资源在仓库间的快速、准确流动,提高仓库间的合作效率是单应急点整体布局的基本要求。需要遵循的原则如下:①经济性原则。单应急点的整体布局遵循移动距离最小、空间利用充分以及资源存取方便的经济性原则,旨在实现仓库间的距离最经济,提高人员和物料的流动效率,节省物流时间和费用。②直线移动原则,资源搬运和存储按自然顺序逐步进行,避免迂回、倒流。③均衡和弹性原则,维持各种设备、各工作站在各个仓库间的均衡,保持一定的设备技术改造空间、工艺流程的重新布置空间和维护空间。④安全性原则,应急点内各个实施点的布局要有利于所储备资源的有效保护,尤其对突发事件的发生有应对和处置能力。

应急点的整体布局和一般的企业库存点布局存在高度相似性,主要由主仓库(库房)、办公用房、生产装配用房及其他附属用房、晾晒场、运输工具场地(包括停机坪)、室外道路、绿化地、管网、消防安防系统等配套功能设施组成。

5.2.2.2 仓库内部布局

依据场地、配送对象的实际情况,仓库一般分为储存区、拣货区、入库暂存区、出库暂存区、办公区等。各区域间预留不窄于 0.8 米的安全通道,通道上不能存放任何物品,所有人员到最近的安全出口的距离不得超过 50 米;货架间预留相应的工作通道。不同机械要求的工作通道宽度不同,如自动堆垛机的工作通道宽度为 1.4 米,三向叉车的工作通道宽度为 1.8 米,前移式叉车的工作通道宽度为 2.8 米,平衡重式叉车的工作通道宽度为 4.5 米。

合理设计仓库内部布局能提高仓库作业的效率与储运质量,降低储运成本,在快速提供救灾资源的同时减少综合成本。一般仓库设计平面图如图 5-1 所示。

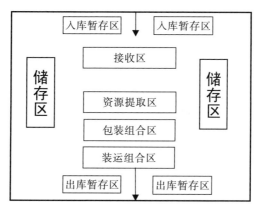

图 5-1　一般仓库设计平面图

5.2.2.3　单库区布局设计

根据建筑形式及面积大小、楼层和设施设备状况,结合储存资源所需条件,可以将整个仓库划分为若干库区,每一库区又细化为若干货位,在固定货位上根据需要存放数量不等的应急资源。

(1)平面布局。库区内货垛、垛间距、通道、收发货区等是平面布局的主要内容,垂直式布局和倾斜式布局是平面布局的主要形式。

①垂直式布局。货垛或货架的排列与库房侧墙互相垂直或平行的为垂直式布局,具体包括横列式、纵列式和纵横式三种布局。横列式布局是指货垛或货架的长边方向与仓库的侧墙互相垂直,其优点是主通道长且宽,副通道短,整齐美观,便于存取查点,有利于通风和采光。纵列式布局是指货垛或货架的长边方向与仓库侧墙平行,其优点是可以根据库存资源在库时间和进出频度安排货位,在库时间短、进出频繁的资源放置在外侧,在库时间长、进出库不频繁的物品放置在里侧。纵横式布局是指在同一库区内兼有横列式布局和纵列式布局,可以综合利用两种布局的优点进行库区的重新布局。

②倾斜式布局。货垛或货架与仓库侧墙或主通道呈 30°、45°或 60°夹角的布局称为倾斜式布局,包括货垛倾斜式布局和通道倾斜式布局。货垛倾斜式布局是横列式布局的变形,是为了便于机械作业、缩小机械的回转角度、提高作业效率而采用的布局方式。通道倾斜式布局是指仓库的通道斜穿保管区,把库区划分为具有不同作业特点的区域,以便综合利用,如图 5-2 所示。采取通道倾斜式布局时,仓库内结构比较复杂,需要进行合理的规划,实行精细管理。

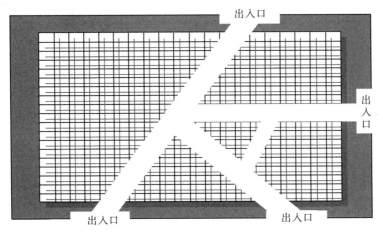

图 5-2　通道倾斜式布局

(2)空间布局。储备资源在库区立体空间上的布局称为空间布局,其优点在于能充分有效地利用库区空间,通过地上堆码、货架存放、空中悬挂等方式解决存储问题。该种布局能实现对空间的充分利用,极大地提高库容利用率。

(3)储位分配。储位分配是库区布局的细化环节,是资源有序储备、空间得以充分利用的基础。可以根据不同库区的特性、应急资源的特征、灾害的需求选用出口临近法则、周转率优先法则、相关产品毗邻法则、同类项法则、通道面对法则等,实现储位的合理分配。

5.3　小结

针对目前应急点优化选址研究过程中仅考虑时间、费用等确定性影响因素的缺陷,本书采用定量分析和定性分析相结合的方法给出区间型指标与模糊评判型指标属性值的规范化处理模型,并通过对成本型、效益型指标的区分,采用相对应的区间型、模糊评判型数据的规范化计算,得到应急点优化选址各方案的指标属性值规范化矩阵,同时考虑决策者的偏好,采用改进的 GRA-PDEA 模型以解决多目标点决策问题。

  依据应急资源的供给和需求关系,在坚持社会效益第一、适当兼顾经济效益的原则下设计了基于生产约束的多应急点网络化关系,为满足快进快出的资源配置需求,对应急点内的资源布局进行了整体设计,最大化保障应急点的供应效率,使其能快速满足灾情对应急资源的紧急需求。

第6章 自然灾害常态应急资源配置

6.1 应急资源信息分类与编码

6.1.1 信息分类理论与信息编码理论

6.1.1.1 信息分类理论

随着信息技术发展、信息流动渠道多元化与信息化，管理人员利用网络技术可以快速获取大量信息，但这些信息来自不同的信息获取渠道，有着不同的数据载体和形式，这增加了信息交流、共享和使用的难度。运用信息分类理论可以实现信息有序化处理，实现对多源的、杂乱的信息有效利用。

信息分类是把具有某种共同属性或特征的事物或概念集合在一起的过程，其需要根据一定的分类原则和分类方法区分大集合里的信息，使杂乱的信息有序化[244]。

分类方法或分类结构与事物特征密切相关，通常依据信息的主要特征进行分类和编码。信息分类应遵循科学性、整体性、延展性、兼容性和综合实用性的原则。其中，科学性是对信息的最基本要求（须确保信息充分可用）。分类体系还要充分考虑整体性和延展性，整体性要求多层级分类体系完备，延展性是指下级分类体系能依据上级体系提供的条件进行细分。兼容性要求分类体系不封闭排外，否则难以与国际、国家以及行业标准对接，造成事实上的"孤立"。综合实用性原则要求处理好整体和局部的关系，以整体最优为根本出发点，合理协调局部间的关系，实现系统的最优化。

信息分类的基本方法包括线分类法、面分类法及组合或混合分类法。根据《分类与编码通用术语》（GB/T 10113—2003），线分类法是以根据需求选定的若干属性（或特征）为标准，将信息逐次分成若干层级。每个层级又分为若干类目。同一分支的同层级类目之间构成并列关系，不同层级类目之间构成隶属关系。并列类目之间不可以出现交叉和重复的现象，隶属关系中下级类目的分类对象范围应该等于上级类目的总范围。面分类法则以选定的属性为标准划分本组相对独立的类目，称为"面"。将所有的"面"按照确定的顺序平行排列，并抽取"面"中的类目，按"面"的指定排列顺序组配在一起，形成新的复合类目。在信息分类的实践中，通常使用线分类法和面分类法结合而成的混合分类法。

6.1.1.2 信息编码理论

信息编码是在信息分类基础上进行的代码编制工作，是用规定的字符代码来代替复杂的文字表述，使内容冗长、结构复杂、特征鲜明的对象代码化，从而便于记忆和应用，有助于进行信息的标识、记录、处理和存储。信息编码通常遵循唯一性、可扩充性、简单性等原则[245]。唯一性要求编码对象和代码是一一对应关系，不能出现一对多或多对一的情况；可扩充性是指编码须预留供后续使用的容量空间，保证后续编码的连续性；简单性是指代码结构应尽量简化，便于机器识别和计算，降低误差率等。

信息分类编码标准化的研究、开发和推广应用是国家实现国民经济信息化管理工作的重要组成部分，是国家信息化建设最重要的基础性工作[246]，可催生各个领域的分类编码标准需求，对分类编码标准有巨大影响[244]。信息分类编码标准化是国家信息化建设的根本要求，是信息发展由无序向有序迈进，由分散向聚集发展，由跟随、追赶向引领发展的必由之路。

6.1.2 应急资源信息编码处理

6.1.2.1 自然灾害应急资源信息分类

自然灾害应急资源信息分类和编码的对象是本书第 1 章所述应急资源所包含的内容，主要有应急管理机构、应急人力资源、应急财力资源、应急物资资源、应急通信资源、应急物流资源、应急医疗资源和应急避难场所。应急资源代码化是应急资源信息化管理和应急管理信息平台建设的重要基础。灾害应急资源信息是协调应急工作的基础，也是应急救援工作有序进行的保障，可为管理者的决策提供支持。自然灾害应急管理活动不同于其他一般的管理活动，其对应的应急资源信息传播方式特殊，数量庞大、无序,且具有时效性、公共物品性和知识性。对于应急资源信息的分类和编码,需要充分考虑所需资源信息的特殊性。

目前,自然灾害应急资源信息分类编码还没有统一的标准和规范。《应急信息资源分类与编码规范(试行)》是各级政府应急管理部门通过应急平台进行应急资源信息采集、汇总的依据,通过规范化的分类和编码、不同平台信息编译方式同质化、信息管理标准化、信息解读同步化,消除信息共享过程中存在的部门和人为障碍,便于信息在不同部门之间共享与互通。

《应急信息资源分类与编码规范(试行)》对自然灾害的各类信息进行了系统分类与编码。而本书的研究对象是自然灾害应急资源,与该规范中应急保障资源的分类与编码中的自然灾害内容相对应。虽然该规范所包含的分类和编码比较系统和全面,但其与后续发布的部分国家标准的分类和编码仍存在不一致之处。例如,其中突发事件分类与编码部分和《突发事件分类与编码》(GB/T 35561—2017)不完全一致。尽管如此,作为国内现有规模最大、应用范围最广的政府应急平台的信息资源指导性文件,其中应急资源信息的分类与编码仍具有参考价值。目前,自然灾害应急对资源配置的特殊性需求迫切需要出台自然灾害信息分类与编码的国家标准。

6.1.2.2 自然灾害应急资源信息编码

《应急信息资源分类与编码规范(试行)》采用线分类法,主要遵循稳定性、系统性、可扩充性、兼容性、综合稳定性等原则。制定的应急信息资源分类与编码结构如图6-1所示。

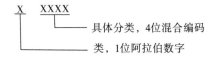

图6-1 编码结构

该编码结构中第1位代码为类,在1~7中取值,分别表示突发事件、危险源与风险隐患区、防护目标、应急保障资源、应急知识、应急预案和应急平台。当第1位代码容量不足时,可从罗马字母A~Z中取值。

该编码结构中第2~5位代码为具体分类,共分为三级:第2位代码表示一级类,在1~9中取值,容量不足时,可从罗马字母A~Z中取值;第3位代码表示二级类,在罗马字母A~Z中取值;第4~5位代码表示三级类,采用2位数字,容量不足时,可从罗马字母A~Z中取值。具体如图6-2所示。

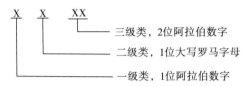

图 6-2 后 4 位编码结构

为避免与数字0、1、2相混淆,上述罗马字母中不出现O、I、Z。

其中自然灾害应急资源信息的分类编码如下。

第1类:41000 应急管理机构,如表6-1所示。

表 6-1 应急管理机构编码

代码	分类	备注
41A00	领导机构	
41A01	国务院	
41A02	军队	
41A03	省、自治区、直辖市政府	
41A04	省级有关部门	
41A05	市政府	
41A06	市级有关部门	
41A07	县政府	
41A08	县级有关部门	
41A99	其他领导机构	
41B00	办事机构①	
41B01	国务院应急办	
41B02	军队应急管理机构	
41B03	国务院有关部门应急办	
41B04	省应急办	
41B05	省级有关部门应急办	
41B06	市应急办	
41B07	市级有关部门应急办	
41B08	县应急办	

---

① 2005年,国务院办公厅设置应急管理办公室(应急办)。2018年,我国组建应急管理部。其中,国务院办公厅的应急管理职责已被划转到应急管理部,相应的省、市、县应急办也作了机构调整。此处与原分类和代码保持一致。

续表

代码	分类	备注
41B09	县级有关部门应急办	
41B99	其他办事机构	
41C00	指挥和综合协调机构	
41C01	国家防汛抗旱总指挥部	
41C02	国家减灾委员会	
41C03	国务院抗震救灾指挥部	
41C04	国务院地质灾害应急防治总指挥部	
41C05	国家林业局扑火指挥部	
41C06	国务院安委会	
41C07	国家处置铁路行车事故应急救援领导小组	
41C08	国家处置民用航空器飞行事故应急指挥部	
41C09	中国海上搜救中心	
41C10	城市地铁事故灾难应急领导小组	
41C11	大面积电网停电事件应急领导小组	
41C12	国家核应急协调委	
41C13	全国环境保护部际联席会议	
41C14	国家通信保障应急领导小组	
41C15	国家突发公共卫生事件应急指挥部	
41C16	国家公共事件医疗卫生救援领导小组	
41C17	国家突发重大动物疫情应急指挥部	
41C18	国家重大食品安全事故应急指挥部	
41C19	国家粮食应急工作指挥部	
41C20	国家突发金融事件应急领导小组	
41C21	国家涉外突发事件应急总指挥部	
41C22	国家处置大规模恐怖袭击事件指挥部	
41C23	国家处置劫机事件应急领导小组	
41C24	新闻发布领导小组	
41C25	林业有害生物灾害应急指挥机构	
41C26	安全生产应急救援指挥中心	
41C99	其他工作机构	

第2类:42000 应急人力资源,如表 6-2 所示。

表 6-2 应急人力资源编码

代码	分类	备注
42A00	专家	
42A01	自然灾害类专家	
42A02	事故灾难类专家	
42A03	公共卫生类专家	
42A04	社会安全类专家	
42A05	综合类专家	
42A99	其他专家	
42B00	军队	
42B01	抗洪抢险专业部队	
42B02	国家地震灾害紧急救援队	
42B03	国家空中运输队	
42B04	国家核生化应急救援队	
42B05	国家三防医学求援中心	
42B06	军区防化部队	
42B07	特种大队	
42B99	其他部队	
42C00	武警	
42C01	武警内卫部队	
42C02	武警黄金部队	
42C03	武警水电部队	
42C04	武警交通部队	
42C05	武警森林部队	
42C99	其他武警部队	
42D00	公安警察	
42D01	治安警察	
42D02	户籍警察	
42D03	刑事警察	
42D04	交通警察	

续表

代码	分类	备注
42D05	外事警察	
42D06	公安边防部队	
42D07	公安消防部队	
42D08	公安警卫部队	
42D09	林业公安	
42D99	其他警察	
42E00	专业救援队伍	
42E01	医疗救援队	
42E02	危险化学品事故专业救援队	
42E03	地震救援队	
42E04	陆地搜寻与救护队	
42E05	救援列车	
42E06	海上搜救队	
42E07	抢险打捞队	
42E08	防汛机动抢险队	
42E09	抗旱服务队	
42E10	矿山事故救援队	
42E11	重大动物疫病应急预备队	
42E12	专业森林消防队	
42E13	林业有害生物灾害应急专业队	
42E14	食物中毒事件应急预备队	
42E15	路桥抢修队	
42E16	通信保障队	
42E17	电力抢修队	
42E18	供气抢修队	
42E19	供水抢修队	
42E20	排水污水处理抢险队	
42E21	园林养护抢险队	
42E99	其他专业救援队伍	

第3类：43000应急物资保障资源，如表6-3所示。

表6-3 应急物资保障资源编码

代码	分类	备注
43A00	国家战略性储备物资	
43A01	国家粮食和食用植物油储备	
43A02	国家能源储备	
43A03	国家医药储备	
43A99	其他国家战略性储备物资	
43B00	专用应急物资及储备	
43B01	防汛抗旱专用物资	
43B02	抗震专用物资	
43B03	防灾减灾专用物资	
43B04	防疫应急专用物资	
43B05	林业有害生物灾害应急防控专用物资	
43B06	危险化学品事故救援专用物资	
43B07	矿山事故救援专用物资	
43B08	油污染处置物资	
43B99	其他专项救援物资储备	
43C00	基本生活物资保障	
43C01	粮食	
43C02	除粮食之外的食品	
43C03	食用油	
43C04	衣被	
43C05	饮用水	
43C06	救灾帐篷	
43C99	其他基本生活物资	

第4类:44000 应急通信资源,如表6-4所示。

表6-4 应急通信资源编码

代码	分类	备注
44A00	通信网	
44A01	公用固定电话网	
44A02	公用移动电话网	
44A03	公用数据及IP通信网	
44A04	公用传输网	光缆、微波、卫星
44A05	公用短波、集群无线网	
44A06	专用通信网	
44A99	其他通信网	
44B00	通信保障机构	
44B01	基础电信运营企业集团公司	中国电信、中国网通、中国移动、中国联通、中国卫通、中国铁通
44B02	基础电信运营企业省公司	
44B03	基础电信运营企业地市分公司	
44B04	省级基础通信运营企业	
44B05	市级基础通信运营企业	
44B06	县级基础通信运营企业	
44B07	中国交通通信信息中心	
44B99	其他通信保障机构	
44C00	通信设备	
44C01	VSAT系统	
44C02	短波通信系统	
44C03	卫星通信系统	
44C04	车载变换系统	
44C05	车载移动基站	
44C06	便携微波通信系统	
44C07	海事卫星终端	
44C08	移动通信卫星终端	
44C09	宽带卫星通信终端	
44C10	北斗卫星终端	
44C99	其他通信设备	

第 5 类:45000 应急运输与物流资源,如表 6-5 所示。

表 6-5 应急运输与物流资源编码

代码	分类	备注
45A00	运输站场	
45A01	机场客货集散区	
45A02	港口客货集散区	
45A03	火车站客货集散区	
45A04	汽车站客货集散区	
45A99	其他运输站场	
45B00	运输设备	
45B01	航空器	
45B02	船	
45B03	火车	
45B04	汽车	
45B99	其他运输设备	
45C00	运输保障机构	
45C01	航空企业	
45C02	航运企业	
45C03	铁路运输企业	
45C04	汽车运输企业	
45C99	其他运输保障机构	

第 6 类:46000 应急医疗资源,如表 6-6 所示。

表 6-6 应急医疗资源编码

代码	分类	备注
46A00	医疗机构	
46A01	医院	
46A02	疗养院	
46A03	社区卫生服务中心(站)	
46A04	卫生院	

续表

代码	分类	备注
46A05	门诊部	
46A06	诊所、卫生所(室)、医务室	
46A07	妇幼保健院(所、站)	
46A08	专科疾病防治院(所、站)	
46A09	职业病防治院(所、站、中心)	
46A10	急救中心(站)	可按省、市、县分级
46A99	其他医疗机构	
46B00	疾病预防控制中心(防疫站)	
46B01	省级疾病预防控制中心(防疫站)	
46B02	市级疾病预防控制中心(防疫站)	
46B03	县级疾病预防控制中心(防疫站)	
46B99	其他疾病预防控制机构	
46C00	卫生监督所(局)	可按省、市、县分级
46C01	省级卫生监督所(局)	
46C02	市级卫生监督所(局)	
46C03	县级卫生监督所(局)	
46C99	其他卫生监督机构	
46D00	医学科学研究机构	
46E00	医疗设备和药品	
46E01	医疗设备	
46E02	救护车	
46E03	药品	
46E04	疫苗类生物制品	
46E05	血液及血制品	血液、血浆、血小板等
46E99	其他医疗设备和药品	
46Y00	其他医疗卫生资源	
46Y01	采供血机构	

第7类：47000应急避难场所，如表6-7所示。

表6-7 应急避难场所编码

代码	分类	备注
47A00	避难场所	
47A01	救助管理站	
47A02	公园	
47A03	广场	
47A04	绿地	
47A99	其他避难场所	
47B00	人防工事	
47B01	防空洞	
47B02	防空地下室	
47B03	防空警报站点	
47B99	其他人防工事	

第8类：48000应急财力资源，如表6-8所示。

表6-8 应急财力资源编码

代码	分类	备注
48A00	专项应急资金	
48A01	国家级	
48A02	省级	
48A03	市级	
48A04	县级	
48A99	其他专项应急资金	
48B00	募捐资金	
48C00	应急保险	

6.1.2.3 应急物资编码标识设计

应急物资是应急资源的重要内容，除了与应急平台中的信息分类与编码对应，其实物形态在生产后还会被赋予相应的物品编码。应急物资配置过程中要实现信息流与物流的快速、准确无缝链接，就需要对应急物资编码进行标识。

物品编码标识就是为实现供应链管理目标，对在供应链中运转的物品进行编码标识。物品编码标识是人类认识事物的过程，是将客观的物品信息转换为代码的过程[247]。通过对物品的编码标识，人们可以对物品进行管理。物品编码标识概念模型如图6-3所示,标志是以实物或电子数据形式表现某一物品的属性或特征的符号或标记,标示是将代码转换成标志的过程,而标识是将代码标示为标志并识别的过程。

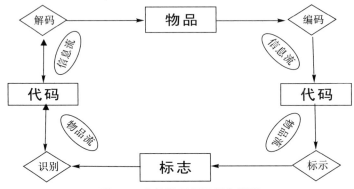

图6-3 物品编码标识概念模型

(1)应急物资代码设计。

①企业编码。企业编码采用GS1编码体系中的全球位置码(global location number, GLN),可在全球范围内实现共享共通。其组成部分厂商识别代码、位置参考代码和校验码通过不同的组合形成三种代码结构,共13位代码,用N_1至N_{13}表示,具体如表6-9所示。

表6-9 GLN编码结构

结构种类	前缀码	厂商识别代码(含前缀码)	位置参考代码	校验码
结构一	690—691	$N_1 N_2 N_3 N_4 N_5 N_6 N_7$	$N_8 N_9 N_{10} N_{11} N_{12}$	N_{13}
结构二	692—696	$N_1 N_2 N_3 N_4 N_5 N_6 N_7 N_8$	$N_9 N_{10} N_{11} N_{12}$	N_{13}
结构三	697—699	$N_1 N_2 N_3 N_4 N_5 N_6 N_7 N_8 N_9$	$N_{10} N_{11} N_{12}$	N_{13}

例如,企业A的GLN编码为6981497510002,前9位代码"698149751"为厂商识别代码,由编码中心分配;厂商识别代码的前3位代码"698"为前缀码,由编码中心通过国际物品编码协会获得;"149751"为企业代码,由编码中心分配给主体企业;"000"为位置参考代码,表示企业主体为法人实体;GLN最后一位代码"2"为校验码,遵循统一的校验规则。

②产品代码。产品代码采用GS1编码体系中的全球贸易项目代码(global trade item number, GTIN),可以选择GTIN-14、GTIN-13、GTIN-12和GTIN-8等四种不同的代码结构,包括厂商识别代码、商品项目代码、校验码三部分。

以企业A的某产品为例,其代码为6981497511726,即GTIN-13代码结构。代码"698149751"是企业A的厂商识别代码。代码"172"为商品项目代码,由企业自行分配。最后一位代码"6"为校验码,遵循统一的校验规则。

③物流单元代码。物流单元代码可以采用 GS1 编码体系中的系列货运包装箱代码(serial shipping container code, SSCC)。物流单元是为了运输或仓储而建立的组合项目,借助 GS1 系统可实现跟踪和自动记录。

表 6-10 SSCC 编码结构

结构种类	扩展位	厂商识别代码	系列代码	校验码
结构一	N_1	$N_2 N_3 N_4 N_5 N_6 N_7 N_8$	$N_9 N_{10} N_{11} N_{12} N_{13} N_{14} N_{15} N_{16} N_{17}$	N_{18}
结构二	N_1	$N_2 N_3 N_4 N_5 N_6 N_7 N_8 N_9$	$N_{10} N_{11} N_{12} N_{13} N_{14} N_{15} N_{16} N_{17}$	N_{18}
结构三	N_1	$N_2 N_3 N_4 N_5 N_6 N_7 N_8 N_9 N_{10}$	$N_{11} N_{12} N_{13} N_{14} N_{15} N_{16} N_{17}$	N_{18}
结构四	N_1	$N_2 N_3 N_4 N_5 N_6 N_7 N_8 N_9 N_{10} N_{11}$	$N_{12} N_{13} N_{14} N_{15} N_{16} N_{17}$	N_{18}

SSCC 对每一特定的物流单元是唯一的,由扩展位、厂商识别代码、系列代码和校验码 4 个部分组成,是 18 位的数字代码,其编码结构如表 6-10 所示。其中,扩展位用于增加 SSCC 系列代码的容量,由物资储运部门分配;厂商识别代码由中国物品编码中心负责分配给用户,用户通常是组合物流单元的物资储运部门;系列代码是由取得识别代码的厂商分配的一个系列号,用于组成 N_2 到 N_{17} 字符串,系列代码一般为流水号。

应急资源物流单元需要标明其标识代码 SSCC 和附加信息,包括物流目的地、重量、物流单元尺寸等。在物流单元条码中,这些属性信息的编码是由应用标识符(application identifier, AI)和附加属性信息代码组合而成的。其可能使用到的附加信息代码结构如表 6-11 所示。

表 6-11 应急资源常用附加信息代码结构

AI	编码数据含义	格式
10	批号	n2+an…20
11	生产日期	n2+n6
17	有效期	n2+n6
13	包装日期	n2+n6
402	路径代码	n3+an…30
410	交货地全球位置码	n3+n13
420	同一邮政区域内交货地的邮政编码	n3+an…20
37	应急资源物流单元内贸易项目的数量	n2+n8
90	标识储运结点间相互约定的信息的应用标识符	n2+an…30

注:a 表示字母字符;n 表示数字字符;an 表示字母、数字字符;ni 表示 i 个数字字符,其中 i 取整数,例如 n6 表示 6 个数字字符;an…i 表示最多 i 个字母、数字字符,例如 an…30 表示最多 30 个字母、数字字符。

为了与应急平台中的信息分类和编码衔接,可以采用 AI 为 90 的应用标识符来描述应急资源体系中该物流单元内产品的信息,从而保证应急保障体系中产品代码和信息分类代码的一致性。

(2)应急物资代码标识。标识是将代码标识于载体并识别的过程。物流管理中最常用的标识技术是条码技术和射频识别(radio frequency identification,RFID)技术。物品标识技术主要由编码技术、条码符号技术、自动识别技术等构成。条码是在形式上由一组条和空按特定规则排列的符号,不同的排列对应不同的字符序列。条码形式可分为一维条码和二维条码,按照应用可分为商品条码和物流条码。商品条码包括欧洲物品编码系统(European article numbering system,EAN)码和美国统一代码委员会(uniform code council,UPC)码,物流条码主要包括 UCC/EAN-128 条码、ITF 条码、库德巴条码和 39 条码等。按照实际应用分类,物流条码分为多级别的包装条码和物流托盘条码。

SSCC 可使用 GS1 系统 UCC/EAN-128 条码符号表示。UCC/EAN-128 条码由左侧空白区、起始符、数据符、校验符、终止符、右侧空白区及供人识读的字符组成。通过扫描识读应急资源物流单元上表示 SSCC 的 UCC/EAN-128 条码符号,建立资源流动与相关信息间的链接,能逐一跟踪并自动记录物流单元的实际流动,也可广泛用于运输行程安排、自动收货等[248]。例如,一箱不同颜色和大小的 10 件棉衣和 10 件救生衣的组合包装,40 个睡袋组成的 1 个运输包装都可作为一个应急物资物流单元。

若应急资源储运单位都能扫描、识读表示 SSCC 的 UCC/EAN-128 条码符号,交换含有物流单元全部信息的数据,并且读取时能够在线得到相关文件以获取这些描述信息,则除 SSCC 外,不需要再标识其他信息。但目前这些条件难以满足,除了表示 SSCC 的 UCC/EAN-128 条码符号,其他应急资源附加信息也需要使用条码标签粘贴在相应的物流单元上。由于无法事先将含 SSCC 在内的条码符号印在物流单元的包装上,通常情况下,物流标签是在应急资源物流单元确定时附加在上面的。

总之,应急资源物流单元的标识代码和附加信息代码的符号载体都可采用 UCC/EAN-128 条码符号。

6.2 单应急点资源配置的数量模型研究

6.2.1 应急点资源配置数量的影响因素及模型构建

实现单应急点资源种类和数量的良好配置,要考虑与之相关的各种因素,有的因素影响明显,有的因素可以忽略。综合分析主要的影响因素,将不确定性最小化,可确保资源配置合理。一般情况下,单应急点内的资源配置需要考虑下列要素。

(1)灾害直接需求和相关需求。这是应急点资源配置的主要依据,亦是救援工作取得效果的保证。需要注意的是,现实中的灾害需求是变化的,往往是前期需求的种类、数量均比较大,然后进入平缓期;若出现次生灾害,需求会再次上升,这就要求各种能力建设和需求的变化协调一致。

(2)资源生产能力,即将原材料、半成品转变为救援物资的能力。资源生产任务由生产企业承担,主要使用既有的生产线或经过适当改造的生产线,按照应急需要的物资种类、规格和数量进行生产。根据救援的进程,除由指定企业进行生产外,也可以将部分任务外包给与指定企业有联盟关系的其他企业;政府亦可以直接动员社会企业进入应急资源生产流程,按照指定的要求组织生产。

(3)资源配送能力。成品资源生产出来后,应使用适当的手段运输到目的地,配发给有需要的对象。该过程涉及载体、主体、客体、路径等。载体是指运输工具,应按照资源和资源组合的特征配备适合的工具,在保证安全的同时体现效率;主体是指运输管理人员,应按照职责分工进行作业;客体是指应急资源本身,需要实际投入应急救援中并发挥最大效用;路径是指配送的运输路线。

(4)与其他应急点的联动能力。在严重的灾害面前,任何单一的应急点均不能满足现场对资源的急迫需求(无论是在数量上还是在种类上),需要借助于一定区域内应急点之间的联动满足应急需求。当大的灾害发生时,按照应急指挥中心的安排,各应急点在信息充分共享的基础上,快速整合资源,实现对灾区资源需求的统一调配。实现高效率的资源联动,需要系列保障条件:一是法律法规(作为保障的基础);二是资源动态联盟机制;三是信息的披露和共享机制。

前面根据"供给-需求"关系确定了对应应急点的资源配置,主要针对资源的类别,但并没有给出明确的数量。确定储备类型的应急点后,如何合理地配置特定资源的数量,在满足灾害需求的同时使成本最小化呢?

假设一次自然灾害发生所需的应急资源的数量为 q,单位资源在市场上的售价为 s 元,而多储备 1 单位资源产生的各种费用为 t 元。灾害出现的概率为 $P(q)$,目标应急点的现有资源总储备量为 Q,则资源储备量的期望损失为

$$C(Q) = s\sum_{q=0}^{Q^*}(Q^* - q)P(q) + t\sum_{q=Q^*+1}^{\infty}(q - Q^*)P(q) \qquad (6\text{-}1)$$

使期望损失最小化的最佳储备量 Q^* 需要满足的条件(约束条件)为

$$C(Q^*) \geqslant C(Q^* + 1) \qquad (6\text{-}2)$$

$$C(Q^*) \leqslant C(Q^* - 1) \qquad (6\text{-}3)$$

上述两个约束条件同时存在,于是

$$s\sum_{q=0}^{Q^*}(Q^* - q)P(q) + t\sum_{q=Q^*+1}^{\infty}(q - Q^*)P(q)$$
$$\leqslant s\sum_{q=0}^{Q^*-q}(Q^* + 1 - q)P(q) + t\sum_{q=Q^*+2}^{\infty}(q - Q^* - 1)P(q) \qquad (6\text{-}4)$$

经整理和简化,可得

$$s\sum_{q=0}^{Q^*}P(q) - t\sum_{q=Q^*+1}^{\infty}P(q) \geqslant 0 \qquad (6\text{-}5)$$

所以

$$\sum_{q=0}^{Q^*}P(q) \geqslant \frac{t}{s+t} \qquad (6\text{-}6)$$

又

$$s\sum_{q=0}^{Q^*}(Q^* - q)P(q) + t\sum_{q=Q^*+1}^{\infty}(q - Q^*)P(q)$$
$$\leqslant s\sum_{q=0}^{Q^*-1}(Q^* - 1 - q)P(q) + t\sum_{q=Q^*}^{\infty}(q - Q^* + 1)P(q) \qquad (6\text{-}7)$$

即

$$\sum_{q=0}^{Q^*-1}P(q) \leqslant \frac{t}{s+t} \qquad (6\text{-}8)$$

所以

$$\sum_{q=0}^{Q^*-1} P(q) \leqslant \frac{t}{s+t} \leqslant \sum_{q=0}^{Q^*} P(q) \quad (6-9)$$

从上式中可以得出,最佳资源储备量与对该资源有需求的自然灾害发生的概率、资源的市场价格与多储备单位资源的费用的关系,从而根据变化的关系确定应急点内资源配置的数量。

6.2.2 基于通信准确的应急点资源配置数量模型应用实践

在现实生活中,面对突发自然灾害,单应急点除了要面对灾害规模和破坏程度与物资储备的及时配送问题,还要经受人员流动以及信息传输不准确性等带来的应急点资源配置合理性的考验。即使为了应对自然灾害建立了变量足够详细的预测模型,也可能因为对灾难感知的不同反应以及追踪数据与调整应对方案中的不确定性风险,而难以使"供给-需求"关系所确定的应急点资源配置得到最优的决策方案。在应急救灾管理中,对于应急人力资源、应急物资资源、应急通信资源、应急医疗资源以及应急避难场所等的科学调度既需要建立规范的应急标准体系,也需要明确针对各种突发现实问题的应对逻辑。其中,应急通信资源的获取与应用尤为重要。随着数字化普及程度的提升,通信系统已经不只是一种必需的应急资源,更是有效组织各类资源、汇集灾害发展动态以及发布救灾信息的重要基础条件。

洪水、地震、海啸、火山爆发等自然灾害发生时,以往多是依靠历史经验设置各种可能的参数变化,对资源配置数量进行预测。这种方法仅依靠事先设定好的方案,不能及时有效地了解现实的救灾需求,追踪受灾人群的应急反应。在现阶段,应急救援事件出现的频次越来越多,通过分析关键指标,对应急物资进行及时与合理的配置就显得格外重要。例如,自然灾害以及流行病暴发时的人员流动及其后果等,在应急点救灾的实践中越来越引起重视,传统的救援方案也在得到不断改进,特别是将原本静态的预测模型应用到可以通过实时的大数据分析为资源的有效配置提供数据支持的动态分析之中,这将大大提高救援的效率。

通信准确性能够为合理调配相对有限的救援物资提供巨大的支持,对不发达地区的作用更加显著。以地震后的救灾为例,即使是小规模的地区救灾工作,及时且准确地获取受灾各类信息以及灾后人员流动状况,对接待人数有可能激增的应急避难所的预备工作以及应急物流资源、应急医疗资源的合理调度都将起到关键的作用。2010年1月12日,加勒比海北部的海地共和国发生7.0级大地震,此次地震震源距离其首都太子港15公里,太子港遭受破坏性的冲击。由于海地是较为贫穷的国家,救援物资的精准投送及配置就显得尤为重要,而灾后对于人员流动的预测则成为应急点实现资源有效配置和优化调配的重要追踪目标。此次救灾工作的亮点是,从2009年12月1日到2010年12月19日期间(384天),太子港市区每日SIM卡的数据信息有效地显示了灾后海地人口迁移的变化,为贫穷地区在有限的时间内实现应急点资源优化配置提供了有力支持。笔者采用瑞典卡罗林斯卡医学院和美国哥伦比亚大学发表的通讯报道中的数据(该数据为使用了Digicel SIM卡的匿名数据,仅用于说明手机用户的运动趋势)[249],整理并绘制了图6-4、图6-5和图6-6。

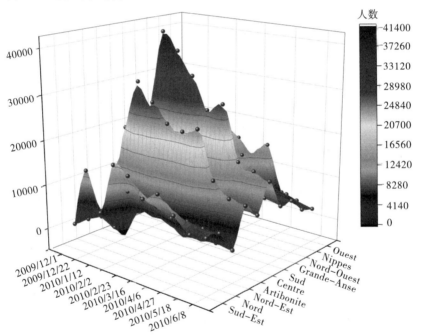

图6-4 地震发生前与救援初期海地10个地区的SIM卡数量绝对变化

第 6 章 自然灾害常态应急资源配置 129

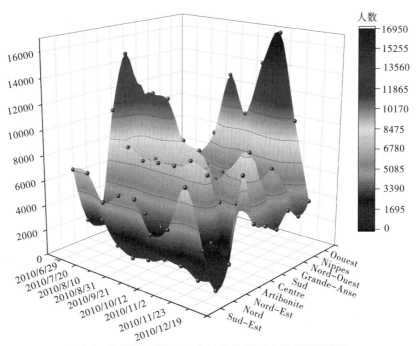

图 6-5 救援后期海地 10 个地区的 SIM 卡数量绝对变化

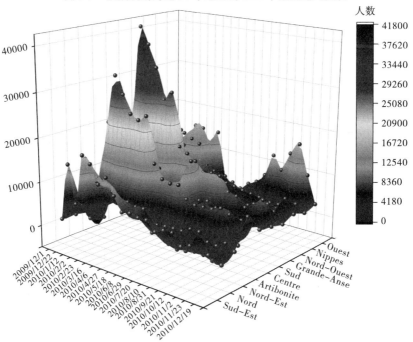

图 6-6 地震前后除太子港外的海地 10 个地区 SIM 卡数量的整体变化

从图 6-4 中可以看出，由于圣诞节假期的原因，在地震发生前，海地除首都太子港以外的 10 个地区的手机数据非常少，多数地区均在 1000 以下。由于太子港距离震源较近，大量人口开始向其他地区流动，反映为手机数据向其他地区的净迁移。迁移地区手机数据净增长在 1 月底达到最高水平。3 月之后，

图6-4（彩色）

这些地区手机数据净增长相对地震前的水平大幅下降，首都的人口数量逐步得到了恢复。从地震发生前的 2009 年 12 月 21 日到灾后救援初期的 2010 年 6 月 8 日，海地 10 个地区的手机数据的绝对变化非常明显。例如，在 Sud 地区，与 2009 年 12 月 21 日相比，2010 年 1 月 31 日的手机数量增加了 41543 部。接收手机数据最多的地区是 Sud 和 Artibonite。

从图 6-5 中可以看出，在救援后期，大多数地区出现了手机用户明显下降的趋势。降幅变化绝对值最大的地区仍然是 Sud 和 Artibonite。从 7 月中旬起，所有地区的指数稳定，但仍明显高于上一年圣诞节前的水平，从 10 月中旬到 11 月，Ouest 的手机数据出现小幅净增长。

图6-5（彩色）

图 6-6 显示了太子港移动电话向其国内其他 10 个地区迁移的整体变化情况。太子港与各地区（省）之间的手机净流动只显示太子港的手机净流出状况。仅地震当天太子港就有 24% 的移动电话净流出。7 月 19 日，这一数字下降到 14%。这一比例在 2010 年 12 月 19 日缓慢上升到 16%。手机数据在应急救援中的准确使用使得其他资源的调配能够与人口流动相一致，减少了

图6-6（彩色）

救援过程中的协调困难与资源不匹配问题。在救援工作开展半年以后，从太子港迁出的人逐渐返回，太子港以外的全国人口比例下降到 13% 左右。

手机数据的应用可以使各地区应急点的物资聚集路线和资源优化配置得到有效保障。该应用实践使得海地大地震灾后救援工作的效率极大提高，这对国家救灾资源非常有限的发展中国家而言是非常宝贵的救援经验。自然灾害发生后，通过手机数据进行人群跟踪调查的终端定位轨迹，可以合理预测人群移动的地理方向，根据数据分析和模型预测结果能够较为精确地掌握各地的人口聚集程度，为应急点的资源配置与跨地区物资调度提供直接的参考依据。通过使用手机数据的灾后救援工作已经积累了许多案例经验。由此说明，面对突发的自然灾害，科学地获取与利用信息资源对于灾后应急管理与应急点资源配置是有重要参考价值的。随着大

数据时代的到来,利用实时动态数据,辅以现有的静态预测模型,具有更为显著的现实应用效果。

6.3 基于自然灾害需求的多应急点应急资源联动配置

应急联动是基于应急管理需求的多参与方、多层次的协同行动。基于自然灾害需求的多应急点应急资源联动是指一定区域内配置了特定资源的多应急点,在应急指挥中心的统一指挥下,通过信息共享,采取协同行动,根据灾区的需求提供组合资源。

6.3.1 联动起因

并不是任何状态下都需要联动,无起因的联动会造成成本的上升和协调难度的增大。可以联而不动,直至产生必要的需求。以下三种情况往往需要启动多应急点应急资源联动配置:

(1) 单应急点供应不足。这是联动的最常见动因。由于应急点存在设计、结构问题及应急点之间的合作问题,储备资源不能满足自然灾害的持续需求,需要其他应急点的支持。

(2) 资源储备不完全。单应急点不可能储备灾情需要的所有类型的资源,应急点定位不同,储备的资源种类亦存在差异。灾害发生后,需要从不同的应急点抽调需求的资源进行组合并配置到需求点。

(3) 单应急点供给效率低。灾害发生往往对周围环境造成一定影响,可能会使目标应急点不能发挥应有功能,需要启动关联应急点进行补充。

6.3.2 区域应急资源联动模式

区域应急资源联动模式的选择需要考虑诸多影响因素,如应急点的布局及覆盖范围、资源互补性和信息系统共享程度、灾害类别及影响强度等。自然灾害应对场景下,区域应急资源联动模式主要有三种:协作模式、合作模式和一体化模式[250]。

(1) 区域应急资源协作模式。该模式即区域间的协同应对作业模式,通过协议形式确定主体间的责任、义务和事后结算办法,尤其要确定协作的发起时机和资源配置种类与数量。为实现协作效果最大化,需要各主体全面、准确地把握协作城市或区域的物资、人力、资金、医疗、物流等资源的数量和分布,通过应急平台实现应急资源信息的沟通和共享。同时,区域应急资源联动还需完善应急资源互助的补偿协议,将应急资源协作落到实处,共同提高突发事件应对能力。

(2)区域应急资源合作模式。自然灾害种类繁多,各区域不可能均衡地储备应对各种灾害的应急资源,这在条件上和成本上均不现实。区域应急资源合作模式则可以较好地化解这一困境。该模式依据各区域优势和需求确定主要储备中心,其余区域作为辅助和补充,实现灾情下的区域合作。该模式对合作区域应急资源配置作了合理分工,体现了"主副结合"与"合作互助"双重效应。合作模式下,应急资源的储备和布局、应急配置决策、应急资源的补充和补偿等都需要提前规划,尤其要有统一的应急联动体系和共享平台,保障资源共享、信息公用,以便迅速、有效地对应急救援的物资进行调度和分配。

(3)区域应急资源一体化模式。该模式是各区域进行全方位应急合作的基础,是区域进行应急管理联动的高级形式。其定义为:以应急救援为目标,依据系统原理将资源配置过程不同阶段/环节联系起来,使之成为协调运行的统一体,以较好地实现预定目标的过程。该定义包含两个层次的一体化:配置全过程一体化与单阶段内部一体化。

6.3.3　联动程序

就目前国内救灾实践而言,实行完全的资源一体化配置模式还存在较大障碍,而次一级的资源联动是可行的。高效率的应急资源联动模式应符合下述要求。

(1)建立联动机制。高效的应急联动机制需要具备完备的组织构架、效率型执行主体、必要的技术支撑、可靠的资源保障及相应的制度和法律基础等。具体步骤是:建立一个能进行有效沟通、协调和指挥的中枢指挥系统,保证该区域多应急点的有效运作;组建一个执行团队,让各方面的技术专家和管理专家参与进来,提高紧急状态下的工作效率;装备必要的技术设备,实现信息传递与共享,使资源需求、库存、调运与生产并行;动员一切力量,实现资源满负荷生产;制定相应的约束、奖励与惩罚机制,使整个过程以法律制度的形式固定下来,实现对联动全过程的监督[251]。

(2)引入应急联动支撑技术。除了相应的机制,联动的核心支撑是技术,包括监测技术、信息技术、数据与影像技术、库存管理技术与定位技等。引入这些技术能够更好地整合现有的资源和信息,使联动更加高效。

(3)优化资源库存形态。有效的联动一旦建立起来,形成一个相互支援的动态系统,就不需要单应急点以满库状态进行实物资源的储备,仅配置能满足第一轮需求的资源即可。将其余的资源转化为信息形态,能对资源的来源进行精确定位,确保在限定的时间内转化成物质形态。

(4)有效协调节点。应急联动是多方的技术、管理融合,在规划层、执行层均应实现无缝运行,不应出现本位主义和理念隔阂,应使联动的效果得以真正发挥,调动一切力量为自然灾害救援服务。

对于多应急点的应急资源联动,可以采用扩展应急点管理模式,即按照区域自然灾害发生的特点,将相应的多应急点组合成一个边界模糊的单元,在合作构架下作为一个整体开展工作。该模式整合了优势资源来提高救援效率,如图 6-7 所示。

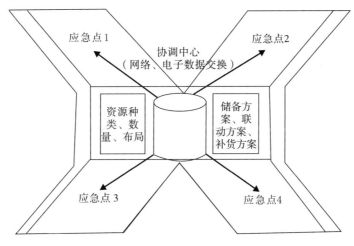

图 6-7　扩展应急点管理模式

该模式刻画了应急点之间的横向联系,具有以下特点:

第一,扩展应急点由区域协同、资源互补的应急点组成,能形成保障有力的应急资源链。

第二,扩展应急点是一个虚拟的实体,其管理由行政制度保障;社会力量建立的扩展应急点主要通过契约形式实现,平时作为市场交易中相关资源的储备点,应急状态下按照统一部署转换为应急资源的供给主体。

第三,协调中心在扩展应急点中起着核心作用。具体包括:通过建立中央数据库,对各应急点的资源种类、数量与库内布局实行在线调控;提出资源补充和多方联动的方案；明确各应急点的责任与义务，提升整体运行效率。

第四，各应急点除与规定的生产企业、建立战略联盟的企业进行合作外，还可以根据需要与社会上的其他企业合作，为应急时的资源需求提供充足准备。

此外，根据需要，各应急点可以和低一层级的应急点相互配合，实现应急点间应急资源的协同调度。

6.4 小结

本章主要介绍应急资源一体化协同配置的常态环节，包含调运前的全部流程，对应急资源的编码处理、单应急点内资源数量的测定和多应急点的联动配置三个环节进行了论述。通过数量分析将确定的应急点集合建成一个区域的应急点群；对于拟入库储存的应急资源，按照标准进行编码，置于相应的货位，并对单应急点储备资源的数量进行模型构建和数量模拟；为使资源配置效率最大化，通过建立连接各应急点的扩展应急点管理模式，实现多应急点在紧急状态下对资源的联动配置。

常态应急资源配置是自然灾害应急资源一体化协同配置的基础阶段，其向后联系着综合供给环节，向前支撑着动态一体化配置阶段并影响后续的逆向配置。常态应急资源配置又涵盖由诸多节点构成的若干环节，其中应急点的位置最为突出，联动着前后节点，形成一体化设计、一体化配置的常态过程。

第7章 基于灾情变化的动态应急资源配置维度模型

动态应急资源配置是指灾情发生后,根据需求信息,结合现场环境,从既有应急点中抽调资源,按照确定的配送方案将其及时、安全地送到需求现场,并实施二次配置的动态过程。该阶段是资源一体化协同配置中的行动阶段,与常态应急资源配置存在很大差别,主要体现在以下几个方面:①状态发生变化。前者体现的是资源运动过程和使用过程,后者体现的是资源静态形式。②配置的重点发生变化。前者主要是资源提取与运输、分配,后者是为确定的应急点配置合理的资源。③行为主体发生变化。前者在整个过程中存在多个行为主体,需要借助于互相之间的紧密配合实现目标;后者的行为主体主要是政府,并附之以相关企业。④响应时间不同。前者响应时间紧迫,需要在最短的时间内实施;后者可以按照规划逐步实施,时间要求较为宽松。需要注意的是,动态需求一旦启动,过程中的所有环节均成为动态的一部分。

7.1 动态应急资源配置准备与配置原则

7.1.1 动态应急资源配置前的准备

对自然灾害进行识别、判断等,是动态应急资源配置的起始点。其目的是以最高效率、最短响应时间、较低成本实现最大安全保障效能。配置过程中,需要根据自然灾害事件本身的性质、特点确定目标对象,依照已经显现的破坏程度初步估计造成的损失,运用适当的数据处理技术评估实际的破坏力,从而为问题的决策提供依据。

该阶段的资源配置是常态资源配置的检验和延展,可为下一轮次的前期配置提供决策建议。在动态的配置行为启动以前,需要根据发生的自然灾害再次确认以下几项任务的完成情况。

(1)实际需求评估。此时的评估是指确定灾害发生后现场的真实需求情况,其中,难度最大的是现场的信息获取。此时往往采用情景分析法,以峰值需求为供给依据,随情况逐渐明晰再调整需求方案。

(2)资源供给能力确认。供给能力包括根据预测在应急点业已布局的资源的供给能力和消耗产生后对应急点的补给能力。虽然主要强调时间性、社会性而弱化经济性,但若能较好地平衡供给和需求的比例,则能在保证效果的同时使总成本最小化。

(3)协同能力检查。协同理论研究各种完全不同的系统在远离平衡时通过子系统之间的协同合作,从无序态转变为有序态的共同规律,其核心思想是通过内部协同,自发地出现时间、空间和功能上的有序结构。在大多数灾害事件面前,物资、人员、设备等条件均具备,但由于信息的障碍、对事件的认识和理解偏差、所处环境的差异性导致行动上的不一致,常常出现力量抵消的现象,使配置效果不理想。基于信息共享的资源整合和部门协同可以在很大程度上保障应急管理的效率和效益。

7.1.2 动态配置原则

动态配置要求依据自然灾害发展趋势和影响范围,结合发生环境,实现不同时间、空间尺度内灾害事件发展速度、方向、范围、危害等多参数的应急资源配置预测;并根据多地点灾害事件的严重程度进行排序,构建与灾害事件发生、发展、结束整个过程相适应的,多需求、多物资、动态的应急资源优化协调配置。主要体现如下原则:

(1)科学性原则。科学性原则指应急资源配置要基于应急管理机理、事件本身内在运行机理,符合自然规律和处在该环境中事件的自身规律,建立高效的协同管理系统,充分发挥人的能动性。

(2)可操作性原则。应急资源配置是一项务实性很强的复杂工作,是科学理论下的应用配置,在应急资源的种类、规格、数量、技术标准等方面都应有明确要求,以便在紧急情况下快速引用和执行。应急预案和流程应简明扼要,突出问题要害,以达到通过信息共享规范地传递、交流、理解灾情需求,执行应急资源配置的目的。

(3)动态性原则。自然灾害从发生、发展到结束的过程是不断变化的,因此,要求应急资源配置方案具有较好的弹性,可以随着自变量时间的调整而不断进行适应性的变化,以满足变化性需求。

(4) 系统性原则。从表面上看,应急资源的配置"杂乱而匆忙",但整个运行过程是严格按照预案进行的,会充分考虑各部分之间的有机联系,将应急点、需求点及中间环节、辅助环节作为一个整体来看待,保障了问题的系统性考虑和解决。

(5) 时间性原则。应急资源配置应根据不同区域灾害事件发生的可能性和造成损失的严重程度,以及现有资源总量,确定资源的存放位置和数量,以达到损失尽可能小、反应时间尽可能快、覆盖范围尽可能大的目的。

7.2 基于"供给-需求"的动态配置一体化路径

对于自然灾害的需求判断,主要从承灾体指标和灾情指标两个维度来衡量。其中承灾体指标包括目标区域的人口与经济状况两项;灾情指标构成如图7-1所示。

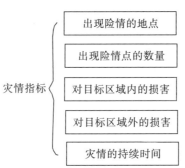

图7-1 灾情指标构成示意图

对灾情初始形态的研判并不能代表灾情发展的全部,可依据情景分析呈现灾害的未来情景,根据不同状态选取理想的动态配置模式。需求与供给的匹配关系是动态配置模式选择的基础依据。可将自然灾害对资源的需求分为中低度需求、高度需求和极高度需求三类,资源供给分为中低效率供给和高效率供给两类。基于资源供给和需求的组合形成的情景如下。

(1) 高效率供给-中低度需求。考虑到自然灾害对一个区域的影响是广泛的,最可能的状态是在一定范围内会存在若干个需求点(灾害点),严重程度一般差别不大,总体可控,事实上,各个地区的责任主体对自然灾害的应急防护措施都比较严密,容易满足应急需求。若应急点在位置、内部储备资源的种类和数量方面均能满足风险点产生的需求,则实行单应急点-多需求点模式即可(单应急点-单需求点的情形过于简单,无须设计模型)。

(2)高效率供给-高度需求。自然灾害发生时,需求点对应急资源的需求程度高,需要整体合理地供给资源,以满足延缓灾情、挽回损失、恢复目标的要求。其标志是时间紧迫、资源需求的种类和数量庞大、行车路线选择存在一定的难度。该种情况往往对应多个需求点同时出现,且受次生灾害的影响,需求点对资源的需求出现复合要求。对应的供给存在两种情况:①供给系统是中等效率或低效率的,这种匹配不能达到最终施救目的,不是最佳方案,可以抛弃。②供给系统是高效率的,通过科学运行,可以实现预案设定的目标。这是本书研究的目标,可以通过多个应急点的高效一体化联动来应对多方需求,形成多应急点-多需求点的模式。

(3)高效率供给-极高度需求。若只出现唯一的灾害点,但需求特别紧迫,应调用多应急点,按照一体化运行规则实现供给。

(4)中低效率供给-中低度需求。中低度需求是指需求点对资源的依赖性较低,标志是时间紧迫性减缓、需求资源的种类和数量相对较少、行车路径选择余地较大,此时可考虑时间与成本。同时,供给系统存在一定瑕疵(如设计的一体化系统和谐程度不高),即效率是中等甚至是低下的,单一供给点在整体效能上不能满足该需求点的需求,而需要多个应急点的联动合作,形成多应急点-单需求点的模式(至于多应急点-多需求点的情况,在高效率供给-高度需求情景中已经解决)。尽管该种情况在现实中常常发生,但中低效率供给不是动态配置一体化应有的特征,因此,这种情况不在本书研究的范围内。

(5)中低效率供给-高度需求。供给和需求存在严重不匹配,不符合现代自然灾害应急管理的实际,该种情况不在讨论范围之内,因为无论资源如何配置,均不能实现目标。若将其纳入考虑的范畴,也只能出现多应急点供给-多灾害点需求的情形,这在高效率供给-高度需求情景下已解决。

综上所述,依据需求紧迫性与供给的能力,可对变化状态下的情形进行集合,从而形成基于灾情变化的一体化模式群,见表7-1。

表 7-1 动态一体化模式集合

序号	情景特征	模式选择	备注
1	配置系统优秀,效率高;需求一般,易满足	模式 1 单应急点-多需求点	多应急点供给无必要,且第二种情况有论述
2	配置系统优秀,效率高;需求强烈,有次生灾害发生	模式 2 多应急点-多需求点	最通用的模式
3	配置系统优秀,效率高;需求极强烈,需要多应急点协同	模式 3 多应急点-单需求点	极少见的模式
4	配置系统一体化效果不明显,效率一般;需求不强烈,易满足	模式 4 多应急点-单需求点	由配置系统的设计与运行造成

模式 1、模式 2 和模式 3 是优秀的一体化配置系统,也是本书设计的一体化动态模式要实现的目标;模式 4 则表明路径设计存在一定的缺陷,未体现一体化的本质,需要改进。

以需求情景为基础,以资源配置过程管理为依据,将表 7-1 中阐述的单应急点-多需求点配置、多应急点-多需求点配置与多应急点-单需求点配置作为动态一体化核心内容。协调三者关系,使之成为运作有序的统一体,是实现资源动态配置目标的关键。

任何灾害救援都是围绕可减缓性、可挽救性与可恢复性来进行的。可减缓性是指事件可以被减缓的程度,包括争取的时间和减少的损失两个维度;可挽救性是对可能造成损失的补救效果的度量;可恢复性则是事件结束后恢复到自然状态的程度,有时间和成本两个维度。针对匹配的灾害时,模式 1、模式 2、模式 3 均能实现可减缓性、可挽救性与可恢复性的目标,结合经济性原理,在实现的过程中要进行模式的适当转化。

此外,对于每一种模式而言,存在环节间的一体化协同问题,这是高效率供给的关键,其协调关系体现在具体的模型中。

7.3 多动态情景的应急资源协同配置模型

配置模式因情景需求而存在,情景因匹配模式而得以改善。情景是一体化配置的设计基础,其本质体现为供给-需求关系。针对情景变动,设计三个基于不同约束条件的模型,可以从数量上解决灾情对资源的动态需求与供给问题。

7.3.1 单应急点-多需求点模型

对于高效率供给-中低度需求的情景,只考虑单应急点-多需求点模式,可以从数量模型方面进行分析,增强说服力。

7.3.1.1 问题描述

高效率供给-中低度需求的单应急点-多需求点模型中应急点和需求点的位置分布如图 7-2 所示。此模型研究从应急点到需求点的应急物资动态调度问题,以解决救援物资配送最优路径选择和应急点最优运力配置问题。

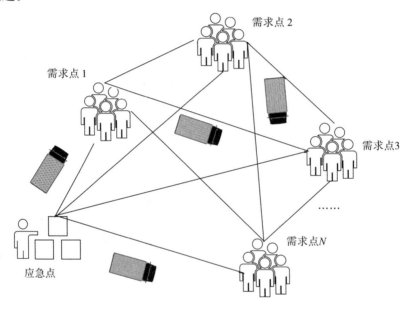

图 7-2 高效率供给-中低度需求的单应急点-多需求点位置分布图

7.3.1.2 模型假设

(1) 应急点到各需求点以及各需求点之间的路况可知,即已知行驶时间和费用。

(2) 每个需求点的物资需求量已知。

(3) 不同的应急物资可以使用相同的容量计量单位,且可用同一辆救援车运送,每辆救援车的容量有限。

(4) 救援物资配送路径为往返路径,即出发点是应急点,经过至少一个需求点后返回应急点,且配送路径的行驶时间不能过长,行驶时间过长则认为该路径不可行驶。

7.3.1.3 变量定义

高效率供给-中低度需求的单应急点-多需求点模型中使用的变量符号及其定义见表 7-2。

表 7-2 变量符号及其定义

变量符号	定义
t	时间跨度，单位为小时，$t=1,2,\cdots,T$
k	救援车数量，$k=1,2,\cdots,K$
r	救援路径，$r=1,2,\cdots,R$
i	需求点编号，$i=1,2,\cdots,N$
$d_i(t)$	时段 t 内，需求点 i 的物资需求量
D_i	需求点 i 的物资总需求量
$b(t)$	时段 t 内，物资到达应急点的数量
e_{rk}	救援车 k 通过路径 r 的行驶费用
T_{rk}	救援车 k 通过路径 r 的行驶时间
C_k	救援车 k 的容量
T_m	行驶时间上限，行驶时间超过 T_m 的路径不可通行，即 $0 < T_{rk} \leqslant T_m$
$Z_{rk}(t)$	$Z_{rk}(t) = \begin{cases} 1, \text{时段 } t \text{ 内，救援车 } k \text{ 通过路径 } r \\ 0, \text{时段 } t \text{ 内，救援车 } k \text{ 不通过路径 } r \end{cases}$
$m_{irk}(t)$	时段 t 内，救援车 k 通过路径 r 向需求点 i 运送物资的数量
$S_i(t)$	时段 t 内需求点 i 的物资未满足量
P_i	需求点 i 对物资未满足的惩罚系数
$w_i(t)$	时段 t 内需求点 i 物资未满足的总惩罚值，$w_i(t) = P_i \cdot \dfrac{S_i(t)}{D_i}$
Q_i	需求点 i 对物资需求未满足的惩罚值上限
ω	灾情指数，$\omega \geqslant 1$，灾情越严重，该值越大

7.3.1.4 模型构建

应急物资配送的主要目标是总的需求点的损失最小化和总的车辆调度费用最小化。为实现此目标，设置期望权重 λ_1 和 λ_2，满足 $\lambda_1 + \lambda_2 = 1$。

目标函数：

$$\text{Min} F = \lambda_1 \sum_{i \in N} \sum_{t \in T} (w_i(t))^\omega + \lambda_2 \sum_{r \in R} \sum_{t \in T} \sum_{k \in K} (e_{rk} Z_{rk}(t)) \quad (7\text{-}1)$$

约束条件：

$$d_i(t) = D_i - \sum_{\tau=1}^{t-1}\sum_{r \in R}\sum_{k \in K} m_{irk}(\tau), \forall i \in N, t \in T \quad (7\text{-}2)$$

$$\sum_{i \in N}\sum_{r \in R}\sum_{k \in K} m_{irk}(t) \leqslant \sum_{\tau=1}^{t} b(\tau) - \sum_{\tau=1}^{t-1}\sum_{i \in N}\sum_{r \in R}\sum_{k \in K} m_{irk}(\tau), \forall t \in T \quad (7\text{-}3)$$

$$\sum_{t \in T}\sum_{r \in R}\sum_{k \in K} m_{irk}(t) \geqslant D_i, \forall i \in N \quad (7\text{-}4)$$

$$\sum_{i \in N} m_{irk}(t) \leqslant C_k \cdot Z_{rk}(t), \forall r \in R, t \in T, k \in K \quad (7\text{-}5)$$

$$S_i(t) = d_i(t) - \sum_{r \in R}\sum_{k \in K} m_{irk}(t), \forall i \in N, t \in T \quad (7\text{-}6)$$

$$w_i(t) = P_i \cdot \frac{S_i(t)}{D_i}, \forall i \in N, t \in T \quad (7\text{-}7)$$

$$w_i(t)^\omega \leqslant Q_i, \forall i \in N, t \in T \quad (7\text{-}8)$$

$$0 < T_{rk} \leqslant T_m, \forall r \in R, t \in T \quad (7\text{-}9)$$

$$Z_{rk}(t) = \begin{cases} 1, \text{时段 } t \text{ 内，救援车 } k \text{ 通过路径 } r \\ 0, \text{时段 } t \text{ 内，救援车 } k \text{ 不通过路径 } r \end{cases} \quad (7\text{-}10)$$

$$b(t), Q_i, m_{irk}(t) \geqslant 0, \forall i \in N, r \in R, t \in T, k \in K \quad (7\text{-}11)$$

约束条件(7-2)表示在 t 时段内，需求点对物资的需求量等于总需求量减去 $t-1$ 时段的物资量。约束条件(7-3)表示 t 时段内运送的物资量不能大于应急点现有的物资总量。约束条件(7-4)表示所有时段内所有运力对需求点 i 所配送的物资总数要满足需求点 i 的总需求。约束条件(7-5)表示每个时段配送救援车辆有容量限制。约束条件(7-6)表示需求点 i 对物资未满足量函数。约束条件(7-7)为需求点 i 的总体惩罚值函数。约束条件(7-8)表示时段 t 内需求点的物资惩罚值不能超过上限。约束条件(7-9)表示救援车配送路径的行驶时间不能超过上限。式(7-10)为 0-1 变量约束条件,式(7-11)为变量的取值约束条件。

7.3.1.5 算法设计

算法设计是整数规划问题，由于研究复杂度较高，采用传统分支定界法等整数规划解法的计算量和计算难度较大，因此采用启发式算法求解。采用两阶段改进粒子群(particle swarm optimization, PSO)算法求解方法。

第一阶段，采用遍历二叉树搜索方法，计算每条路径 r 的行驶时间，根据约束条件(7-10)，选择可用路径组成可行路径集合 W。具体算法步骤如下：

---

for each $T_{rk} \neq \infty, \forall k \in K$
Calculate L_r (travel time of route r);

if $L_r \leqslant T_m$
　　　　$r \in W$ (set of available routes);
　　　End if
　end for

第二阶段,采用 PSO 优化算法,计算不同救援车数量情况下,每个时段的配送路线和每个需求点的物资分配量。通过第一阶段的计算,得到可行路径集合 W。设救援车数量为 K, $x_i(t)$ 表示 t 时段内救援车向需求点 i 配送的物资数量,为决策变量。该变量满足 $x_i(t) = \sum_{k \in K} m_{irk}(t)$ 以及约束条件(7-6),可计算出可行路径集合 W 中各路径的行驶费用和需求点的损失。具体算法步骤如下:

Set $K, W, \lambda_1, \lambda_2, \omega, D, C_k, P_i, b(t), Q_i$
$T=1$, $S=1$
While $S>0$
　for each r, $r \in W$
　　Set partnum, iterations, c_1, c_2, ω'
　　Initialize particle x_j
　　for each particle x_j
　　　Evaluate particle x_j and get $pbestj = X_j$
　　end for
　　$gbest = \min\{pbestj\}$
　　while not stop
　　　for $j=1$ to partnum
　　　　update the velocity and position of particle x_j;
　　　　Evaluate particle x_j;
　　　　If $f(X_j) < f(pbestj)$
　　　　　$pbestj = X_j$;
　　　　if $f(pbestj) < f(gbest)$
　　　　　$gbest = pbestj$;
　　　end for
　　end while
　　print $gbest$

calculate $f(gbestr)$, get the min$f$
end for
calculate $w_i(t)$;
$S=w_i(t)$;
$T=T+1$;
end while

7.3.1.6 示范算例

A_0 为灾害应急点,其所服务的对象为五个需求点 A_1,A_2,A_3,A_4,A_5,应急点到需求点的行驶时间(费用)矩阵见表 7-3。时间单位是小时,费用单位是元。其中,符号 ∞ 表示两点之间道路不通。

表 7-3 应急点到需求点的行驶时间(费用)矩阵

	A_0	A_1	A_2	A_3	A_4	A_5
A_0	0	11.25(300)	6.25(167)	7.5(200)	10(267)	7.5(195)
A_1	11.25(300)	0	∞	∞	7.5(198)	7.92(212)
A_2	6.25(167)	∞	0	3.33(89)	∞	4.58(122)
A_3	7.5(200)	∞	3.33(89)	0	∞	2.92(78)
A_4	10(267)	7.5(198)	∞	∞	0	9.25(165)
A_5	7.5(195)	7.92(212)	4.58(122)	2.92(78)	9.25(165)	0

应急点到需求点的行驶时间矩阵 L 为

$$L = \begin{bmatrix} 0 & 11.25 & 6.25 & 7.5 & 10 & 7.5 \\ 11.25 & 0 & \infty & \infty & 7.5 & 7.92 \\ 6.25 & \infty & 0 & 3.33 & \infty & 4.58 \\ 7.5 & \infty & 3.33 & 0 & \infty & 2.92 \\ 10 & 7.5 & \infty & \infty & 0 & 9.25 \\ 7.5 & 7.92 & 4.58 & 2.92 & 9.25 & 0 \end{bmatrix}$$

应急点到需求点的行驶费用矩阵 E 为

$$E = \begin{bmatrix} 0 & 300 & 167 & 200 & 267 & 195 \\ 300 & 0 & \infty & \infty & 198 & 212 \\ 167 & \infty & 0 & 89 & \infty & 122 \\ 200 & \infty & 89 & 0 & \infty & 78 \\ 267 & 198 & \infty & \infty & 0 & 165 \\ 195 & 212 & 122 & 78 & 165 & 0 \end{bmatrix}$$

需求点对物资的需求量分别为 $D=[600,500,400,300,100]$，救援车单位容量 C_k 均为 200，需求点物资未满足惩罚系数 $P_i=1000$，每时段物资到达应急点的数量 $b(t)=700$，各需求点物资需求未满足的惩罚值上限 $Q_i=10000$，灾情指数 $\omega=1$。

根据第一阶段遍历二叉树搜索方法，得到可行路径集合 W 与对应的行驶时间和费用，见表 7-4。

表 7-4 可行路径与对应的行驶时间和费用

序号	可行路径	行驶时间	费用
1	A_0—A_1—A_0	22.5	600
2	A_0—A_2—A_0	12.5	334
3	A_0—A_3—A_0	15	400
4	A_0—A_4—A_0	20	534
5	A_0—A_5—A_0	15	390
6	A_0—A_2—A_3—A_0	17.08	456
7	A_0—A_2—A_5—A_0	18.33	484
8	A_0—A_3—A_5—A_0	17.92	473
9	A_0—A_2—A_3—A_5—A_0	20	529

根据第二阶段 PSO 优化算法，计算 $K=1$ 时的应急物资配置方案，见表 7-5。

表 7-5 $K=1$ 时应急物资配置方案表

序号	可行路径	各需求点配送量					需求点损失	路径费用	费用合计
		A_1	A_2	A_3	A_4	A_5			
1	$A_0 A_2 A_3 A_5 A_0$	0	73	72	0	55	4124.00	529	4653.00
2	$A_0 A_4 A_0$	0	73	72	200	55	3457.30	534	3991.30
3	$A_0 A_3 A_0$	0	73	272	200	55	2957.30	400	3357.30
4	$A_0 A_3 A_5 A_0$	0	73	400	200	100	2187.30	473	2660.30
5	$A_0 A_2 A_0$	0	273	400	200	100	1787.30	334	2121.30
6	$A_0 A_2 A_0$	0	473	400	200	100	1387.30	334	1721.30
7	$A_0 A_4 A_0$	0	473	400	300	100	1054.00	534	1588.00
8	$A_0 A_1 A_0$	200	473	400	300	100	720.70	600	1320.70
9	$A_0 A_1 A_0$	400	473	400	300	100	387.30	600	987.30
10	$A_0 A_1 A_0$	600	473	400	300	100	54.00	600	654.00
11	$A_0 A_2 A_0$	600	500	400	300	100	0.00	534	534.00

当采用一辆救援车时，所有需求点物资都需要经历 11 个时段，行驶时间之和 $\sum_{r \in R}\sum_{k \in K} T_{rk} = 197.9$ 小时，总费用为 23588.50 元。因此，采用一辆救援车满足各需求点的需求时间较长，费用较高。使用此模型和方法时，可通过设置不同的救援车数量进行计算和对比分析，选择合适的救援车数量。

本节针对高效率供给-中低度需求的情况，提出单应急点-多需求点救灾物资动态配置模型，以车辆调度费用最小化和需求点灾情损失最小化为优化目标，构建非线性规划模型，并设计两阶段改进 PSO 优化算法。第一阶段，采用遍历二叉树搜索方法，计算每条路径 r 的行驶时间；第二阶段，利用 PSO 算法，确定配送路线与各需求点的物资分配量。示范算例验证了模型的有效性，最终方案的选择能够更好地适应具体的应急资源配置，为高效率供给-中低度需求的单应急点-多需求点救灾物资动态配置提供有效解决方案。

7.3.2 多应急点-单需求点模型

在高效率供给-极高需求情景下，需求点虽然单一，但需求量非常大，单一的高效率应急点不能满足需求点的需要，要求选择若干应急点加入资源供给行列，提供复合资源，以应对现实的需求。此种情景一般对应灾情严重的单需求点面临的多种救灾物资短缺。

7.3.2.1 问题描述

高效率供给-极高需求的多应急点-单需求点模型中应急点和需求点位置分布如图 7-3 所示。

设 $A_i(i=1,2,\cdots,n)$ 表示 n 个应急（出救）点，A 表示灾害点，$X_j(j=1,2,\cdots,m)$ 表示灾害点所需要的 m 种救灾物资，$x_j(j=1,2,\cdots,m)$ 表示灾害点对 m 种救灾物资的需求量，X_{ij} 表示应急点 A_i 对物资 X_j 的现有库存量，x'_{ij} 表示第 i 个应急点对第 j 种物资的实际供应量，t_i 表示从 A_i 到 A 所需要的时间，C_{ij} 为应急点 A_i 运送一车物资 X_j 到 A 所需要的运输成本。此种情境下，如何确定满足救灾需要的应急点数量和应急点提供物资的数量，使得应急点数量最少，救援时间最短，是本小节模型要解决的主要问题。

第 7 章 基于灾情变化的动态应急资源配置维度模型

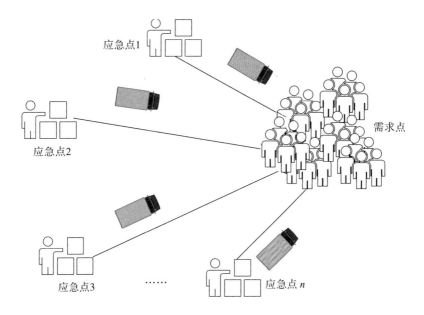

图 7-3 高效率供给-极高需求的多应急点-单需求点位置分布图

7.3.2.2 模型假设

(1) 应急点多个，需求点 1 个。

(2) 需求点所有需求已知，其需求不发生变化，包括需求的种类和数量，一般以需求的峰值作为潜在的需求数量。

(3) 物资储备量充足，能够满足需要。不同应急点联动能较好地满足需求点的需求，应急点与生产商联动能快速地对消耗的物资进行补充。

(4) 灾害信息完备、准确。一般区域对灾害的预警预测设备投入都比较大，监测能力较强，加之未造成不可控制的后果，能在较短的时间内确定需要的信息。

(5) 不考虑运输途中的意外事件。灾害还没有造成全面的影响，对区域交通的影响不是十分严重，可以在预案中选择合理线路和替代线路。

(6) 救灾物资的消耗速度为非匀速，与救灾应急管理阶段的转换有关，$f_j(t)$ 记为物资 j 的消耗速度。

通过对"多应急点-单需求点"自然灾害情景下灾害特性与灾害需求的分析，上述假设条件均具有较强的合理性，有较强的现实意义。

7.3.2.3 模型构建

设调度方案 $B=\{b_j\}(j=1,2,\cdots,m)$,其中, $b_j=\{(A_i,x'_{ij})\}(i=1,2,\cdots,n)$ 表示第 j 种物资的应急调度方案。记所有的物资调度方案集合为 Ω,运输成本为 $C(B)$,运输时间为 $T(B)$。此种情景下,模型有两个目标,即运输成本最小和运输时间最短。在非匀速连续消耗的多目标救灾物资调度中,对于 $\forall t_k \in [t_j, t_k]$,都存在 $\sum_{i=1}^{n} x_{ij}^{t_k} \geqslant \int_0^{t_k} g_j(t) dt$,称调度方案 B_j 关于应急开始时间 t_{sj} 连续可行,其中 $\sum_{i=1}^{n} x_{ij}^{t_k}$ 为 t_k 之前到达应急点的应急物资数量,而 $\int_0^{t_k} g_j(t) dt$ 为灾害发生后至 t_k 时刻所需要消耗的救灾物资数量。

$$\begin{cases} f_1 = \min T(B) \\ f_2 = \min C(B) \end{cases}$$

$$\text{s. t.} \sum_{j=1}^{m} x'_{d_i j} = x$$
$$0 < x'_{d_i j} < x_{d_i j}, j=1,2,\cdots,m \quad (7\text{-}12)$$
$$\sum_{i=1}^{n} x_{ij}^{t_k} \geqslant \int_0^{t_k} g_j(t) dt, j=1,2,\cdots,m$$
$$c_{d_i j} > 0, t_{d_i j} > 0$$

其中, $\{d_i\}(i=1,2,\cdots,n)$ 为数列 $1\sim n$ 的一个排列,表示某方案选择的应急点; $x'_{d_i j}$ 表示从 n 个应急点中挑选出的一个排列中第 d_i 个应急点来提供第 j 种物资参加应急的数量。同时,要求灾害发生时,应急点提供的物资数量必须不少于灾害发生时需求点救灾物资的累计消耗量。

7.3.2.4 算法设计

针对本小节构建"高效率供给-极高需求的多应急点-单需求点模型"的多目标、非线性特征,采用启发式混合遗传算法(hybird genetic algorithm,HGA)进行求解,算法设计流程如图 7-4 所示。

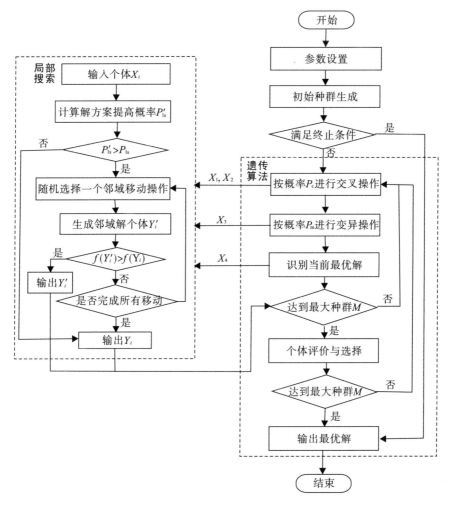

图 7-4 混合遗传算法设计流程示意图

(1)染色体编码。染色体编码是问题解方案向编码的映射。工程问题状态空间和遗传算法编码空间是一一对应的。常用的编码方法有二进制 0—1 编码、序列编码、实数编码和自适应编码等。本书根据问题特征构成采用实数编码,将应急点 A_i 提供的救灾物资 j 的数量 x'_{ij} 以及从应急点到需求点所需时间组成的变量作为基因,进行编码 (i, x'_{ij}, t_i),构造染色体,形成"多应急点-单需求点"模型的解方案。随机产生一定数目(N)的个体,形成初始种群。由于初始种群数目取值会影响算法性能与效率,种群数目太小会导致算法求解效率降低,种群数目太大会使计算复杂度激增,因此需设定适中的种群数目。

(2)适应度函数构建。适应度函数是用来评价方案优劣的标准。本小节考虑"高效率供给-极高需求的多应急点-单需求点"的应急资源动态配置建模问题,由于原问题为异量纲的双目标优化问题,首先通过归一化操作对其进行无量纲化处理,公式如下:

$$U(f) = w_1 U_T(T(B_i)) + w_2 U_C(C(B_i)) \tag{7-13}$$

$$U_T(T(B_i)) = \frac{T_{\max}(B_i) - T(B_i)}{T_{\max}(B_i) - T_{\min}(B_i)}, U_C(C(B_i)) = \frac{C_{\max}(B_i) - C(B_i)}{C_{\max}(B_i) - C_{\min}(B_i)} \tag{7-14}$$

其次,利用效用函数加权算子将其转化为单目标优化问题。由于目标函数为极小值求解,而适应度函数的构造是以最大化作为依据,因此,归一化后的目标函数构造适应度函数为

$$f_i(B_i) = \text{fitness}(B_i) = \frac{1}{U(f)} = \frac{1}{w_1 U_T(T(B_i)) + w_2 U_C(C(B_i))} \tag{7-15}$$

(3)遗传算子操作。适应度函数作为评价解方案优劣的标准,通过优化目标函数和效用函数构造,HGA 的寻优过程则主要通过遗传算子实现,主要包括复制、交叉和变异操作,实现可行解域的方案寻优和优胜劣汰。

①选择算子。本节算法中采用轮盘赌选择策略,通过计算个体适应度函数值,确定个体在下一代出现的概率,适应度值高的个体具备较高复制概率。由于前文已构造适应度函数,将目标改为最大化,因此,可以通过适应度函数值,计算个体 B_i 被选择复制到下一代的概率 P_s 为

$$P_s(B_i) = \frac{f_i(B_i)}{\sum_{i=1}^{N} f_i(B_i)} \tag{7-16}$$

②交叉算子与变异算子。与选择算子用来保留优秀个体的优胜劣汰思想不同,交叉算子则通过交叉操作生成新的个体,进而实现搜索域的扩张,变异操作则通过变异算子实现解方案更新。交叉和变异概率对于算法性能影响较大。较大的交叉概率能够增强算法的搜索能力,但可能导致优秀基因被破坏;交叉概率过小,会使搜索过程变得缓慢,容易陷入局部最优。变异概率过大,会使算法变为纯粹随机搜索算法;变异概率过小,不容易产生新的个体。因此,选择合适的交叉变异算子和概率,对算法的求解十分重要。本节采用自适应两点交叉算子和自适应变异算子,随机产生两个位置不同的变异点,通过等位基因互换实现变异操作,交叉和变异操作依据个体适应度值调整个体更新概率,其交叉概率 P_c 与变异概率 P_m 的计

算公式如下：

$$P_c = \begin{cases} P_{c1} - \dfrac{(P_{c1} - P_{c2})(f' - f_{avg})}{f_{max} - f_{avg}}, & f' \geqslant f_{avg} \\ P_{c1}, & f' < f_{avg} \end{cases} \quad (7\text{-}17)$$

$$P_m = \begin{cases} P_{m1} - \dfrac{(P_{m1} - P_{m2})(f' - f_{avg})}{f_{max} - f_{avg}}, & f' \geqslant f_{avg} \\ P_{m1}, & f' < f_{avg} \end{cases} \quad (7\text{-}18)$$

其中，f_{avg} 为当前种群的平均自适应值；f_{max} 为当前种群的最大适应度值；$P_{c1}=0.9, P_{c2}=0.6, P_{m1}=0.1, P_{m2}=0.001$。

(4) 局部搜索策略。为提高算法的求解质量和搜索效率，解决遗传算法搜索的随机性问题，本部分提出的混合遗传算法引入局部搜索策略，如图 7-4 所示，在探索给定解方案邻域的基础上，通过发现局部最优解，加快搜索效率。局部搜索策略的寻优性能主要依赖邻域结构和初始解。针对局部邻域搜索，为达到全局最优，可采用模拟退火算法实现多点并行搜索，同时采用确定性的局部极小突跳策略。针对"多应急点-单需求点模型"问题特征分析，设计基于邻近互换的邻域搜索结构，针对选择基因位，识别该基因位对应解方案最近的 n_c 个解，以概率 P_{ls} 随机不重复地选择邻域解方案，直到发现更优解或探索完邻域内解时终止操作。

7.3.2.5 示范算例

假如某地区发生突发自然灾害，需要三种应急物资，为应对某一特定重点部位的灾害，设置三个应急点，分别为 A_1, A_2, A_3，该灾害点（需求点）记为 A。若 A 发生预案中的灾害，则应急点消耗每种应急物资的速度函数分别为 $g_1(t) = -t^2 + 10t, g_2(t) = -t^2 + 12t, g_3(t) = -t^2 + 8t$。在满足时间和成本均最小化的条件下向需求点运送资源，实现高效率供给-极高需求的多应急点-单需求点救灾物资供应。为测试不同种群数目对最优目标结果的影响，分别设置种群大小为 20、40、60、80、100，实验结果见表 7-6。

表 7-6 种群数目对实验结果的影响

种群大小 N	应急时间（小时）	应急费用（元）	最短救助时间（小时）	算法运行时间（秒）
20	9	1530	3.8	3.5
40	7.5	1610	3.5	4.2
60	6.8	1303	3.2	5.1
80	8	1498	3.1	6.4
100	7	1292	3.5	6.8

可见，随着种群数目的增加，算法运行时间增加，在种群为60、交叉概率为0.9、变异概率为0.06的条件下，得到最优解为12.90、13.10、13.30，最小化应急成本为1303元，最短救助时间为3.2小时。在高效率供给-极高需求的多应急点-单需求点的救灾情境下，可通过实验选择合适的种群大小，利用本小节模型与算法动态配置应急救灾资源。

本小节针对灾情严重的单需求点面临多种救灾物资短缺，同时由多应急点服务的情景，提出高效率供给-极高需求的多应急点-单需求点模型。针对多应急点-单需求点模式，从物资的库存量、需求量、实际供应量和应急时间及运输成本等方面出发，构建基于运输时间和运输成本的多目标规划模型，利用加权算子处理多目标问题，并设计混合遗传算法进行求解。该模型综合考虑时间和成本的双目标要求，模型简单，便于应用 MATLAB 等软件快速求解[197]。最终方案的选择考虑了专家对于不同灾害情形下应急时间和运输成本的权重约束，能够更好地适应具体的应急资源配置，可以较好地做到具体问题具体分析、不同问题不同对待。

7.3.3 多应急点-多需求点模型

当灾情发生后，往往不是由一个应急点来满足资源供给，而是由多个应急点供给集成，这种情况称为多起点供给，即根据自然灾害事件发展态势，单体应急点不能满足需求点对资源种类或数量的需求，必须由相联系的多应急点协作起来共同实现对需求的满足。

多起点供给和需求是现今应急管理的主要发展方向。通过合理建立或挑选应急点并储备合理种类、数量的应急资源，在灾害出现时调度给一定应急区域的不同需求点(灾害点)。尽管事前对该区域的需求进行了周密预测，但由于自然灾害具有多变性，仍然可能出现供需失衡，需要对多起点供给和需求进行深度挖掘。

多起点供给具有协调性、互补性、组合性、跨区域性等特点。协调性反映了多起点供给的复杂程度，要求相关的应急点组织、协调起来，有效率地完成既定供给任务；互补性体现了联合供给的必要性，如资源类别、信息资源等需共享；组合性主要指机器设备组合成为能发挥效率的应急设备资源；跨区域性则反映了应急资源的布局和覆盖范围问题。其中，协调性是实现该模式资源动态配置的关键。

灾情出现时的多点需求对应资源需求的复杂阶段,称为高度需求。当灾情造成的危害非常严重时,需要多点、多种应急资源协同配合实现有效供给。例如,1998年三江洪灾期间,调用了多个应急点的大部分相关资源。对于自然灾害而言,构建多应急点-多需求点(灾害点)的有效资源配置模式,可有效完成危急条件下的应急救灾工作,实现较理想的预期目标。高效率供给-高度需求的多应急点-多需求点模型中应急点和需求点位置分布如图7-5所示。

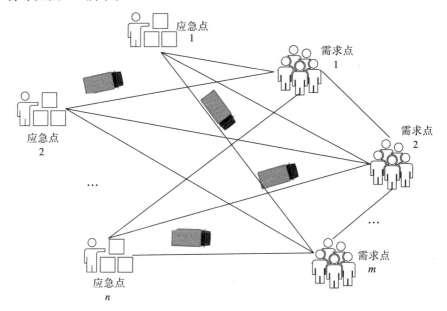

图 7-5　高效率供给-高度需求的多应急点-多需求点位置分布图

下面从模型和数量关系上来分析多应急点供给-多灾害点需求的动态应急资源配置问题。

7.3.3.1　模型准备

假设需求点集合为 $H = \{H_1, H_2, \cdots, H_n\}$,对应的应急资源需求量集合为 $R = \{r_1, r_2, \cdots, r_n\}$,应急点集合为 $E = \{E_1, E_2, \cdots, E_m\}$,对应的应急资源可用量集合为 $S = \{s_1, s_2, \cdots, s_m\}$。

某种应急方案给定为

$$P = \begin{bmatrix} p_{11} & p_{12} & \cdots & p_{1m} \\ p_{21} & p_{22} & \cdots & p_{2m} \\ \vdots & \vdots & \ddots & \vdots \\ p_{n1} & p_{n2} & \cdots & p_{nm} \end{bmatrix} \quad (7\text{-}19)$$

其中，$p_{ij}(i=1,2,\cdots,n;j=1,2,\cdots,m)$ 为需求点 H_i 实际得到的来自应急点 E_j 的应急资源量，需求点 H_i 的局部应急预案对应该整体预案矩阵的第 i 行向量 $P_{i\cdot}=(p_{i1},p_{i2},\cdots,p_{im})$，应急点 E_j 向各需求点提供的应急资源配送预案为该整体预案的第 j 列向量 $P_{\cdot j}=(p_{1j},p_{2j},\cdots,p_{nj})^{\mathrm{T}}$。若某需求点 H_i 具备自救能力，即不需要应急点配送资源，其对应的向量 $P_{i\cdot}$ 为零向量；若某应急点 E_j 未参与应急资源配送，其对应的向量 $P_{\cdot j}$ 为零向量。

7.3.3.2 模型条件

在应急资源配置过程中，必须考虑两个重要因素，一是应急资源配送时间，二是应急资源消耗带来的后续应急资源配置动态变化[199]。记应急点 E_j 配送应急资源到需求点 H_i 需要的时间为 $t_{ij}(j=1,2,\cdots,m)$，应急资源的消耗速度为 v。要保证给定应急预案 P 可行，在满足各需求点不存在资源竞争的条件下，还必须满足如下条件：

(1) 对于需求点 H_i，应急过程中任意时刻已经送达的应急资源总量大于该时刻的资源消耗量，即对 $\forall t \in [t_i^0, t_i^0 + \frac{r_i}{v}]$，有

$$\sum_{k \in \{j|t_{ij} \leqslant t\}} p_{ik} \geqslant v \times (t - t_i^0)(i=1,2,\cdots,n;j=1,2,\cdots,m) \quad (7\text{-}20)$$

其中，t_i^0 表示需求点 H_i 的应急开始时间，此时需求点 H_i 的应急预案 $P_{i\cdot}$ 开始执行。为方便起见，记需求点 H_i 的基于应急开始时间 t_i^0 的所有可行应急预案 $P_{i\cdot}$ 的集合为 $P_{i\cdot}^0$。

(2) 对整个应急预案系统而言，每一个需求点 H_i 都至少存在一种可行方案 $P_{i\cdot}$，即对 $\forall P_{i\cdot} \in P_{i\cdot}^0$，有

$$\sum_{i=1}^{n} p_{ij} \leqslant s_j (j=1,2,\cdots,m) \quad (7\text{-}21)$$

7.3.3.3 模型目标

对于一个应急预案系统整体而言,系统的稳定可行性、预案的应急时间和应急成本是必须考虑的三个因素。在上述应急预案整体可行的情况下,应急资源配置预案研究是一个多目标决策问题。在本书中,只考察应急时间最短和费用最小两个目标,采用一定的决策者权重将二者规划为一个总目标。其中,应急时间主要考察整体应急预案与各局部最优资源配送相对的应急最早开始时间的延长量之和;应急费用实际就是在整体应急预案中应急物资运送到各需求点的费用之和。假设 $\hat{t}_i^0$ 表示在不存在资源冲突的情况下(全局最优)需求点 H_i 的应急最早开始时间,$\tilde{t}_i^0$ 表示在不考虑其他需求点的情况下(独立最优)需求点 H_i 的应急最早开始时间,给定协调系数(调节权重)$\varepsilon>0$,则在保证整体应急预案可行和独立应急预案可行的条件下,模型的最高目标函数为

$$\min Z(P) = \sum_{i=1}^{n}(\hat{t}_i^0 - \tilde{t}_i^0) + \varepsilon \sum_{j=1}^{m}\sum_{i=1}^{n} p_{ij}c_j \quad (7\text{-}22)$$

式中,c_j 表示为应急点 E_j 提供的应急物资的单价;$p_{ij}c_j$ 为需求点 H_i 实际得到的来自应急点 E_j 的应急物资配送费用。

7.3.3.4 模型的约束条件

为了避免各需求点的资源竞争,要求各需求点的来自应急点 E_j 的应急物资配送量之和小于应急点 E_j 所能提供的物资储备量,即

$$\sum_{i=1}^{n} p_{ij} \leqslant s_j, p_{ij} \geqslant 0, i=1,2,\cdots,n; j=1,2,\cdots,m \quad (7\text{-}23)$$

对每个需求点而言,其内层目标主要考虑应急最早开始时间。对需求点 H_i 而言,其应急最早开始时间应为应急物资的配送时间与应急物资可供消耗的时间之间的最大可能差值。其中,应急物资的配送时间是指应急物资在应急系统中由应急点 E_j 到达需求点 H_i 的配送时间;应急物资可供消耗的时间是指在给定应急点 E_j 的配送物资到达需求点 H_i 之前,现有应急物资可供消耗的时间。为了体现时间最优的策略,在选择应急点向需求点配送物资时,总是希望到达时间最短的首先参与配送。因此,对需求点 H_i 而言,有必要首先对各应急点到达需求点 H_i 的应急物资配送时间进行排序。假设按照静态到达时间由短到长排序后的配送时间向量记为 $T_i^* = (t_{ij}^k)_{1\times m}$,其中,$t_{ij}^k(i=1,2,\cdots,n; j=1,2,\cdots,m; k=1,2,\cdots,m)$ 表示由应急点 E_j 配送物资到达需求点 H_i 的时间 t_{ij} 在所有应急点配送物资

到达需求点 H_i 的时间排序中位列第 k 位。相应地,把应急点 E_j 配送物资到达需求点 H_i 的可用配送物资数量记为 $P^*_{\cdot j}=(p_{ij}^k)_{n\times 1}$。于是,在总目标函数已经确定的条件下,若需要参与配送应急物资的应急点数量为 l,则该目标函数可以设定为

$$\min_{P_{i\cdot}\in P}(P_{i\cdot})=\max_{k=1,2,\cdots,l}\left(t_{ij}^k-\sum_{k=1}^{l-1}\frac{p_{ij}^k}{v}\right) \quad (7\text{-}24)$$

因此,对于需求点 H_i 而言,有以下约束条件:该需求点现有需要配送应急物资的总量应大于前 $l-1$ 个应急点的已配送应急物资总量,不大于增加第 l 个应急点物资配送量后的应急物资配送总量;同时,还应该保证整个应急预案系统的物资配送总量满足需求点 H_i 的物资配送需求,即

$$\sum_{k=1}^{l-1}p_{ij}^k<r_i\leqslant\sum_{k=1}^{l}p_{ij}^k,\ \sum_{j=1}^{m}p_{ij}\geqslant r_i,\ i=1,2,\cdots,n;j=1,2,\cdots,m$$
$$(7\text{-}25)$$

7.3.3.5 模型构建

对整体可行的应急预案 P,其资源优化配置模型可描述为

$$\min Z(P)=\sum_{i=1}^{n}(\hat{t}_i^0-\tilde{t}_i^0)+\varepsilon\sum_{j=1}^{m}\sum_{i=1}^{n}p_{ij}c_j$$

$$\text{s.t.} \sum_{i=1}^{n}p_{ij}\leqslant s_j \quad (7\text{-}26)$$

$$p_{ij},s_j\geqslant 0, i=1,2,\cdots,n;j=1,2,\cdots,m$$

$$\min_{P_{i\cdot}\in P}(P_{i\cdot})=\max_{k=1,2,\cdots,l}(t_{ij}^k-\sum_{k=1}^{l-1}\frac{p_{ij}^k}{v})$$

$$\text{s.t.} \sum_{k=1}^{l-1}p_{ij}^k<r_i\leqslant\sum_{k=1}^{l}p_{ij}^k \quad (7\text{-}27)$$

$$\sum_{j=1}^{m}p_{ij}\geqslant r_i$$

$$p_{ij},r_i\geqslant 0;i=1,2,\cdots,n;j=1,2,\cdots,m$$

在目标函数 $\min Z(P)$ 中,时间和费用的单位尽管不统一,但可以通过效用函数与无量纲化操作进行统一度量,且经过 ε 的调节,可以对二者的权重实现平衡,不影响计算的结果。此外,该过程相对比较繁杂,此处仅给出理论模型。

7.3.3.6 算法设计

本模型以应急时间和应急成本作为系统整体考察的主要因素,设计了

基于系统协调优化和应急时间最短的联合目标模型的两阶段蚁群算法。考虑到问题模型包含时间约束和资源能力约束两个方面，本求解算法也从时间约束和资源能力约束两个方面构建蚁群算法的启发信息。具体而言，针对任意需求点进行资源配置时，优先选择配送时间短、可用资源多的应急点进行物资配送，即启发信息与配送时间 t_{ij} 成反比，与应急点的可用资源数量 s_j 成正比，其定义为

$$\eta_{ij} = \frac{s_j}{t_{ij}} \tag{7-28}$$

当选择由应急点 E_j 向需求点 H_i 配置物资数量 p_{ij} 时，记为边 $i-j$，此时依据下述公式进行信息素更新，即

$$\tau_{ij}(\text{iter}+1) = (1-\xi)\tau_{ij}(\text{iter}) + \xi\tau_{ij\_0} \tag{7-29}$$

其中，$\tau_{ij}(\text{iter})$ 为第 iter 步迭代时边 $i-j$ 上的信息素含量；τ_{ij_0} 为对应边上初始信息素含量；ξ 为信息素挥发速度，$0<\xi<1$。对于任意需求点 H_i，如果蚂蚁选择由应急点 E_j 进行物资配置，应满足

$$j = \arg\max(\tau_{ij}^{\alpha} \cdot \eta_{ij}^{\beta}) \tag{7-30}$$

式中，α 为蚂蚁激素的权重因子，表示蚂蚁受激素影响的程度；β 为启发函数权重因子，表示蚂蚁受启发函数影响的程度。具体流程如图 7-6 所示。

基于配置时间获得的需求点 H_i 的最优物资配置应急点集合 $EH_i = \{E_a, E_b, E_c, \cdots\}$。从配置费用的角度进行第二阶段蚁群算法构建，其启发信息则从需求点的应急资源需求量和应急点的资源配置费用两个方面着手构建。具体而言，针对任意应急点 E_i，对第一阶段确定的最优资源配置关系的需求点进行资源配置时，优先满足应急资源需求量大且供应单价较低的需求点，即启发信息与供应单价成反比，与需求点应急资源需求量成反比，具体定义为

$$\eta'_{ij} = \frac{r_i}{c_j} \tag{7-31}$$

采用与第一阶段相同的信息素更新方法，进行第二阶段蚁群算法的信息更新。具体流程如图 7-7 所示。

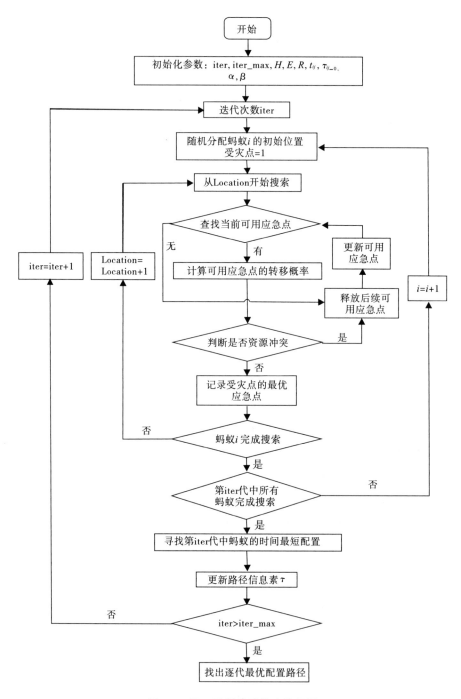

图 7-6 第一阶段蚁群算法流程图

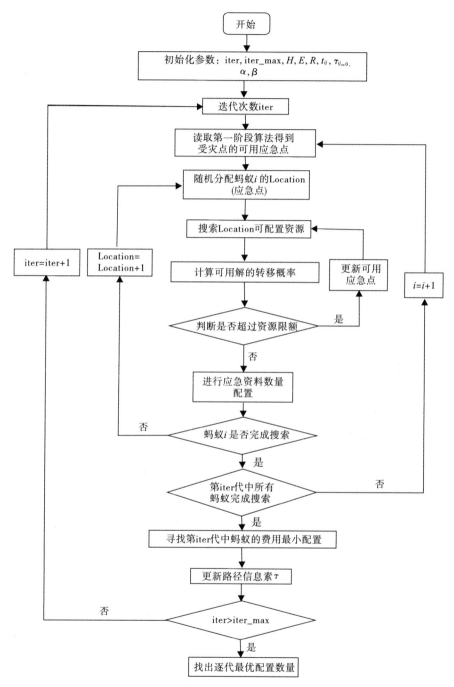

图 7-7 第二阶段蚁群算法流程图

7.3.3.7 模型算例

假设某次自然灾害应急资源协同配置中需求点集合 $H=\{H_1,H_2,H_3\}$，对应的应急资源需求量集合为 $R=\{r_1,r_2,r_3\}=\{300,330,250\}$，应急点集合为 $E=\{E_1,E_2,E_3\}$，对应的应急资源可用量集合为 $S=\{s_1,s_2,s_3\}=\{400,360,430\}$，应急点应急物资的单位价格为 $C=\{c_1,c_2,c_3\}=\{3,8,6\}$，应急点配送应急物资到达需求点的时间（$t_{ij}$）矩阵为

$$t=\begin{bmatrix}2 & 3 & 1\\4 & 2 & 4\\3 & 1 & 2\end{bmatrix}$$

基于 MATLAB 仿真软件对上述算法进行仿真实验，取协调系数 $\varepsilon=0.4$，共进行 5 次测试，测试结果见表 7-7。

表 7-7 算例测试结果

实验序号	应急时间(秒)	应急费用(元)	模型最高目标函数值	算法运行时间(秒)
1	8	1530	1535.2	5.6
2	6	980	984	8.9
3	7	1240	1244.6	6.1
4	9	2100	2105.8	6.8
5	8	1620	1625.2	7.3

7.3.3.8 模型结论

针对多应急点-多需求点模式下的资源配置，对需求点应急物资需求量和应急点应急资源可用量进行数据分析，考虑到应急资源配送时间和应急物资消耗带来的后续应急资源配置动态变化，将系统可行性、预案应急时间和应急成本作为系统整体考察的主要因素，构建基于系统协调优化和应急时间最短的双层目标动态规划模型。该模型在充分考虑应急系统整体优化的基础上，在内层对应急点参与物资配送的局部最优给予充分约束，以协调最优为最终目标，很好地实现了整体与局部的协调发展，既使系统整体实现最优，又照顾到各应急点的物资实际情况和局部利益；同时，设计基于系统协调优化和应急时间最短的联合目标模型的两阶段蚁群算法，基本克服了模型算法的时间复杂度等局限。

一般情况下，对动态应急资源的配置体现在灾情出现后，由于存在心情急迫、慌乱决策，集中供给、不计成本，灾情变化、方案依旧的困境，未必能取得救援的效果，更谈不上经济成本上的节约。通过对可能情况下多种

模型的一体化设计,可依据灾情的变化,采用马尔可夫决策方法,及时选用适合的模式,实现模式的动态调整。

7.4 小结

本章重点研究在应对不同灾情变动的情况下,基于供给-需求的应急资源动态一体化协同配置问题。本部分涉及理论支持、模型构建、逆向资源配置等问题。理论支持强调实际需求评估、资源供给能力确认、协同能力检查的重要性,是实现各环节协同关系的基础;针对供给效率和需求的关系变化,分别对高效率供给-中低度需求的单应急点-多需求点模型、高效率供给-极高度需求的多应急点-单需求点模型、高效率供给-高度需求的多应急点-多需求点模型进行过程分析,并进行算例仿真与验证。

第8章　基于灾情变化的逆向资源配置

8.1　正向应急资源配置和逆向应急资源配置

8.1.1　正向应急资源配置及动态优化

应急资源的正向配置主要是指自然灾害事件发生时,以减灾、救助为主要目的的应急资源调度过程,注重在事故发生时,在最短的时间内作出相应的救援方案以及相应的资源调度方案[200]。在正向应急资源配置中,资源流向是从生产到需求的,属于需求拉动式配置。正向应急资源配置流程和车辆行驶线路如图 8-1 所示。

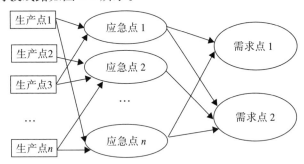

图 8-1　正向应急资源配置流程和车辆行驶线路图

正向应急资源配置的核心环节包括应急资源储备、应急救助架构确定、应急资源配置方案制定与动态调整和应急资源配置方案的实施。应急资源配置是过程复杂的资源分配和调度活动,大部分工作环节需要在极短的时间内完成,以保证有限的应急资源及时到达应急需求点,进而被科学、合理和高效地利用。

8.1.1.1　应急资源储备

据中国政府网(www.gov.cn)信息,截至 2021 年 5 月,在应急物资储备布局上,为应对不断变化的灾害需求,国家层面的应急保障能力不断强化,国家级应急储备库的数量由 57 个增至 113 个,覆盖 31 个省(自治区、直辖市);物资储备种类由 124 种增至 165 种;储备规模接近 45 亿元,能较好地联动,以应对国内可能发生的主要灾种。各省(自治区、直辖市)均有相应的储备库,按照储备靠近一线的原则,各地将储备库、储备点向基层前置,全国范围内统一的救灾物资储备网络基本形成,初步形成了方便快捷的储存、调运、接收、发放、回收衔接的救灾物资调度体系。相关应急管理部门负责规划、建设应急资源储备库,确定应急资源储备库的库存量,保证应急资源的储备水平,建立、更新和维护储备物资数据库。应急管理部门会同相关部门根据预测和实际需求,动态调整应急资源储备计划,及时补充和调整相关物资储备。应急物资储备主要采用实物储备和能力储备相结合的模式,可采取应急物资代储、物资合同储备和生产能力储备的方式来提升应急资源储备的整体能力。

8.1.1.2 应急资源配置主体架构

应对自然灾害时,作为应急资源配置主体,应急救援指挥机构在资源分配和调度中起关键作用。这一过程需要应急指挥中心、前线指挥(基层一线指挥)中心、应急指挥协调网络体系和指挥中心平台等关键要素构成的架构作支撑。

(1)应急指挥中心。应急指挥中心是应急救援架构的中枢,汇集了政府部门的领导人员、管理专家、技术专家和其他相关人员,承担着灾情会商、研判和决策的职能。重大自然灾害发生时,依据应急响应级别,各级政府都应启动相应的响应,按照应急规则成立应急指挥协调中心。

(2)前线指挥(基层一线指挥)中心。该中心承担着一线指挥协调的职能,同时对接后方指挥中心的指导。作为直接负责具体抢险救灾任务推进实施的指挥机构,前线指挥中心或基层一线指挥中心更接近灾害现场,对灾害的危害和救援需求的把握更为准确,对应急资源的调度更为精准。按照属地管理和统一指挥管理原则,所有其他级别委派的组织和人员都应融入前线指挥中心,接受统一指挥。

(3)应急指挥协调网络体系。应急指挥协调网络体系具体包括硬件设备、软件资料和指挥规则,集各应急指挥协调机构于一体。体系中的有关机构应遵循如下行为方式:厘清上下关系,照应前后关系,协调左右关系,兼顾条块关系,理顺内外关系,遵循主线关系,实行统一指挥。

(4)指挥中心平台。指挥中心平台是支撑指挥中心正常运转的基础,包括网络技术平台和基础设备平台。前者包括应急通信网络、数据网络、信息网络以及统计分析网络等;后者包括通信设备、视频设备、控制系统等。指挥中心平台最关键的要求是及时、共享和安全。及时体现的是信息传送的时效性;共享要求拥有权限的主体都能分享关键信息;安全则要求重要信息不遗漏,需暂时保密的信息不外漏、不超范围传输等。

8.1.1.3 应急资源配置方案的制定与动态调整

应急资源配置方案是指灾情发生后,根据灾情进展情况,确定应急资源的需求类型、数量和时间要求,掌握应急资源空间分布和存储规模,对应急资源出救点、资源数量分配、运输方式、运输路径规划等作出可行决策,形成可执行的应急工作文件。应急资源配置方案是自然灾害应急管理的核心内容,也是应急资源分配和调度的指导性文件,其制定要求充分汇集灾情信息及外部信息,集中各领域的专业人才和团队,而且方案须经过周密研判才能确定实施。

由于自然灾害事件具有持续变化性和次生性,因此,灾害初期的应急资源需求具有较大的不确定性和复杂性,运输条件和气候环境的变化等也要求应急资源配置决策应随着时间的推移而不断调整。初期的自然灾害应急资源配置充分体现了弱经济性和强时效性,将生命救援置于最高地位;在灾情后期,灾害影响得到了较好控制,关键救援已经完成,应急资源需求逐渐明朗清晰,资源供应能力和可达性也更强,可以将保障供应与成本优化结合考虑,尤其将可能发生的逆向资源配置考虑进去。因此,在应急资源正向配置过程中,应根据灾情的发展变化呈现不同的阶段性特征,将优化方向主要集中在应急资源配置方案的逐步调整和配置的具体实施上。

8.1.2 逆向应急资源配置及其流程

作为应急资源配置中的重要环节,逆向应急资源配置对全流程资源配置效率有验证的作用。资源配置过程科学高效,则逆向配置简单快捷;资源配置过程烦冗低效,则逆向配置复杂高耗。实践中,逆向资源配置往往被应急管理者轻视或忽视,这显然是一种短视行为。本书将自然灾害中的逆向应急资源配置定义为:应急资源在受灾现场被使用与消耗后,经过重新收集、分类整理,被循环利用或被无害化处理后废弃、再制造或直接进入原流程系统或新的指定系统,最终由特定应急点进行存储或回到生产点作为新的生产原料。该过程强调两点:一是资源节约和循环利用,即对存在一定价值的资源要进行合理的再利用;二是环境保护,应将绿色配置理念最大限度地考虑进去,将应急资源的功效发挥到极致,同时将其对环境的影响降至最低。逆向资源配置是一个有计划、低成本、高效率的控制过程,需要将其列入一体化的配置系统。

从表面上看,逆向应急资源配置可以不作为应急资源配置的必备环节,给人的印象是此时的资源不再是"应急"的,而是"处理后备用或弃用"的,是自然灾害事件处理完成之后对前期超配资源和耐用应急资源的合理处理,是资源后期的理性处理。但从本质上来看,它是应急资源优化配置的延伸,是动态配置优化和下轮次资源配置的重要组成部分。

逆向应急资源配置主要包括回收、改变状态和无害化处理。这保证了资源可持续利用和对环境的有效保护,是应急管理中的重要一环。

回收是指将响应阶段超配和可以再利用的资源收集起来,重新进行适当的储备,是灾害事件处理完成后剩余耐用应急资源的主要处置方式。回收不但可以减少资源的浪费,而且可以节省大量社会资源,提高社会的节约意识。

改变状态是针对已经使用的资源而言的,其已经部分改变了原有功能与形态,若恢复至初始状态,则所耗费的成本大于其本身可以利用的价值。对于这类资源,可以根据恢复重建阶段的重建规划和后续发展需要,进行合理的形态改变,将其暂时储备或使用于其他场合。

无害化处理是针对灾害事件处理完成后已无使用价值的资源而言的。为有效保护环境和减少次生事件的发生,对已经失效的资源应进行无害化处理,减少对环境的污染。

与需求拉动式的正向应急资源配置相反,逆向应急资源配置沿着成品或废品向库存地、维修地或原料生产地的方向移动,是典型的推动式配置。此外,二者在作业内容上也存在很大的差别,其中资源流经的节点和车辆的行驶路径可能是最大的区别。

根据图8-2,可以将逆向应急资源配置的流程简要描述如下:

逆向应急资源配置的发生存在两种情况:一是已经运送到需求现场的资源经过使用但尚有使用价值,或暂存于现场而没有被使用;二是按照原方案运往需求地的资源因现场的需求变化而停止运往原目的地,需要重新处置。这两种情况在图 8-2 中均有反映,二者的配置流程也存在一定差异。

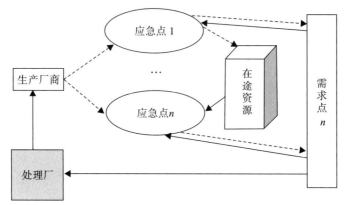

图 8-2　逆向应急资源配置流程和车辆行驶线路图

第一种情况:对于已经使用过的应急资源,确有使用价值的,一般首先需要运往处理厂,经过相关处理后,运往生产厂商作为生产其他资源的原材料,或重新配置到相关应急点(不一定是原先出运的应急点)。对于没有使用过的资源,一般直接进入合适的应急点(以运输方便、过程成本低廉、匹配该种资源的库存为原则,或由主管部门统一协调),作为应急资源的一部分重新配置。

第二种情况:按照适宜性原则,一般直接配置到相关应急点,经过一定的整理、分类、包装后重新入库配置。

这里的"适宜性"有以下几个标准:

一是经济性。以该批资源配置入库管理的总成本大小作为重新配置的标准,即如果有若干个应急点,经测算,将资源入库配置的总成本为 TC_i ($i=1,2,\cdots,n$),则目标应急点为 $\min TC_j$ ($j=1,2,\cdots,m, m \leqslant n$)。

二是急需性。由于应急点所处的地理位置不同,担负的功能亦有很大的区别,再加上资源生产和运输存在诸多问题,因此,对某种资源的可获得性难度加大。若该需要重新配置的资源符合此类要求,目标应急点就容易确定。

三是就近性。在应急资源配置中,一个区域的资源联动配置是至关重要的。灾害发生后,应急点之间要形成一种联动支援态势,以最方便、经济的方式实现资源的配置互补。在这种情况下,未被使用的资源按照就近性原则配置到相关应急点就顺理成章了,这充分体现了一体化的协同配置。

8.2 逆向应急资源配置的途径

8.2.1 逆向应急配置资源确定

以洪水灾害救援后的资源逆向配置为例,可将众多应急资源分为三大类:防控工程、防控工程巩固、补缺等物资 w_1,起重车辆、船只等机械设备 w_2,人员救灾需要的食品、药品等物资 w_3。其中,w_3 属于日常易耗资源,投入使用后进行的逆向配置为无害化处理,不具有重新配置的实际意义;w_2 属于大型设备类,可能会出现一定程度的磨损,经过一定处理和零部件的更换后,其功能不会出现大的变化,基本具有初始价值;w_1 涉及的资源种类比较多,相当一部分回收处理后具有一定的使用价值,但恢复到原状的可能性小,需要区别对待。

8.2.2 应急资源进入一体化系统的途径

灾害需求点的已用资源经过处理后可以分为以下几类:①与资源的原始状态一样,具有完全的原始价值;②出现了价值的部分减损,能作为此类资源的辅助部分使用;③基本失去了原有的价值。

第一类、第二类逆向应急资源是重新配置的对象,但二者的配置流程存在较大差异。

对于第一类逆向应急资源,可以充分利用一体化配置体系,使资源通过动态配置途径直接进入常态储备库或运回协议生产商仓库,实现再配置,如图 8-3 所示。

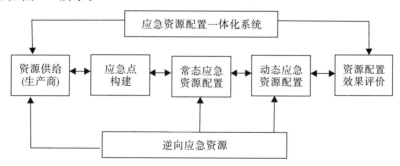

图 8-3 第一类逆向应急资源的配置

对于第二类逆向应急资源,可以通过如图 8-4 所示的途径实现配置。

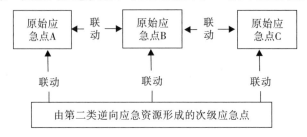

图 8-4　第二类逆向应急资源的配置

从上述逆向应急资源进入一体化体系的途径可以看出:具有完全原始价值的逆向应急资源可以直接进入一体化协同系统的供给环节、常态资源配置环节或动态资源配置环节。对于具有部分价值的逆向资源,适合建立次级应急点进行储备。这部分资源虽不直接进入系统,但可用于实现和原始应急点的联动,作为这些应急点的补充储备,以满足后续可能产生的应急需求。

8.3　逆向应急资源配置的结果及优化

8.3.1　逆向应急资源配置的结果

从应急资源配置的程序上来看,逆向应急资源配置似乎不是其组成部分;但若从结果往前逆推,则能发现以前的资源配置方案存在诸多问题或对下一轮的资源配置产生较大影响,因此需要认真对待逆向配置。

8.3.1.1　对应急资源配置流程的影响

正常资源配置是由生产地到应急点(资源储备点)再到灾害需求点,资源规格、车辆调配、线路选择和资源接收与在库管理均有确定性,配置过程效率较高。而逆向配置流程具有特殊性,不可能完全使用原有的正向渠道和模式,需要对其流程、资源接收、在库管理实行例外原则,保证过程管理的一体性。这就要求在对逆向资源配置的流程进行综合设计时充分考虑与正向配置流程的对接。

8.3.1.2　对信息共享的影响

将生产方、应急点、运输方和需求点纳入信息共享范围是应急资源配置的根本要求。由于逆向配置的存在,逆向流程节点也应作为系统信息集成的重要部分,享有系统运行的充分信息,同时,要处理好与正向渠道主体的关系。

8.3.1.3 对车辆调配的影响

一般而言,逆向资源比较分散,其数量往往具有一定的不确定性,影响车辆配置和行车路线,进而影响车辆使用效率。逆向配置的车辆调度应纳入一体化系统,实现多运输主体协同。

8.3.1.4 对资源一体化配置管理的影响

原有资源一体化配置包括资源常态配置、资源动态配置和资源配置协调管理三部分。其主要环节有应急点建设环节、资源生产环节、应急点资源配置环节、资源动态调运环节和灾害点需求分析环节,无法构成循环路径;若将逆向资源配置纳入其中,考虑灾害需求后的资源流向管理问题,则构成一条合理的循环路径。除路径外,逆向资源进入配置系统后,行为主体承担的责任、应急点的建设数量与位置、调运线路的选择、运输工具的使用等均有较大的变化。

8.3.1.5 对经济效益与社会效益的影响

对逆向资源配置的有效管理能产生积极的经济效益与社会效益,主要体现为系统配置成本明显降低。资源逆向配置能充分利用资源的全部价值,减少可能存在的资源浪费,创造一条逆向资源进入配置渠道的新途径。更为重要的是,将逆向配置作为资源配置的有机组成部分,加强其与关联环节的协调配合,机制性地控制资源配置的速率、种类与数量,能使逆向配置的资源总量保持在合理的范围之内。此外,逆向资源配置的存在能唤起全社会的资源节约意识,为可能产生的诸多灾害提供持续的资源。

8.3.2 逆向应急资源配置的优化

逆向应急资源配置不是资源的简单回收与利用,而是资源的复杂再配置过程,需要在流程的各个环节进行有效的安排,以实现特定的目标。

8.3.2.1 重视逆向资源配置的体制与机制建设

体制建设上,应明确应急管理机构设计和管理权的划分。在机构设置和职责划分上,要明确各机构的相互关系,具体做法是:实现上下左右管理关系一体化,上下是指国家、省、市、县、乡的资源逆向配置管理关系;左右是指同级机构的协同关系。机制是指目标的结构和工作原理,事件发生时实现目标的策略、方法和手段,它服务于体制,又能在一定程度上弥补体制设计的不足。健全体制与机制可为逆向资源配置提供制度保障。

8.3.2.2 明确逆向资源配置的责任主体

灾情发生时,有多元主体在资源配置过程中发挥作用,其中,政府既是责任主体,又是管理主体。在逆向资源配置阶段,政府是逆向资源配置的主体,发挥核心作用,同时制度化地引入其他参与主体,创造多元主体进入逆向应急资源配置体系的客观环境和条件,用法律、政策明确各主体的责权协同与配合关系,用制度化的管理模式和信息共享平台来规范各方行为。

8.3.2.3 有效处理环节间的融合问题

在原有资源配置系统中,由于没有将逆向资源配置问题纳入体系,出现了逆向资源配置与既有的资源配置系统不融合的问题,形成了资源逆向配置上的障碍。如何将逆向资源配置融入生产环节、应急点配置环节、调运环节,掌握动态数量关系、逆向资源配置路径与正向资源配置路径的联动问题等均属于融合中的难题。此外,逆向资源配置的主体应树立强烈的责任意识,更看重非紧急状态下的可用资源配置,以实现资源的可重复利用与应急状态下资源配置的持续性为目标。

8.4 小结

本章结合逆向资源配置的特点,对逆向资源配置流程与配置途径进行探讨。逆向资源配置沿着成品或废品向库存地、维修地或原料生产地的方向移动,是典型的推动式配置。具有完全原始价值的逆向资源可以直接进入一体化协同系统的供给环节、常态资源配置环节或动态资源配置环节。对于具有部分价值的逆向资源,适合建立次级应急点进行储备。这部分资源虽不直接进入系统,但可用于实现和原应急点的联动,作为这些应急点的补充储备,以满足后续可能产生的应急需求。逆向资源配置对资源配置的流程、信息共享、车辆调配、一体化管理、经济效益和社会效益等方面均产生较为明显的影响,需要从体制机制完善、责任主体关系和多环节融合等方面加以优化。

第 9 章　多维式应急资源协同配置模型构建

9.1　多维式应急资源协同配置系统

9.1.1　多维式应急资源协同配置的优化思想

自然灾害具有典型的地域相关性特征,各地区在经济协同发展的同时,容易忽视自然灾害跨区域综合防御体系建设。由于自然灾害的发生与地理环境、气候条件等密切相关,不同地区面临的自然灾害类型和程度也会有所不同。各地区更倾向基于本地经济发展水平来构建自然灾害应急防御体系,而对跨区域综合防御体系的建设关注度较低。这可能导致面对跨区域自然灾害时,应急资源配置缺乏协调和合作,资源分配不均衡。

应急资源配置过程受多元主体共同影响,所涉及环节包括资源集聚、组织、利用等。为使应急资源发挥最大效益,有必要借鉴协同理论,寻找可以使大量复杂子系统通过子系统间的协同作用,形成具有一定功能、呈自组织结构特征的复合系统,使整个系统从无序走向有序。

9.1.2　多维式应急资源协同配置的子系统结构

从微观层面看,自然灾害应急资源配置是实现现存应急资源在时空上的合理布局,主要受常态应急资源配置、动态应急资源配置、逆向应急资源配置三个阶段的共同影响。从宏观层面看,自然灾害应急资源配置是对整个社会应急资源投入产出的动态规划,除了受以上三个阶段的影响,它还必须服从社会可持续发展和国民经济效率最大化的总体目标。同时,科技的进步对其也有深远影响。因此,可将微观层面的常态、动态、逆向三个阶段的应急资源配置看作一个完整的应急资源子系统。一个完整的自然灾害应急资源协同配置系统结构如图 9-1 所示。

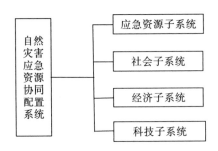

图 9-1 自然灾害应急资源协同配置系统结构

多维式应急资源协同配置系统是由多元配置阶段构成的一个复杂系统,如图 9-2 所示。

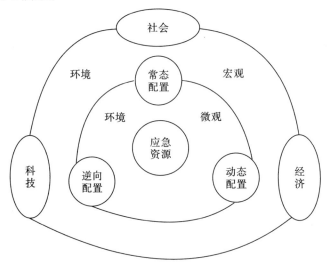

图 9-2 多维式应急资源协同配置系统的组成要素

各子系统是相互联系和相互支撑的,按照协同配置系统设定的目标运行发展,从宏观层面促进系统结构的有序演化,并呈现自组织结构特征。

9.2 系统协同效应的实现

9.2.1 系统协同效应模型

应急资源协同配置系统的序参量是一系列影响因素相互作用的产物,在临界状态下决定系统的有序结构和功能行为,支配系统由不稳定运作状态向有序运作状态的转化。在序参量影响下,系统协同效应的实现主要表现为组织管理、人力资源、技术、资金四方面的协同,用模型表示如下:

$$F = f(f_1(a), f_2(b), f_3(c), f_4(d)) \quad (9\text{-}1)$$

式(9-1)显示了一个简单系统协同效应模型的框架。可以将系统协同效应抽象地理解为一系列影响因素的共同作用,这些作用可能是线性的,也可能是非线性的,存在多种多样的复杂作用路径与作用关系,且各因素的影响程度也可能因每次具体的灾后救援难度而有所不同,需要在把握模型系统思想的同时予以具体分析。

9.2.2 系统协同效应组成要素

(1)组织管理协同。组织管理协同强调的是子系统重组和组织体制建立,即实现子系统在时间、空间和功能结构上的重构,在意识、态度和行为上进行真正的合作;以整体利益最大化为目标,建立各方认可的利益分配机制,优化资源配置和利用,实现子系统内部的有序和系统间的融合。

(2)人力资源协同。人力资源是应急资源协同配置的管理者和践行者,各子系统关联主体的协同程度影响资源协同配置的效率和效果。在子系统内部,由不同层次的人力资源支撑着系统的有效运行,实现不同子系统之间的同层级协同或跨层级协同需要建立强有力的协同协调小组,充分利用不同人员的优势开展资源配置工作。

(3)技术协同。技术是支撑系统运转和资源精细化、高效化配置的核心要素,在不同子系统内部起着不可替代的作用。例如,应急资源子系统中的库存技术、装载技术和调运技术等,社会子系统中的应急设施建造和维护技术,经济子系统中的分析工具,科学技术子系统中的高新技术等。可以通过不同技术之间的合理组合与匹配,实现集成系统的应急资源配置功能。

(4)资金协同。应急资源资金主要来源于国家拨款与社会捐助。对于整个协调配置系统而言,资金协同首先指各子系统在应急资源配置过程中对应急资源配置的主要目标有一致的资金使用投向,以保证系统主体功能的实现;其次,要协调资源互补配置的种类和数量,避免重复配置引起的资金占用和浪费。

9.3 基于超效率 SBM-DEA 模型的多维式应急资源协同配置研究

应对自然灾害的多维式应急资源协同配置研究大致可分为三类：

第一类研究详细分析自然灾害的时空分布特征。Baronetti 等[252]采用标准化降水蒸散指数(standardized precipitation evapotranspiration index，SPEI)和标准化降水指数(standardized precipitation index，SPI)研究 1965—2017 年意大利波河流域的主要干旱事件，发现该地区 2003 年之前的干旱主要由水体蒸发异常引起，而近 20 年的干旱主要由降水量过少以及降水频率较低引起。Valente 等[253]对美国龙卷风的时空分布进行动态分析，发现龙卷风灾害的发生与气候模式变化之间存在紧密联系，而人类活动对自然环境的影响是气候模式改变的直接原因。张新毅等[254]以安徽省的地质灾害为研究对象，运用 DEA 模型对地质灾害防治投入和产出进行量化评估，发现该地区地质灾害发生主要集中在 2005 年，地质灾害的空间分布特征为西南部的山地和丘陵地区较高，中北部丘陵平原区较低，地质灾害的发生与降雨量有直接关联。韩兰英等[255]构建了灾害风险指数——综合损失率，并且对甘肃省的自然灾害时空分布特征进行研究，发现甘肃省自然灾害的发生率随着时间推移不断提高，干旱是该地区风险最高、造成损害最严重的自然灾害，气候变化是导致甘肃省气象灾害风险提高的重要原因。黄晶等[256]通过对长三角城市群的洪涝灾害脆弱性进行评估，发现该地区洪涝灾害脆弱性以太湖为界呈现出南高北低的特点，分布具有明显的地域聚集特征，浙江东南沿海和安徽南部丘陵地区的脆弱性明显较高。陈晓艺等[257]研究安徽省气象灾害的时空变化特征，发现该地区气象灾害发生率逐年降低，淮北地区、皖南地区和大别山区自然灾害发生率较高，沿淮、江淮等地区很少发生自然灾害，未来该地区干旱灾害的发生率将会降低，而风雹、雪灾等自然灾害的发生率将由下降趋势转变为平稳或上升趋势。

第二类研究详细分析自然灾害对自然环境与农业生产的影响。Lioutas 等[258]介绍了自然灾害对农业的影响，认为政府部门应该出台相应政策帮助农民，确保其在受到自然灾害影响时能够改变经营模式，降低自然灾害对农作物减产的影响，保障农民的基本生活条件。Thierry 等[259]发现，随着气候环境的恶化以及自然灾害的发生，非洲国家农作物产量持续下降,且全球变暖提高了非洲地区干旱灾害的发生率;与发达国家相比,贫穷国家农业发展对气候变化和自然灾害的敏感性更强。于小兵等[260]详细分析了中国1970—2014年气象灾害对粮食产量的影响,发现1990—2009年间气象灾害对粮食产量的影响最为显著;与其他类型的自然灾害相比,旱灾和洪灾对粮食产量的影响最大。吴洪珍[261]对湖南省2009—2016年农业灾害风险进行评估后发现,该地区过度投入排灌动力机械和农业柴油,不仅没有提高农业抗旱防灾能力,而且因为资源配置不合理而导致农业产出不足。麻吉亮等[262]通过研究大量农业灾害研究成果发现,近年来中国气象灾害成灾率不断下降,而生物灾害逐年加重,自然灾害区域差异性明显,客观气象因素和主观人为因素的相互作用是引起农业灾害的主要原因。周侃[263]将暴雨、洪涝等自然灾害纳入农业生产功能指向的资源环境承载力评价体系当中,发现滨海平原、台地及低丘缓坡等地区的资源环境承载力较高,自然灾害发生率较低,适合从事农业生产活动。

第三类研究详细分析自然灾害对地区经济的影响。Anwar等[264]研究发现,严重自然灾害会对共建"一带一路"国家的财政状况产生负面的影响,贸易开放、外国直接投资与经济活动能够使共建国家财政保持平衡,有效提升其自然灾害应对能力。Chaiechi[265]研究发现,与发达国家相比,发展中国家受制度和治理水平影响,更加容易受到自然灾害的影响;与地质灾害相比,气象灾害对宏观经济的影响更加显著;自然灾害所导致的贫穷会影响人们的身体健康和心理健康,会降低该地区劳动力资源质量,进一步提高该地区失业率。张正涛等[266]通过研究武汉市2016年7月6日大暴雨洪涝灾害发现,提高灾后重建资金数额或灾后重建效率能够明显改善灾后经济恢复能力,缩短灾后经济恢复期,二者共同提高能够取得更加良好的效果。孔锋[267]研究发现,自然灾害不仅会对受灾对象的经济发展产生直接影响,还会通过区域间贸易波及其他国家和地区,增强受灾对象经济系统自身恢复能力,能够降低灾害在短期内所造成的经济损失,保障其应对外界干扰与打击的能力。宋妍等[268]研究汶川地震对重灾区经济恢复所造成的长期间接影响后发现,受灾区恢复较快与政府对该地区的固定资产投资有直接关联,但也有部分地区因为灾后重建产生大量负债导致后期投资动力不足,地区就业率较低,难以拉动地区经济增长。郭静等[269]研究发现,从整体来看,政府救灾支出的提高能够缓解自然灾害对经济发展的抑制作用;分区域来看,政府救灾支出能够有效促进东部地区和西部地区的灾后经济恢复,但是不利于东北地区的灾后经济恢复。

9.3.1 超效率 SBM-DEA 模型

决策单元(DMU)多投入、多产出的投入产出效率值可以通过数据包络分析法进行评价,基础 DEA 模型主要有两个,分别为基于规模报酬不变假设的 CCR(Charnes-Cooper-Rhodes)模型和基于规模报酬可变假设的 BCC(Banker-Charnes-Cooper)模型。由于投入产出变量中的松弛变量可能不为零,最终测算的决策单元效率值存在误差。超效率 SBM 模型不会因为投入松弛变量的存在而高估决策单元的效率值,与传统 DEA 模型相比,能够更加有效地对决策单元的效率值进行准确的评估。本书根据超效率 SBM-DEA 模型的特点,使用研究对象原始投入、产出相关数据测算其全要素生产率。主要运用模型为投入角度规模报酬可变的超效率 SBM 模型,其数学模型为

$$\min \rho_{SE} = \frac{\frac{1}{m}\sum_{i=1}^{m}\frac{x'_i}{x_{ik}}}{\frac{1}{s}\sum_{r=1}^{s}\frac{y'_r}{y_{rk}}} \quad (9\text{-}2)$$

$$\sum_{j=1,j\neq k}^{n} x_j \lambda_j \leqslant x'_i \quad (9\text{-}3)$$

$$\sum_{j=1,j\neq k}^{n} y_j \lambda_j \leqslant y'_r \quad (9\text{-}4)$$

$$\sum_{j=1,j\neq k}^{n} x_{ij} \lambda_j + s_i^- = x_{ik}, i = 1,2,\cdots,m \quad (9\text{-}5)$$

$$\sum_{j=1,j\neq k}^{n} y_{rj} \lambda_j - s_r^+ = y_{rk}, r = 1,2,\cdots,s \quad (9\text{-}6)$$

$$\sum_{j=1,j\neq k}^{n} \lambda_j = 1, x'_i \geqslant x_k, y'_i \leqslant y_k$$

$$y \geqslant 0, \lambda \geqslant 0, s_i^- \geqslant 0, s_r^+ \geqslant 0 \quad (9\text{-}7)$$

其中,ρ_{SE} 代表全要素生产率,投入变量和产出变量分别用 x 和 y 表示;m 和 s 分别代表决策单元投入变量的个数和产出变量的个数;x'_i 和 y'_i 代表决策单元参考点;s_i^- 和 s_r^+ 分别代表投入松弛变量和产出松弛变量;λ_j 为权重向量。从式(9-5)~式(9-7)可以看出,当 $\rho_{SE} \geqslant 1$ 且 s_i^- 和 s_r^+ 都等于零时,决策单元能够对资源进行合理分配和使用,处于效率前沿面;当 $\rho_{SE} \geqslant 1$ 且

$s_i^- < 1$ 和 $s_r^+ < 1$ 时，决策单元投入产出效率较高，依然有需要改进的地方；当 $\rho_{SE} < 1$ 时，决策单元效率值较低，无法有效利用资源进行生产活动。

9.3.2 超效率 SBM-DEA 模型的变量选取

在运用超效率 SBM-DEA 模型进行效率测算时，需要选择合适的投入产出变量，以便对每个决策单元（DMU）效率值进行合理测算。在选取投入产出变量时，除了依据相应的理论，大多数 DEA 应用研究还会参考其他学者已有的研究成果。由于多种类型灾害会涉及不同部门，存在不同的评价体系和评价标准，为了进行更加准确的评价，主要以各地区气象部门为研究对象进行分析。参考柯布-道格拉斯生产函数，依据系统协同效应在组织管理、人力资源、技术、资金四方面的表现，选取四个投入变量和两个产出变量，对 2014—2017 年间中国各地区的气象灾害应急资源协同配置效率进行准确、科学的评价。

投入变量有四个，分别为"在职人员基本情况""科学技术奖励情况""主要财务支出项目（中央决算）"以及"主要财务支出项目（地方决算）"。其中，"在职人员基本情况"主要反映地区人力资源协同配置情况，"科学技术奖励情况"主要反映地区技术资源协同配置情况，"主要财务支出项目（中央决算）"和"主要财务支出项目（地方决算）"主要反映地区资金资源协同配置情况。产出变量有两个，分别为"因灾生还率"和"农作物挽救率"。其中，"因灾生还率"等于 1 减去"死亡人口"与"受灾人口"的比值，"农作物挽救率"等于 1 减去"绝收面积"与"受灾面积"的比值。这两个值越高，说明应急资源经过协同配置之后所发挥的效果越好。

需要说明的是，由于数据获取有限，未将香港、澳门、台湾等地区作为研究对象，同时，由于上海地区相关数据存在缺失，因此也未将其作为研究对象。相关数据均来源于 2014—2017 年的《气象统计年鉴》。

9.3.3 测算结果分析

运用超效率 SBM-DEA 模型以及 2014—2017 年中国各地区气象数据，对各地区气象灾害应急资源协同配置效率进行测算。测算过程中不仅考虑了人力资源、技术和资金在气象灾害应急处理过程中所起到的作用，同时还设置了"因灾生还率"和"农作物挽救率"两个变量，反映资源协同配置对气象灾害的应急处理效果,具体测算结果见表 9-1。

表 9-1 各省(自治区、直辖市)气象灾害应急资源协同配置效率测算结果

地区	2014 年	2015 年	2016 年	2017 年	均值
北京	1.02	0.48	1.00	0.56	0.77
天津	1.11	1.00	1.00	1.00	1.03
河北	0.40	0.17	0.30	0.16	0.26
山西	0.24	0.26	0.78	0.21	0.37
内蒙古	0.39	0.40	0.76	0.11	0.42
辽宁	0.49	0.49	1.00	1.00	0.75
吉林	1.78	0.30	0.47	0.52	0.77
黑龙江	0.32	0.52	1.00	0.45	0.57
江苏	1.00	0.45	1.00	0.16	0.65
浙江	0.32	0.16	0.31	0.17	0.24
安徽	1.00	0.24	0.68	0.44	0.59
福建	0.47	0.47	0.68	0.45	0.52
江西	0.51	0.28	0.46	0.20	0.36
山东	1.00	0.41	0.67	0.41	0.62
河南	1.00	0.44	0.64	0.15	0.56
湖北	0.35	0.22	0.39	0.18	0.28
湖南	0.46	0.18	0.62	0.15	0.35
广东	0.15	0.37	0.27	1.00	0.45
广西	0.80	0.23	0.34	0.16	0.38
海南	1.03	1.00	1.00	1.00	1.01
重庆	0.39	0.59	1.00	1.00	0.74
四川	0.43	0.14	0.21	0.10	0.22
贵州	0.50	0.22	0.34	0.20	0.32
云南	0.18	0.16	0.57	0.39	0.33
西藏	1.00	0.73	1.00	0.76	0.87
陕西	0.54	0.25	0.43	0.19	0.35
甘肃	1.03	0.30	1.00	0.45	0.70
青海	1.04	0.56	0.51	0.47	0.64
宁夏	1.96	1.04	1.13	1.00	1.28
新疆	0.54	0.18	0.53	0.37	0.41

(数据来源:作者自行测算)

由表 9-1 可以看出,整体气象灾害应急资源协同配置效率的波动趋势呈倒 N 型,且相邻地区的效率波动趋势较为相似。之所以会产生这一现象,是因为气象灾害所产生的影响并不局限于某一个地区,而是会对多个地区的生命财产和自然环境造成破坏。虽然相邻地区的效率波动较为接近,但总体来看,不同地区之间的效率差异明显,这与各地区的经济发展、气候条件、地理环境等因素有关。根据各地区气象灾害应急资源协同配置效率均值,可以将其分为三类:第一类效率值低于 0.50,主要包括四川、浙江、河北、湖北等 14 个地区,其中,四川的效率值最低,仅为 0.22,广东的效率值最高,为 0.45;第二类效率值超过 0.50,低于 1.00,主要包括福建、河南、黑龙江等 13 个地区,其中,福建的效率值最低,为 0.52,西藏的效率值最高,达到了 0.87;第三类效率值超过 1.00,主要有海南、天津和宁夏,这些地区的应急资源在应对气象灾害时表现良好,人力资源、技术和资金之间能够相互协调,资源协同配置效率较高。2014－2017 年,海南、天津、浙江和湖北的资源协同配置效率较为稳定,其中,海南、天津两地的效率值基本维持在 1.00 左右,而浙江、湖北两地的效率值则维持在 0.25 左右;河南、甘肃、广东、江苏、安徽、宁夏的资源协同配置效率波动剧烈,除了广东地区的效率值从 0.15 逐渐上升至 1.00,其他 5 个地区的效率值都存在不同程度的下降,河南、江苏两地下降的程度最大,效率值从原来的 1.00 分别下降至 0.15 和 0.16。

根据中国政府所划分的七大自然地理区域相关信息,对表 9-1 中的数据进行分组整理,整理结果见表 9-2。由表 9-2 可以看出,2014－2017 年,华中地区和西南地区的气象灾害应急资源协同配置效率表现最差,效率均值未超过 0.50,在七大地区中排名靠后;而其他五大地区的效率均值均不低于 0.50,其中西北地区的表现最优,不仅在 2014 年效率值超过了 1.00,而且效率均值排名最高,达到了 0.76。由表 9-2 还可以看出,中国七大地区的气象灾害应急资源协同配置效率从北向南呈现出高－低－高的趋势。七大地区中,北方地区气温偏低,南方地区气温偏高,与中部地区相比,它们所面临的气候环境更差,气象灾害发生率更高。这说明,与气候条件良好的地区相比,气候条件较差的地区更加关注应急资源配置情况,倾向于投入更多资源,采取更加有效的资源配置来应对可能出现的气象灾害。

表 9-2 七大地区气象灾害应急资源协同配置效率测算结果

地区	2014年	2015年	2016年	2017年	均值
华中	0.60	0.28	0.55	0.16	0.40
西南	0.53	0.30	0.51	0.33	0.42
华东	0.72	0.34	0.64	0.30	0.50
华北	0.63	0.46	0.77	0.41	0.57
华南	0.66	0.53	0.54	0.72	0.61
东北	0.87	0.44	0.82	0.66	0.69
西北	1.14	0.52	0.79	0.57	0.76

(数据来源：作者自行测算)

超效率 SBM-DEA 模型的测算结果可以被分解为混合技术效率(mixed technical efficiency，MTE)和综合技术效率(technical efficiency，TE)，而综合技术效率(TE)可以进一步分解为纯技术效率(pure technical efficiency，PTE)和规模效率(scale efficiency，SE)。纯技术效率(PTE)主要反映决策单元资源管理水平和科学技术水平对投入产出效率的影响，而规模效率(SE)则反映决策单元自身规模对投入产出效率的影响。通过对测算结果进行分解，可以从多个角度深度分析各个要素对测算结果的影响，见表 9-3。通过对表 9-1 和表 9-3 进行对比分析可以看出，各地区的规模效率(SE)表现较为稳定，整体规模效率(SE)在 2014－2015 年从 0.89 提升至 0.97，之后保持稳定；纯技术效率(PTE)的波动趋势与应急资源协同配置效率的波动趋势相同，呈倒 N 型，说明研究对象的效率值变化主要由纯技术效率(PTE)决定。由表 9-3 可以看出，2014－2017 年，天津、福建、山东、海南、西藏和宁夏的纯技术效率(PTE)始终为 1.00，而新疆、内蒙古、四川、云南、湖南、广东的纯技术效率(PTE)波动明显。其中，新疆、内蒙古 4 年间有 3 年的效率值为 1.00；四川的纯技术效率(PTE)在 2014－2015 年从 1.00 下降至 0.20，之后维持在 0.30 左右；云南的表现则相反，虽然纯技术效率(PTE)在 2014－2015 年不超过 0.30，但在 2015 年之后攀升至 1.00 并保持稳定。

表 9-3　各省(自治区、直辖市)气象灾害应急资源协同配置效率分解结果

地区	2014 年 SE	2014 年 PTE	2015 年 SE	2015 年 PTE	2016 年 SE	2016 年 PTE	2017 年 SE	2017 年 PTE
北京	1.00	1.00	1.00	0.80	1.00	1.00	1.00	0.84
天津	0.99	1.00	1.00	1.00	1.00	1.00	1.00	1.00
河北	0.54	0.57	1.00	0.26	1.00	0.42	0.99	0.33
山西	1.00	0.38	0.97	0.46	1.00	1.00	0.99	0.51
内蒙古	0.97	1.00	0.96	1.00	0.98	1.00	0.98	0.26
辽宁	0.59	0.70	0.99	1.00	1.00	1.00	1.00	1.00
吉林	0.53	1.00	0.93	0.54	0.92	0.76	0.96	1.00
黑龙江	0.97	0.47	0.99	1.00	1.00	1.00	0.99	1.00
江苏	1.00	1.00	0.98	1.00	1.00	1.00	0.95	0.33
浙江	0.63	0.74	0.91	0.31	0.98	0.39	1.00	0.36
安徽	1.00	1.00	0.99	0.36	0.98	1.00	0.98	1.00
福建	0.93	1.00	0.88	1.00	0.90	1.00	0.96	1.00
江西	0.94	1.00	0.99	0.39	0.96	0.74	0.98	0.45
山东	1.00	1.00	0.99	1.00	1.00	1.00	1.00	1.00
河南	1.00	1.00	0.96	1.00	0.94	1.00	0.99	0.34
湖北	0.67	0.55	0.99	0.31	0.97	0.54	0.97	0.39
湖南	0.97	1.00	0.99	0.28	0.98	1.00	0.94	0.34
广东	0.99	0.31	0.95	1.00	0.92	0.33	1.00	1.00
广西	0.98	1.00	1.00	0.33	1.00	0.48	0.92	0.32
海南	1.00	1.00	1.00	1.00	1.00	1.00	1.00	1.00
重庆	0.97	0.88	0.87	1.00	1.00	1.00	1.00	1.00
四川	0.97	1.00	0.99	0.20	0.98	0.32	0.88	0.23
贵州	0.92	1.00	0.92	0.36	0.90	0.48	0.89	0.43
云南	0.99	0.31	0.94	0.24	0.92	1.00	0.93	1.00
西藏	0.80	1.00	0.90	1.00	0.87	1.00	0.86	1.00
陕西	0.98	1.00	1.00	0.37	0.97	0.65	0.90	0.44
甘肃	0.40	1.00	0.96	0.47	1.00	1.00	0.98	1.00
青海	1.00	1.00	0.94	1.00	0.98	0.75	0.94	1.00
宁夏	1.00	1.00	1.00	1.00	1.00	1.00	1.00	1.00
新疆	0.97	1.00	0.97	0.28	0.91	1.00	0.98	1.00
均值	0.89	0.86	0.97	0.67	0.97	0.83	0.97	0.72

(数据来源:作者自行测算)

由表 9-3 还可以看出,2014 年甘肃、吉林、河北、辽宁、浙江、湖北的规模效率(SE)均不超过 0.80,其中甘肃的规模效率(SE)最低,仅为 0.40。2014 年后,这 6 个地区的规模效率(SE)均有明显提升,保持在 0.85 至 1.00 区间内。2014—2017 年,北京、海南和宁夏地区的规模效率(SE)始终为 1.00,其人力资源、技术和资金的投入规模较为合理,其资源协同配置效率的波动情况主要由纯技术效率(PTE)决定。

9.4 小结

协同理论一般研究由许多子系统联合作用所产生的复合结构,考察系统在外参量的驱动和子系统的相互作用下,如何通过自组织方式在宏观尺度上形成空间、时间或功能有序结构,并揭示其条件、特点及演化规律。

协同是指复合系统中各个子系统相互作用而产生的整体效应。通过识别应急资源在各类自然灾害中的位置和状态变化,在微观层面上将应急资源配置分为常态应急资源配置子系统、动态应急资源配置子系统和逆向应急资源配置子系统。三个子系统相互影响、相互合作,其影响表现为其中一个子系统的变化会影响其他两个子系统的资源配置方式和效率,其合作的目标是在外部环境的渗透和影响下使复合系统的结构有序清晰、运作高效。

应急资源配置的最终目标是在宏观层面上实现应急资源复合系统与社会、经济和科技之间的整体演进目标,在各子系统或子系统内部各组分(部分)之间形成相互配合、相互支持的一种良性循环且可持续发展的状态。

第 3 部分

应急资源协同效果评价及一体化管理

第10章 应急资源协同配置评价模型

10.1 应急资源协同配置效果评价方法

应急资源耦合配置效果优劣的标志是配置吻合度,即按照设计的配置路径对资源进行配置的效果与目标的吻合度。若吻合度高,则说明应急资源配置效果好;反之,说明应急资源配置效果差。本书中的效果分为优秀、良好、一般、差、很差五个等级。

10.1.1 应急资源配置影响因素

应急资源配置是一个环环紧扣的过程,要综合考虑生产、储存、调运、消耗等环节,实现总供给与总需求(含种类和数量)、生产速率、调运速率与消耗速率,正向配置与反向回收的动态平衡。其中,前两个平衡是针对救援效率而言的,第三个平衡体现了资源配置与使用的经济性原则。要达到这些目标,分析其主要影响因素是必要的。

一是对灾情需求的准确预测和研判。灾情出现前,根据区域的社会环境、交通及灾害历史数据,对可能产生的资源需求建立适用模型,通过计算机模拟现场需求。

二是资源供给的充足性和可持续性。应急资源配置一体化能更好地保障供给的充足性和可持续性(这也是救灾取得预期效果的基础),可通过优化配置渠道和环节,最终实现总需求与总供给的动态模糊平衡。

三是实现"三点一线"的协调统一。三点是指受灾点、应急点和生产点,一线是指运输线路。在地理信息系统(geographic information system, GIS)、决策支持系统(decision support system, DSS)与管理信息系统(management information system, MIS)的支持下,"三点一线"实现信息共享、同步执行。

四是正向供给和逆向配置的动态协调。资源逆向配置也是一体化的有机组成部分。应急资源配置强调时效性,弱化经济性,在保证救援效果的前提下,以最低的成本提供资源是救灾的上策。正向调运体系的设计要有弹性和流量可控性,能根据灾情和现场需求调整调运的频次、资源的种类和数量,降低资源的在途成本和回收再配置成本。

10.1.2 应急资源协同配置效果主要评价方法

10.1.2.1 模糊综合评判法

模糊综合评判法是模糊决策中最常用的一种有效方法。在实践中,对一个事物(决策系统)的评价(或评估、评判)通常都涉及多个因素(或多个指标),此时就形成了一种综合评判的模糊多元决策。其评判的一般步骤为:

步骤1:确定指标集 $U = \{u_1, u_2, \cdots, u_m\}$。

步骤2:确定评价集 $V = \{v_1, v_2, \cdots, v_s\}$。

步骤3:确定模糊评判矩阵 $R(x_{ij\,m\times s})$。

步骤4:综合评判。

10.1.2.2 层次分析法

层次分析法是一种将定量分析和定性分析相结合的用于解决结构决策问题的建模方法,其核心是建立分层递阶结构模型。一般步骤是:建立分层递阶结构模型,形成判断矩阵,计算判断矩阵的最大特征值及对应的特征向量,计算各层次要素对总目标的组合权重。

10.1.2.3 Delphi 法

Delphi 法是通过反复征询专家意见,最终形成一致决策意见的方法。一般步骤为:①选择专家。一般以 10~15 人为宜,专家彼此不发生联系,只用信息沟通的方式与决策分析人员联系。②编制并通过合理渠道发放"专家应答表"。③分析整理"专家应答表"。④与专家反复交换意见。将整理、分析、归纳和综合的结果反馈给各专家并进一步提供有关资料,让专家自主修订自己的意见,如此反复进行,直至得出决策分析结论。⑤将最终决策分析结论反馈给各专家并致谢。

采用 Delphi 法处理专家的评价时,一般采用中位数和上、下分位数来反映决策分析结果及其分散程度。

对定性决策信息有效量化的方法是对决策中的每个因素给定一个分值 C_j,对应投票专家数为 b_j,则均值和方差分别为

$$E = \frac{\sum C_j b_j}{\sum b_j}, \quad D = \frac{\sum (C_j - E_j)^2 b_j}{\sum b_j} \tag{10-1}$$

10.2 基于模糊层次分析法的灾害应急资源协同配置效果评价

灾害应急资源协同配置效果评价是一个比较复杂的过程,涉及的一级和二级指标数量多、跨度大。该评价过程为动态和静态相结合,由于平时状态资源配置数据相对静止,数据相对容易获得和处理,评价比较简单;而在应急反应阶段,由于应急资源随着需求、时间、路径等的变化亦在发生变化,数据具有较强的动态性,资源配置评价的过程复杂且难度较大。

使用模糊层次分析法时,首先构造模糊判断矩阵,并通过层次排序计算各指标的权重和不同方案的综合评价值,作为选择最优方案的依据。其评价结果不是绝对的肯定或否定,而是以一个模糊集合来表示。

自然灾害应急资源协同配置效果的评价选择模糊层次分析法作为分析工具,主要基于以下几点考虑。

(1)评价方法本身的特点。该方法充分重视人的因素,将专家意见反映在单个因素的评价上。在应急资源协同配置中,各行为主体将自己的经验、获取的第一手资料和相关分析方法迅速融合后作出决策。

(2)应急资源配置本身的要求。应急状态的资源配置和平时状态差别很大,由于事发突然,设计的指标没有确切对应数据,必须进行评估;再者,许多指标都是定性或模糊的,为最终的判断带来诸多障碍。而模糊层次分析法能较好地克服这些约束。

(3)评价结论具有弹性。该方法最终确定的结论不是一个固定的数值,而是一个区间,与预先设定的目标集相对应,可以根据最大隶属原则确定评价结果。这不仅可以避免方案只有"好"与"不好"的标准,而且对每一个方案均有吻合度大小的判断,使决策者能根据灾情及时地调整方案,实现预期目标。

10.2.1 评价指标体系分析

自然灾害应急资源配置是一个阶段与环节众多、分工有序、可协调推进的复杂系统。按照构成和流程,可以用5个一级指标对其效果进行评价:应急资源的生产与供应能力、应急点的布局及内部控制能力、应急点与需求点间的调运能力、灾情现场资源的二次配置与控制能力、应急资源配置系统的运行能力。其中,每个一级指标又可分为多个二级指标。该指标体系涵盖了常态、动态与逆向应急资源配置的核心要素,具有代表性,能较好地反映资源配置的效果。

(1)应急资源的生产与供应能力。良好有序的生产是充足供应的保障。经过各种程序确立的生产点应能按照应急点的存储需求组织相应的日常生产和供应;灾情出现时,能迅速调整和转换生产,满足快速消耗的资源需求。具体指标包括生产点的布局与数量、生产点的生产能力、生产点与应急点间的配送能力等。

(2)应急点的布局及内部控制能力。一般而言,生产出来的应急资源首先在应急点停留一段时间,并在拣货区进行适当处理,依据灾害需求进行合理出运。具体指标包括应急点数量与方位布局、多应急点的联动、应急点可调用的资源种类与数量、应急点内部的处置能力等。

(3)应急点与需求点间的调运能力。一般情况下,应急点往往围绕着可能发生灾情的区域布局,具有科学、合理的特点,能较好地适应现场的需求。但灾情严重时,环境会受到极大的影响,交通运输会成为一个很大的问题,如汶川地震时的运输问题。具体指标包括可调用的车辆、道路的完好率等。

(4)灾情现场资源的二次配置与控制能力。灾情出现后,现场十分混乱,灾情的分析、救灾人员的组织、受灾人员的安置、疫情防治等都需要特定的实物资源作支撑。具体指标包括资源配置人员的组织、避难场所的位置、灾害现场的需求集中度、现场的综合管理等。

(5)应急资源配置系统的运行能力。资源一体化系统能否实现上述四个方面的功效,其运行能力是关键的一环,即系统能够顺利、高效地运行是其他各种能力实现的保障,主要体现在管理一体化上。具体指标包括阶段与环节的协调、技术支持、信息处理等。

10.2.2 指标体系与模糊层次结构的构造

根据指标的种类和内容,可以确定自然灾害应急资源协同配置效果评价的指标体系与模糊层次结构的评价指标结构,见表10-1。其中资源配置一体化效果(A)为目标层,一级指标($B_1 \sim B_5$)为一级准则层,二级指标($C_1 \sim C_{16}$)为二级准则层。

表 10-1 指标体系与模糊层次结构

目标	一级指标	二级指标
资源配置一体化效果 A	应急资源的生产与供应能力 B_1	生产点的布局与数量 C_1
		生产点的生产能力 C_2
		生产点与应急点间的配送能力 C_3
	应急点的布局及内部控制能力 B_2	应急点数量与方位布局 C_4
		多应急点的联动 C_5
		应急点可调用的资源种类与数量 C_6
		应急点内部的处置能力 C_7
	应急点与需求点间的调运能力 B_3	可调用的车辆 C_8
		道路的完好率 C_9
	灾情现场资源的二次配置与控制能力 B_4	资源配置人员的组织 C_{10}
		避难场所的位置 C_{11}
		灾害现场的需求集中度 C_{12}
		现场的综合管理 C_{13}
	应急资源配置系统的运行能力 B_5	阶段与环节的协调 C_{14}
		技术支持 C_{15}
		信息处理 C_{16}

10.2.3 模糊层次分析法的评价结果计算

首先,构建模糊互补判断矩阵,用于表示该层次的各因素相对于上一层次因素的重要性:

$$A = \begin{bmatrix} a_{11} & a_{12} & \cdots & a_{1n} \\ a_{21} & a_{22} & \cdots & a_{2n} \\ \vdots & \vdots & \ddots & \vdots \\ a_{n1} & a_{n2} & \cdots & a_{nn} \end{bmatrix} \quad (10\text{-}2)$$

其中,$a_{ij}(i=1,2,\cdots,n, j=1,2,\cdots,n)$ 表示元素 c_i 和 c_j 对应的上一层因素的重要性评价,采用两因素模糊关系的隶属度给出。矩阵 A 满足约束条件:

$$a_{ij} + a_{ji} = 1; 0 < a_{ij} < 1; a_{ii} = 0.5 \quad (10\text{-}3)$$

建立比较标度,利用 Delphi 法,以问卷调查形式征询专家的意见,然后查询表 10-2 就可以得到 a_{ij} 的值。

表 10-2 因素比较标度

标度	定义	说明(两因素相比较)
0.1	极端不重要	前因素比后因素极端不重要
0.2	非常不重要	前因素比后因素非常不重要
0.3	明显不重要	前因素比后因素明显不重要
0.4	较不重要	前因素比后因素较不重要
0.5	同等重要	两因素同等重要
0.6	较为重要	前因素比后因素较为重要
0.7	明显重要	前因素比后因素明显重要
0.8	非常重要	前因素比后因素非常重要
0.9	极端重要	前因素比后因素极端重要

由得到的模糊互补判断矩阵,利用下述方法将其转换成模糊一致矩阵 $R = (r_{ij})_{n \times n}$。

$$\begin{cases} r_i = \sum_{j=1}^{n} a_{ij} \\ r_{ij} = \dfrac{r_i - r_j}{2(n-1)} + 0.5 \end{cases} \quad i,j = 1,2,\cdots,n \quad (10\text{-}4)$$

根据计算,得到模糊一致矩阵 R,各指标的权重为

$$w_i = \frac{\sum_{j=1}^{n} r_{ij} + \dfrac{n}{2} - 1}{n(n-1)} \quad (10\text{-}5)$$

依据 Delphi 法征询专家的评分,分别得到各因素相对于上一层因素的权重,根据各评价指标的从属关系,将指标层与准则层权重相乘,得到各因素相对于总评价目标的总权重。

根据计算的指标权重及指标得分情况,可以计算自然灾害应急资源配置一体化效果的总得分 S,从而得出最终的评价结果和各项指标的相关信息。

$$S = (s_1, s_2, \cdots, s_n)(w_1, w_2, \cdots, w_n)^{\mathrm{T}} \quad (10\text{-}6)$$

其中,$s_i (i=1,2,\cdots,n)$ 为第 i 项指标的得分;$w_i (i=1,2,\cdots,n)$ 为第 i 项指标的权重。

下面对设计的一体化方案进行评价(不考虑资源的逆向配置)。

邀请 20 位专家对国内某地防范洪水灾害各单项指标进行评价,并进

行相关数据处理,得到表 10-3 中的结果。

表 10-3 专家对单个因素的评价表

指标 \ 评价	优秀	良好	中等	差	很差
生产点的布局与数量 C_1	5	6	8	1	0
生产点的生产能力 C_2	5	10	4	1	0
生产点与应急点间的配送能力 C_3	6	6	6	1	1
应急点数量与方位布局 C_4	7	7	5	1	0
多应急点的联动 C_5	6	7	5	1	1
应急点可调用的资源种类与数量 C_6	9	9	2	0	0
应急点内部的处置能力 C_7	4	8	6	1	1
可调用的车辆 C_8	4	11	5	0	0
道路的完好率 C_9	5	10	4	1	0
资源配置人员的组织 C_{10}	3	5	7	3	2
避难场所的位置 C_{11}	4	6	8	2	0
灾害现场的需求集中度 C_{12}	3	8	6	3	0
现场的综合管理 C_{13}	2	11	6	1	0
阶段与环节的协调 C_{14}	3	7	8	1	1
技术支持 C_{15}	4	10	4	2	0
信息处理 C_{16}	5	9	5	1	0

(1)各项指标权重的确定。"一体化协同效果"本身就是一个模糊的概念,与之相关的 16 个因素对"效果"的影响程度不尽相同,且具有不同的实际含义。对此,可以用模糊综合评判法给出一种综合评估方案。

考虑到各因素之间的关系,按因素的不同性质将其分为四个主因素级:

生产点配置:$A=\{C_1,C_2,C_3\}$。

应急点配置:$B=\{C_4,C_5,C_6,C_7\}$。

交通运输能力:$C=\{C_8,C_9\}$。

组织管理能力:$D=\{C_{10},C_{11},C_{12},C_{13},C_{14},C_{15},C_{16}\}$。

通过不断征询有关专家的意见和建议,采用 Dephi 法给出各因素的权重,见表 10-4,确定各主要因素的隶属度,从而对自然灾害资源配置一体化协同效果作出客观评价。

表 10-4 各因素的权重

主要因素	权重	二级因素	权重
(A)生产点配置	0.2	生产点的布局与数量 C_1	0.3
		生产点的生产能力 C_2	0.4
		生产点与应急点间的配送能力 C_3	0.3
(B)应急点配置	0.3	应急点数量与方位布局 C_4	0.2
		多应急点的联动 C_5	0.2
		应急点可调用的资源种类与数量 C_6	0.3
		应急点内部的处置能力 C_7	0.3
(C)交通运输能力	0.1	可调用的车辆 C_8	0.6
		道路的完好率 C_9	0.4
(D)组织管理能力	0.4	资源配置人员的组织 C_{10}	0.1
		避难场所的位置 C_{11}	0.1
		灾害现场的需求集中度 C_{12}	0.1
		现场的综合管理 C_{13}	0.2
		阶段与环节的协调 C_{14}	0.2
		技术支持 C_{15}	0.2
		信息处理 C_{16}	0.1

(2)多级模糊综合评价向量的确定。将 20 位专家对设定的各单项指标进行评价的统计数据代入建立的模型中,计算各级模糊综合评价的向量。

①生产点配置的评价向量。

$$A = \begin{bmatrix} 0.3 & 0.4 & 0.3 \end{bmatrix} \cdot \begin{bmatrix} 0.25 & 0.3 & 0.4 & 0.05 & 0 \\ 0.25 & 0.5 & 0.2 & 0.05 & 0 \\ 0.3 & 0.3 & 0.3 & 0.05 & 0.05 \end{bmatrix}$$
$$= \begin{bmatrix} 0.2650 & 0.3800 & 0.2900 & 0.0500 & 0.0150 \end{bmatrix}$$

②应急点配置的评价向量。

$$B = \begin{bmatrix} 0.2 & 0.2 & 0.3 & 0.3 \end{bmatrix} \cdot \begin{bmatrix} 0.35 & 0.35 & 0.25 & 0.05 & 0 \\ 0.3 & 0.35 & 0.25 & 0.05 & 0.05 \\ 0.45 & 0.45 & 0.1 & 0 & 0 \\ 0.2 & 0.4 & 0.3 & 0.05 & 0.05 \end{bmatrix}$$
$$= \begin{bmatrix} 0.3250 & 0.3950 & 0.2200 & 0.0350 & 0.0250 \end{bmatrix}$$

③交通运输能力的评价向量。

$$C = \begin{bmatrix} 0.6 & 0.4 \end{bmatrix} \cdot \begin{bmatrix} 0.2 & 0.55 & 0.25 & 0 & 0 \\ 0.25 & 0.5 & 0.2 & 0.05 & 0 \end{bmatrix}$$

$$= \begin{bmatrix} 0.2200 & 0.5300 & 0.2300 & 0.0200 & 0.0000 \end{bmatrix}$$

④组织管理能力的评价向量。

$$D = \begin{bmatrix} 0.1 & 0.1 & 0.1 & 0.2 & 0.2 & 0.2 & 0.1 \end{bmatrix} \cdot \begin{bmatrix} 0.15 & 0.25 & 0.35 & 0.15 & 0.1 \\ 0.2 & 0.3 & 0.4 & 0.1 & 0 \\ 0.15 & 0.4 & 0.3 & 0.15 & 0 \\ 0.1 & 0.55 & 0.3 & 0.05 & 0 \\ 0.15 & 0.35 & 0.4 & 0.05 & 0.05 \\ 0.2 & 0.5 & 0.2 & 0.1 & 0 \\ 0.25 & 0.45 & 0.25 & 0.05 & 0 \end{bmatrix}$$

$$= \begin{bmatrix} 0.1650 & 0.4200 & 0.3100 & 0.0850 & 0.0200 \end{bmatrix}$$

⑤综合评价向量。

$$T = \begin{bmatrix} 0.2 & 0.3 & 0.1 & 0.4 \end{bmatrix} \cdot \begin{bmatrix} 0.265 & 0.380 & 0.290 & 0.050 & 0.015 \\ 0.325 & 0.395 & 0.220 & 0.035 & 0.025 \\ 0.220 & 0.530 & 0.230 & 0.020 & 0.000 \\ 0.165 & 0.420 & 0.310 & 0.085 & 0.0200 \end{bmatrix}$$

$$= \begin{bmatrix} 0.2385 & 0.4155 & 0.2710 & 0.0565 & 0.0185 \end{bmatrix}$$

⑥对综合评分值进行等级评定。专家利用语义学标度分出 5 个测量等级：优秀、良好、中等、差、很差。为了便于计算，对主观评价的语义学标度进行量化，并依次赋值为 5、4、3、2、1。主观测量用五级语义学标度，所设计的评价定量分级标准见表 10-5。

表 10-5 评价定量分级标准

评价值	评语	定级
$x_i > 4.5$	优秀	E_1
$3.5 < x_i \leqslant 4.5$	良好	E_2
$2.5 < x_i \leqslant 3.5$	中等	E_3
$1.5 < x_i \leqslant 2.5$	差	E_4
$x_i \leqslant 1.5$	很差	E_5

$$V_A = 5 \times 0.2650 + 4 \times 0.3800 + 3 \times 0.2900 + 2 \times 0.0500 + 1 \times 0.0150$$
$$= 3.8300$$

$V_B = 5 \times 0.3250 + 4 \times 0.3950 + 3 \times 0.2200 + 2 \times 0.0350 + 1 \times 0.0250$
$\quad = 3.9600$

$V_C = 5 \times 0.2200 + 4 \times 0.5300 + 3 \times 0.2300 + 2 \times 0.0200 + 1 \times 0.0000$
$\quad = 3.9500$

$V_D = 5 \times 0.1650 + 4 \times 0.4200 + 3 \times 0.3100 + 2 \times 0.0850 + 1 \times 0.0200$
$\quad = 3.6300$

代表生产点配置效果的 V_A 值为 3.8300，代表应急点配置效果的 V_B 值为 3.9600，代表交通运输能力效果的 V_C 值为 3.9500，代表组织管理能力效果的 V_D 值为 3.6300。对照表 10-5 的评价定量分级标准，这四个值均处于"良好"的区间范围，属于 E_2 级别。其中"交通运输能力"和"应急点配置"值较为突出，表明我国公共运输能力水平和应急点资源配置能力在不断提升，其余两个指标的能力相近。综合评分 V 的大小为

$V = 5 \times 0.2385 + 4 \times 0.4155 + 3 \times 0.2710 + 2 \times 0.0565 + 1 \times 0.0185$
$\quad = 3.7990$

这说明设计的应急资源配置一体化效果为"良好"，属于 E_2 级。

10.3 小结

应急资源合理配置的实现由各个主体来执行，其责任融入常态资源配置、动态资源配置及逆向资源配置过程中，协同责任与分工负责密不可分。本章在已有研究成果的基础上，提出用模糊层次分析法评价应急资源配置协同的效果。依照自然灾害资源配置的全流程，设计 5 个一级指标、16 个二级指标，通过构造模糊判断矩阵，采用 Dephi 法确定各因素的权重，并用具体的算例验证了国内某地洪水灾害应急资源一体化配置的效果，根据评价标准确定其效果处于 E_2 级（良好）。

第11章 自然灾害应急资源配置的一体化协同管理

资源配置系统的管理效率对运行效率与救援效果均有关键性影响。对资源管理进行一体化设计,可使处于不同阶段、状态的资源配置有效衔接,不同环节的资源配置相互支撑,形成保障有力的资源配置协同系统。

资源配置一体化管理实现的前提是多行为主体的管理一体化。资源配置一体化管理的主要目标有两个:一是常态资源配置与动态资源配置过程一体化,二是不同阶段内部环节一体化。

11.1 多行为主体的管理一体化

包括社工组织在内,应急资源的配置过程集结了类别差异较大、数量较多的行为主体。不同主体的功能与定位各异,承担着不同方面的资源配置任务[221];任务间具有连贯性与延续性,需要对主体行为进行调控,以实现资源配置的目标,即应急资源配置是主体行为结果,单主体行为优化不能带来配置效果优化,将全部主体行为作为统一体进行考虑是实现资源配置一体化的能动因素。

11.1.1 行为主体的分类

应急资源配置主体是指实际承担应急资源提供、储存、运输、分发、协调和回收工作的组织或团体。主体行为则是指组织或团体按照应急预案的要求,充分调动各方力量,高效地实现资源的合理配置。总之,自然灾害发生前、中、后各个阶段,能适时地参与到行动中来,并对资源配置有一定贡献的行为活动主体,均称为行为主体。

按照主体性质划分,行为主体可以分为政府、企业、社会团体和单个志愿者。这种分类比较简单,相互之间不存在太多交叉关系,政府在整个过程中居于绝对主导地位。按照各个主体承担的责任划分,行为主体可以分为责任主体、管理主体、技术主体、运输主体、信息主体、二次配置主体、志愿主体和海外主体,如图 11-1 所示。这种分类方法相对科学,各主体的责任和义务更加明晰,其定位和功能如下所述。

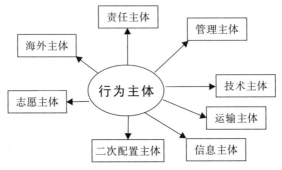

图 11-1　应急资源协同配置中的行为主体

(1)责任主体。该主体即需要承担责任的单位、组织或部门,也包括自然人在内,承担的责任分为过错责任与无过错责任。从表面上来看,似乎无法确定各级政府和能代表政府的相关职能部门的具体工作是什么,应当承担何种责任。但事实上,责任主体承担的责任是无限的,且大多数情况下须不计成本,无论耗费多少物资和金钱,投入多少人力和精力,政府都必须坚定不移地执行下去,因为在任何情况下,保护人民的生命安全永远处于第一位。责任主体在应急资源配置中担负着计划、组织、指挥、协调和控制的职责。《中华人民共和国突发事件应对法》第四条规定:"国家建立统一领导、综合协调、分类管理、分级负责、属地管理为主的应急管理体制。"这充分保证了应急状态下资源配置的有效性。

(2)管理主体。该主体主要是从责任主体中剥离出来的,代表责任主体从事资源配置过程管理的团队,是一个由多个主体的相关人员组成,实现对应急资源的有效组织和领导,对灾情需求反应敏捷、响应迅速、专业性强、保障能力强的团队。具体人员组成包括政府相关职能部门的领导、管理专家、技术骨干、政府指定企业的负责人等。其职责贯穿于整个应急资源配置的全过程,在各节点环节具有决策权,在流程上具有协调的权利和义务。

(3)技术主体。技术主体主要由特定领域的技术专家组成,负责资源配置过程中的技术活动,具体包括方案的设计、论证和选择,应急点选址工作,应急点内的库存工作,调度方案的设计及资源的回收流程设计等。技术主体是应急资源合理配置的基础保证,是实现点线和谐、社会效益优先兼顾成本、效果第一兼顾过程的支撑。

(4) 运输主体。该主体主要在应急资源的调度阶段发挥作用，是资源位移的执行者。运输主体主要由专业运输保障队伍、政府指定和征用的企业与民间团体组成的运输队伍、志愿者自发组建的运输队伍构成，其中，专业的运输队伍居于主导地位。运输主体和运输设备、道路状况关系紧密，要求队伍、设备、道路三者协调。

(5) 信息主体。信息主体包括两方面的内容：一是信息提供者。在资源配置过程中，要保证灾情、需求、供给、调度、运输等信息无障碍地在各个节点和线路上传送，被各个节点主体共享，保障资源配置的效率和效果。主要由卫生防疫部门、气象部门、水利部门、民政部门、地质部门、环境保护部门和交通部门等提供信息，也可以由相应的应急管理办公室进行信息集成，统一对各方发布。二是信息传播者，指在资源配置过程中，为了保证工作透明，征得社会的理解和支持，通过公开的信息渠道对外传递经授权信息的主体，主要由新闻管理部门、新闻单位与经认证的自媒体等构成。这里要求信息传递必须经过授权，渠道正规，内容真实，尤其以正面信息为主，最基本的评判标准是看信息传播后能否有利于应急资源的配置。

(6) 二次配置主体。该主体是指现场指挥者。由于应急管理和资源配置过程具有复杂性，在实际工作中会遇到很多意想不到的问题和困难，如资源到达灾害现场后如何有效地利用、不同需求点如何合理分配、分配的方式和路线如何确定、接收方式如何确定、如何保证重点需求等。这就要求在资源配置方案中将处理二次配置的主体充分考虑进去，进行事前的演练，赋予适当权限，使初次配置的资源能够快速、有效地二次分配到现场需求者手中。

(7) 志愿主体。志愿主体是指在应急响应后的执行阶段，由单个志愿者根据自己的意愿并结合灾区需求而自发组成的群体，其规模大小不一，来源广泛，国内和国外均有，其目标明确，但纪律性差，效率低下。这类主体需要责任主体进行适当的引导，按照确定的资源配置流程从事辅助性活动。若不加强引导，志愿主体不但不能为资源配置带来帮助，还需要抽调大量的人力、物力来保证其秩序。

(8) 海外主体。该主体即海外救援主体。在应急资源配置中，除去上述提到的居于节点位置的主体外，还需要海外其他组织、团体和个人进行配合，这类主体称为海外主体，其作用在有需要时产生，缺少海外主体时需要花费大量时间成本和经济成本,往往通过国家相关部门的协调实现对接。该主体在一般的灾害救援中无存在的必要,只有当灾情重大、超出一个国家救援能力时才有发挥作用的必要,而且很多情况下是友情支持。

11.1.2 多行为主体的相互关系

通过对上述主体的论述可以发现,八大主体并不是孤立地去开展应急资源配置工作,大部分主体间存在着紧密的关系,如图11-2所示。

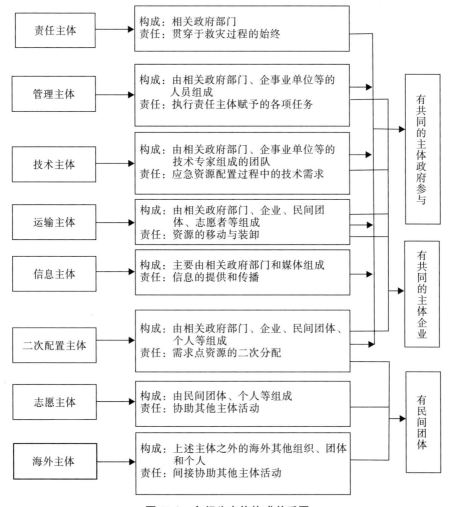

图 11-2 多行为主体构成关系图

第一,主导与从属、直接与间接并存。这在主体关系中表现得尤为明显,即居于主导地位的是责任主体,参与大部分的应急资源配置工作,表明政府是应急资源配置的核心。具体职责表现在:①应急事件的领导者,对应急事件的处理负有最终的领导责任;②资源配置政策的制定者,制定的政策影响资源配置的效率和效用;③应急资源配置的践行者,遵循相关规律、原则来实现资源的配置;④效果的评价者,组织相关职能部门、专家学者对实施的行为效果进行多元评价;⑤后期资源的二次处理者,为资源的重复利用而组织资源的逆向配置。在责任主体发挥核心作用的同时,其他主体按照各自的角色定位进行有效运转,有力地支持责任主体的行为。

第二,存在明显的交叉关系。绝大多数主体不局限于一个特定的群体,而是由多个不同群体的相关人员构成,如在责任主体、管理主体、技术主体、信息主体、运输主体中均有政府的身影,并在其中扮演核心角色;管理主体、运输主体、技术主体中,关键企业的专业技术和行业管理经验发挥着重要作用;在志愿主体、海外主体中,社会团体和个人扮演着有益的补充作用。根据自己的责任和能力,各主体的不同构成成分在不同的责任体和位置上为应急资源的合理配置提供不同的帮助。

第三,主体间互补、协作性强。在八个主体中,大部分主体之间有极强的互补性,共同支撑应急资源配置体系的顺利运作。自然灾害救助中的资源配置是一项系统性工作,各个主体从事的活动均是总目标的一部分。各任务间要相互兼顾,以实现作业的整体推进。

11.1.3 多行为主体管理模式设计

自然灾害的行为主体来源广泛,隶属关系复杂,为实行管理一体化带来了不小的障碍。应急资源配置中的管理一体化要求不同主体在统一的系统内实现职能的定位,实行的是垂直管理体系。结合灾害现实与最终的实现目标,多行为主体的管理一体化模式可实行多行为主体协同一体化与政府主导的多行为主体管理一体化两种模式。协同一体化是过渡阶段,政府主导下的一体化是最终目标。

11.1.3.1 多行为主体协同一体化模式

多种行为主体互依互存,在灾情这根纽带的作用下有机地连接在一起,为实现资源的有效配置共同发力,这称为互不隶属关系下的协同。该协同的实现首先需要确定共同目标,其次需要靠程序和规则来约束。协同存在协同正效应和协同负效应。负效应是协同的失败,指多方合作的结果比各方单独作业之和的效果差。资源配置的协同正效应是指参与资源配置的各主体在预案的指导下,各尽其责,密切配合,共同促进,按照确定的运行轨道共同推进目标的完成,产生 1+1+1≥3 的效应,高效地实现资源配置目标。

要产生协同效应,处理好分目标与总目标的关系是关键,多行为主体的协同性主要体现在程序、决策和执行上。

(1)程序协同是指应急资源配置程序安排上的协同,即灾区需求确定后,结合区域实际情况,合理安排生产、库存、调度、运输、现场二次配置等节点的工作程序,在保证流程顺畅的基础上,尽可能使工作并行开展,实现程序的最优化。在执行过程中需要把握以下要素:

第一,组建高效的领导团队。高效的领导团队应由有技术专长的人、具有决策技能的人(发现和解决问题)、善于解决冲突和处理人际关系的人组成。为保证领导的科学性,需要有来自不同主体的人员共同参与,其职责是为应急资源配置程序的制定和任务分解提供坚强有力的指导和指示。

第二,吸收尽可能多的主体参与。多主体参与有利于保证程序的可接受性和可执行性,让更多当事方了解配置的程序,按照效率最高、成本最低的方式完成各自承担的分目标。

第三,灾情信息的准确性。灾情信息包括生产信息、应急点的存储信息、道路信息、运输信息和现场的需求信息等。信息准确、及时是制定配置程序与方案的基础。同时,信息在资源配置过程中的无障碍传递和准确解读也是实现程序协同的重要条件。

第四,发挥技术主体的作用。技术主体由掌握不同领域技术的相关人员组成,能为涉及的技术问题提供专业化的定量和定性论证,是配置实施的基础和前提。

第五,程序的适应性调整。制定的程序应保证有一定的弹性,能在有需要时进行形式和内容上的调整,更好地适应资源配置的需要。

(2)决策是发现问题、确定目标、拟订方案、选择方案、执行方案与检查处理的过程。决策协同体现在两个方面:一是单主体决策要与总体决策协同;二是各单主体决策之间要实现协同。前者要求任何一个主体进行决策时必须以总体决策为前提,按照总体决策确立的原则、内容和形式等进行适合自身工作开展的决策活动,体现对总体决策的支撑与配合,其效率和成本在总体决策事先确定的范围之内。后者是决策协调的难点。各目标主体决策之间协调的实现,要求各主体都能掌握并理解相关信息,同时,领导团队之间的协调也至关重要。

(3)执行协同是指行动上的步调一致,即按照预案和程序的要求,在规定的时间和地点、按规定的方式完成规定的动作。执行协同还体现在任务执行的相互支持上,即根据统一部署,合理地对相关主体提供协助。

多主体间"三要素"协同的实现,是各主体的思想、意志、程序和行动均保持在同一个用力方向上,凝聚成强大的合力,产生协同正效应。多主体协同效应如图 11-3 所示。

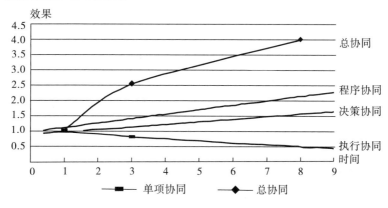

图 11-3 多主体协同效应示意图

11.1.3.2 政府主导的多行为主体管理一体化模式

政府主导的多行为主体管理一体化是指相关政府部门用"一元制"管理体制赋予的职权指挥其他主体开展活动,主导应急资源配置过程的组织、指挥、协调和控制,实现对资源的定位、流向、流速、使用的调控,确保应急资源在需要的时间、地点、数量有效地进入救援需求地。目前,国家层面的应急管理部和地方层面的应急管理厅(局)承担这一责任,统一协调资源的配置工作。

政府主导并不是政府单打独斗,也不是仅发布命令,而是体现在政府与相关主体的一体化协同关系上。按照管理一体化的要求,政府与相关主体之间主要是隶属关系,其他主体是政府主体不可分割的一部分,共同形成一个统一指挥协调、分工合作、行动一致的主体群。与多主体协同一体化模式中各主体依靠程序、决策、执行的协同来实现应急资源配置不同,政府主导下的主体群以一个整体面貌出现,省去了诸多协调环节,通过制度安排实现一体化协同,是多行为主体的实质一体化。该种模式的一体化效果体现在灾害应急资源配置的全过程。

预防与准备阶段：主体群根据情景、客体、主体、目标、措施、方法等对应急资源配置能力进行评估，包括可持续生产能力、储备库的库存能力、软硬件建设的资金保障能力、资源的调配能力等，并实现各种能力之间的动态平衡。

监测与预警阶段：做好中央、省级、地市级和县区级资源储备库的建设，同时，加强专用物资储备中心的建设。对储备库和储备中心进行合理布局和定位，解决好资源储备管理权限分配、资源配置重复与雷同、数量与类型偏少等问题。在应急工程和监测系统方面采取有力措施，保证区域内有可靠的防灾、减灾工程，城市和人口集聚的社区、农村有避难疏散场所，建立覆盖特定区域的综合灾害信息集成与研判系统等。

应急处置与救援阶段：该情景要求以政府为主导的主体群在资源配置过程中发挥最核心的作用，同时，妥善处理好其他民间团体、企事业单位、个人自行运送的相关物资，保证所有的资源都配置到最需要的地方。依靠团队的力量快速形成与灾害发生、发展、结束全过程相适应的，多需求点、多物资、动态的应急资源优化配置调度方案。

善后处理阶段：应急救援基本结束后，由于种种原因会出现应急资源的在途、现场存放、回收及处理的问题。该情景下要按照期望原则与经济性原则对资源进行合理安置。在途资源部分继续调度到灾害点现场，以满足后续可能出现的次生需求，其余部分就近储备或返回原出运储备库；存放于救援现场的物资，原则上就地建立小型储备点存放，采用与应急点相同的管理模式实施管理，其中特殊的资源可运往其他合适的库存点储备；仍具有价值的使用过的资源回收后就近储备，无价值或价值极小的进行无害化处理。

一旦灾害发生突变，后续和次生灾害发生的可能性变大，现场的复杂度远超事前的预测，且可能朝着更糟糕的方向发展。原有的应急资源配置方案显然不能满足现场需要，主体群的功能需要作出对症性调整。

主体群在资源配置过程中的行为效果最终表现为，资源的有效使用使灾情得到有效控制，人员得到及时救助，财物损失最小化，环境受到最低程度的影响，社会评价积极。若实现了目标，则称之为有效，否则称之为无效。其有效性可分为很有效、有效、一般、无效四个层级。

11.2 自然灾害应急资源配置过程的管理一体化

灾害资源配置过程的起点为平时状态资源订购的发起,即某一区域为预防灾害,测定对资源的需求数量,按照一定比例实施资源的各种准备;终点为资源的逆向回归,即灾情稳定后,资源的需求类别发生变化或出现资源的闲置,需按一定的途径让具有使用价值的资源回到合理的位置。这一过程包含两个阶段——常态配置阶段与动态配置阶段,多个环节分别出现在两个阶段里,阶段与环节交错,对管理一体化的标准要求较高。

11.2.1 两阶段间的管理一体化

作为一体化的两个主要阶段,常态配置阶段与动态配置阶段的管理一体化体现在综合平衡上,数量上表现为总供给与总需求的关系,这是应急资源配置一体化的核心,可用类别和数量两个指标来衡量。

11.2.1.1 供需种类相符

灾害所需求的资源类型在平时库存中应有相应的配置准备,或者在短时间内能快速补充。根据需求将未事先配置的应急资源在限定的时间内配置到位;对于极为特殊的资源,可用通用性或替代性资源替代,以满足需求。

11.2.1.2 核心应急资源数量必须满足需求

核心应急资源是灾害中的必需资源,与灾种密切相关;灾害性质不同,核心资源的界定也不同,同一事件在不同发展阶段对核心资源的需求也不一样。核心资源在危机处置中处于关键地位,直接影响灾害的救援结果,在现场配置中应按科学标准执行。对于洪水灾害而言,核心资源主要为挖掘机、推土机、冲锋舟、救生衣、土工布、铁丝、麻袋等;对于地震灾害而言,核心资源主要为破拆工具、顶升设备、生命探测设备等。

11.2.1.3 重点部位需求予以特别保证

自然灾害发生时会产生多点需求,引爆点或二次引爆点往往是需求的关键。在供给配置和二次配置中,要对这些重点部位进行充分覆盖,其需求往往体现在对核心资源的需求方面。

11.2.1.4 供给和需求相协调

自然灾害发生时,各种应急资源都处于紧急状态中,给供需决策方案的制定带来一定困难。不同的应急点从备货到送达现场的全过程都存在不均衡性。同样,随着事态的进一步发展,需求的内部不均衡性也突显出来。变化的需求应有变化的供给与其相适应,过程的管理一体化在此过程中发挥关键作用。

11.2.1.5 重复供给与重复需求相协调

自然灾害事件本身的随机变化与动态性等性质决定了应急资源配置是一个动态的多阶段过程。首先,灾害事件的发展不可完全准确预见,很多因素综合作用于事件的发展,如事件发生的地区特点、气候条件、救援工作的有效性等;其次,一次资源配置很可能无法完成救援工作,这就需要第二次、第三次……直至灾情完全消除。因此,应急资源供需是一个动态的多阶段重复协调过程。

上述考量指标的实现要求常态阶段的管理与预期的动态阶段的管理在程序、决策、执行上相协调,能在灾情出现后实现阶段间管理一体化。

11.2.2 阶段内环节间管理一体化

阶段内环节间管理一体化分为常态配置阶段环节间管理一体化与动态配置阶段环节间管理一体化。这两种形态的一体化是在阶段管理一体化基础上形成的,在阶段内部具有相对独立性,与阶段间的一体化具有耦合性。

11.2.2.1 常态阶段环节间管理一体化

应急资源的常态配置阶段包含应急点选址设计、多应急点网络化资源配置、应急点内资源布局、应急资源编码处理、单应急点资源数量测定与多应急点资源配置联动等环节。其中,应急点选址设计是核心,其余各环节均围绕该核心展开。常态配置阶段环节间管理一体化主要体现在以下几个方面:

(1)资源可获得性与应急点位置关系管理。应急点选址是以灾害救援需求为目标的,应考虑众多有利因素与制约因素;资源可获得性体现在资源获得的速度、质量与成本上。实现二者匹配的特征有两个:一是在经济运输距离内,即路径长短符合选定运输工具的经济距离,目标范围内能获得满足质量要求的资源;二是具有可到达性,即灾情对道路的影响不能阻断资源的运输。

(2)应急点内资源储备、运输能力与生产能力关系管理。该管理是常态资源配置中的"两点一线"管理,即生产点、应急点及连接两个端点间的运输线的管理。考虑到经济成本与储备的条件要求,资源常态储备量并不取需求的峰值,而是与峰值成一定比例的,一般情况下为救援状态时的第一批次需求 w_1。假设由应急点将常态下的全部库存资源运到事件点所需时间为 t_0,资源供事件点使用的时间为 t_1,则在 t_0+t_1 的时间内,生产点应连续地完成资源 $w_2(w_2 \geqslant w_1)$ 的生产并实现由生产点到应急点的运输、应急点内对资源的分类处理、应急点到事件点的运输。应急点内资源储备、运输能力与生产能力关系管理的重点为,在生产能力、运输能力、应急点处理能力满足峰值需求的前提下,实现"实际生产、运输、储备"与"生产能力、运输能力、应急点处理能力的储备"之和等于常态总应急能力。

(3) 多应急点联动关系管理。该联动关系管理包含两层含义：一是人的管理,指涉及的行为主体；二是资源的管理,分为实物资源与信息资源两部分。

对人的管理体现在管理主间的协同和政府主导作用的实现。对于应急点群而言,应成立专业的应急资源管理中心,实施对各个应急点的统一管理。管理中心下设不同的管理层次,分别对应不同层级责任主体(各级政府主管部门)。

对多应急点资源的管理实行多层次、不同规模应急点的整合。针对目前灾害资源配置仍存在地区或组织间分散独立的状况,按照效率和经济原则进行深度整合,整合的对象包括利用各级政府财政资金建立的应急点(现实中称为物资储备中心),按照属地管理原则进行统一管理,直线调配。将中央、省市、区县的资源配置中心整合为若干应急点群,实行集中管理和分区管理,在统一优化配置方案下,可以实行差别储备。一般情形下,每个层级只能调用属于自己权限范围内的资源。在特殊需求下,应急点内和应急点间不同区域的资源可实行联动,但要及时补配,实现资源的状态平衡,同时不影响原有资源的配置结构。

11.2.2.2 动态阶段环节间管理一体化

动态阶段是应急响应的执行阶段,需要根据具体灾害情况和响应级别采取不同的行动方案。模拟再现灾害的真实场景可以帮助应急响应人员更好地了解灾害情况,预测可能发生的情况,制定经济合理的行动方案。

(1) 多动态情景一体化管理。灾害发生时,产生了一个真实的现场情景,为资源前期配置模式选择提供了依据。在多因素作用下,灾情往往会出现突变,此时需要调整资源配置模式,甚至同时运行多种模式。对于多动态情景下的管理一体化,可设计下述运行程序。

一是多种情景并行设计。依据灾害的变化频度与影响深度,将对资源可能产生的需求状况分为高度需求、中度需求和低度需求;资源的供给也存在高效率供给、中等效率供给和低效率供给三种可能。这就产生了9种组合,见表11-1。

表 11-1 多情景供给-需求组合

需求＼供给	高效率供给	中等效率供给	低效率供给
高度需求	高效率供给-高度需求	中等效率供给-高度需求	低效率供给-高度需求
中度需求	高效率供给-中度需求	中等效率供给-中度需求	低效率供给-中度需求
低度需求	高效率供给-低度需求	中等效率供给-低度需求	低效率供给-低度需求

对于上述9类情景,均应设计相应的配置方案,并按照一体化配置要求实施精准管理。

二是情景聚类分析。以"供给-需求"的满足程度为匹配指标,将表11-1中9类情景相似程度较高的划为一类,依此类推,将各种情景的归属关系固定下来。

第一层次:有效应急资源配置类。灾害发生后,需要执行与应急响应匹配的有效应急行动,即灾害需求比较紧急,需要协调资源配置过程,实现预期救援目标,包括高效率供给-高度需求、中等效率供给-中度需求。

第二层次:无效应急资源配置类。所进行的资源配置活动未能满足实际需求,导致救援行动失败,包括低效率供给-高度需求、低效率供给-中度需求、中等效率供给-高度需求。

第三层次:无风险类。所进行的资源配置能轻易满足灾情需求,即以强大的供给能力应对较弱的资源需求,但与此同时增加了经济成本,包含高效率供给-中度需求、高效率供给-低度需求、中等效率供给-低度需求。

第四层次:无意义类。所设计的情景无研究意义,在现实中也未体现应急的功能,是一种可以忽视的情景,如低效率供给-低度需求。

(2)目标情景的动态一体化协调。对确定情景的环节管理涉及资源的接收、临时处置、分类分拣、现场配送、二次协调配置等。与此同时,常态配置环节在动态配置环节的拉动下实现环节间的迅速融合,形成一体化的协调运动轨迹。

11.3 小结

灾害应急资源配置一体化管理是实现常态资源配置与动态资源配置协同的保证,作用于资源配置全过程。实现管理一体化的主体是团队,通过团队的高效运作能实现对主体与事件的耦合管理,继而提高应急资源一体化配置效率。本章针对灾害应急资源配置管理多元主体的复杂关系,在分析主体类别及其相互关系的基础上,提出多行为主体协同一体化模式、政府主导的多行为主体管理一体化模式;在应急资源配置过程管理中,以两阶段间的应急资源配置、阶段内环节间的应急资源配置为重点论述了资源配置过程的一体化管理。

第 12 章 提升自然灾害应急资源协同配置政策建议

12.1 完善应急资源协同配置的组织体制

从管理学角度来看,体制是机构设计和管理权限的划分。应急管理体制建设主要包括应急指挥系统、社会动员体系、领导责任制度、专业救援队伍与专家技术队伍建设等,基本涵盖应急管理的重大领域,为应急管理的成功实现提供坚强保障。

资源是应急保障的要素,需要将资源一体化配置方面的体制建设作为重点,主要在机构设置和职责上进行倾斜,并明确相互关系。其实,在常设应急机构中,除正常的制度建设、信息收集与处理外,核心工作应放在应急资源建设上。具体做法是实现上下左右管理关系一体化,上下指国家、省、市、县、乡的资源配置管理关系,左右指同级机构的管理关系。

同时,在政府是资源配置主体这一领导体制发挥核心作用的基础上,制度化地引入民间机构、社区、家庭和公民参与资源配置的体制,创造多行为主体进入应急资源体系的客观环境和条件,用法律、政策明确各主体的责任、权利的协同与配合关系,用制度化的管理模式和信息共享平台来规范各自行为。

应急资源配置存在多头管理、多主体执行、跨行业与部门协调难的困境,伴随资源使用效果不佳与无效使用并存的现象。打破现有的多元制管理体制,实行真正意义上的一元制管理体制是实现管理一体化的起点。

12.1.1 理顺应急管理部门整合后的协调关系

在国内机构职能设计中,很多部门都有应急管理的职能,分别负责某一领域的应急救援与恢复重建,但易形成"九龙治水"的局面。仅从专业性来看,各自开展业务工作更有利于把握事件的本质。但现实的突发事件是围绕特定主题的多领域问题的综合,且矛盾相互交织,不可能通过突破一点化解全局,需要整体性治理。单个部门的作用显然微乎其微,甚至会陷入"按住葫芦露出瓢"的窘境。

2018年,国家机构改革方案抓住了问题的症结,将诸多部门的应急管理职能一一剥离,统一赋给新成立的应急管理部。例如,原分属于不同部门的消防救灾、民政救济、地质灾害和水旱灾害防治、草原森林防火、震灾救援等13项应急管理职责,转制后的武装警察力量和公安消防力量组成的常设的应急救援力量,均归属于应急管理部。

旧体制的影响是深远的,体系内上下级的隶属关系亦错综复杂,原有的设施设备存量较大并且专业性较强,如何实现新旧体系的对接是实现救援力量整合的关键。可以从以下几方面着手:

一是指挥系统整合。根据新的应急管理职责分工,应急管理部负责统一协调全国的救援资源调配,统一对外发布信息。突发事件发生后,可在应急管理部的主导下成立应急领导小组,相关部门指定被赋予权力的领导参与领导小组,负责对接本部门的相关业务。

二是统一应急资源配置。建立全国统一的信息共享应急资源配置系统,实现不同部门应急资源生产、订购、入库、出库、运输的一体化管理;加强对专业部门专用应急资源的监控与维护,制定合理的补库策略。

三是协调灾后重建的责任分工。应急管理部需要将灾后重建任务分配给不同专业部门,以发挥各部门的专业优势,实现建设专业化。

12.1.2 资源配置系统实行垂直管理

在设立的资源配置系统不同层级中,资源配置部门要与众多横向部门打交道,甚至会受到其干扰,尤其体现在同级政府行政部门间。在系统设计时,应明确系统的隶属关系,实行系统内上下级的垂直管理。灾情出现后,管理部门在层级中居于核心地位,相关部门应主动接受其协调。为提高管理的效率,在统一的思想与原则指导下,实行分领域的垂直管理。

(1)资源生产与市场筹集领域。管理部门应以国家强制性标准或行业标准为依据,会同企业管理部门与市场管理部门,以多种形式确定资源的生产与筹集渠道。

(2)资源储备领域。资源储备涉及资源储备地点(应急点)选取、应急点设施的建设与场地规划、资源在库分拣与保存等。

(3)运输领域。利用适合的、充足的运输工具,经由规划的路径实施资源平时运输与紧急运输。以人本原理为出发点，将经济性纳入思考范围。对运输的经济评价可以用距离经济与规模经济两个指标。

规模经济指标强调的是，随着承运资源数量的增加，单位资源承担的运输成本降低。例如，利用整个车辆的能力进行装运的单位成本低于利用车辆的部分能力进行装运的成本，即整车运输成本低于零担运输成本。对运输规模经济，可以从两个方面进行解释：一是有关的固定费用能根据资源的总量进行分摊；二是正常情况下成规模运输能享受运价折扣。即使是在应急状态下，也应尽可能地考虑经济性，若想让企业等众多主体参与应急救援，更应重视规模经济。同时，当运载工具容积确定时，所运送资源的密度大小对运输成本也有着重要影响。通常情况下，低密度物资的重量小于选用运输工具的额定载重量，此时，单位物资资源的运输成本较高；反之，单位物资资源的运输成本就较低。

距离经济指标反映的是，随着运输距离加长，单位距离的运输成本呈现递减状态。在资源运输过程中，当各种条件均许可时，采用何种运输工具需要考虑运输的经济距离。但在应急状态下，受限于特殊的需求和特殊的环境，该项指标并不是考虑的重点。

(4) 决策领域。所有的专业领域资源配置均是合理决策后实施的，是政府管理人员、专业人员、应急管理专家、企业人员共同会商的结果。其决策过程由发现问题、确定目标、拟订方案、选择方案、执行任务、检查处理等环节构成。同一层级中的各环节通过横向沟通机制紧密合作，同时接受上层的命令与指导，尽最大努力在层级范围内实施本级配置。

12.1.3 充分利用社工组织

社工组织在平时状态、紧急状态与重建阶段都是应急资源配置系统的重要组成部分，是一体化管理应考虑的重要补充。在汶川地震中，有来自300余个社工组织的5000多名社会工作者参与了各个专业领域的工作[223]，为生活性资源的协调与配置提供了有力的支持。国内的现实是社工组织虽然在灾害救援中发挥作用，但缺乏与系统内其他主要组成部分之间的联系，有时会使现场管理陷入困境。将社工组织融入资源配置系统中的初步思路如下：

(1) 政策支持与引导。为发挥社工组织在应急资源配置中的作用，需要在政策层面立规建制，为社工组织提供生存与发展的环境。

①支持性政策。政府以政策、行政、财政税务等手段来引导、管理与支持社工组织的设立、运行与发展,为其参与灾害救援工作提供条件。组织力量制定社工组织注册管理规范,社工组织的法律保障、监督与问责机制,社工组织的内部治理机制。研究社工组织参与应急资源管理的有效途径,使之成为政府与社会认可的资源配置中的重要力量。

②激励性政策。政府主要运用经济刺激手段鼓励社工组织参与资源配置的全过程,并实现与配置系统的有效对接。任何组织的运行均需要资金与物资的支撑,其运行过程中会产生成本,实现成本的补偿并拥有一定的额外利益是社工组织存在的基础。国内目前在灾害中发挥作用的社工组织背后或多或少都有政府的身影,社工组织的行动主要是靠行政资源推动的,并未大范围实现社会人员自觉自愿参与。

(2)以项目为载体进行运行。由于存在工作系统的对接问题,社工组织全方位地参与资源配置过程尚存在较大障碍,若强行介入,会产生过大的行政成本与运行成本。初期阶段优选的方案是以项目为载体融入配置系统,部分参与资源配置。

①政府主导项目。应急资源配置中,政府主导的项目是社工组织参与的主体,有组织的社工活动几乎全部集中在此类项目上。主要项目类别集中在人员疏导、家庭服务、心理疏导、医疗帮扶、日常生活资源协调配置等方面。社工组织往往随着项目的完成而终止任务,经常出现与后续工作衔接不紧密的问题。常态资源配置中,由应急管理部门、民政部门、卫生部门、防汛部门等分别负责社会工作者的培训与前期动员、业务演练和民间日常易耗资源的储备。紧急状态下,不同类别的社工组织启动相应的应急响应,以工作小组为作战单元执行应急行动。

②社工组织自选项目。社工组织是为服务特定领域需求而存在的,具有较强的专业性,能在灾害资源配置中发挥特定的作用。针对灾害的需求,政府应及时向社会发布信息,使社工组织都能根据自身的条件与优势介入资源配置系统,直至项目的最终完成,并能对项目实行跟踪服务。

(3)政府与社工组织的关系由服务买卖向合作转变。社工组织在国外发展比较迅速,其作用在不同灾害需求中都得到了体现。我国国情的特殊性决定了政府在灾害事件中处于绝对主导地位,政府的支持是社工组织发挥作用并获得社会认可的基础。由于繁重的经济发展任务与多发性灾害并存,仅靠政府力量应对灾害事件往往力不从心,且其他社会资源处于闲置甚至浪费状态。政府需要对社工组织给予足够的信任,降低社工组织的介入难度。当前阶段需要解决的是二者的关系问题,可从"购买"与"合作"两个方面来考虑。

①政府购买社工组织的服务。现阶段,社工组织的生存环境是比较脆弱的,存在一系列问题:切入工作的途径障碍重重,社工组织的作用不显著,社会与政府的认可度低,自身的功能不能发挥。政府购买服务是指通过对灾害的需求进行预测与评估,对社工组织提供的服务给予相应的对价,使其按照政府的要求开展作业。这种模式的优点是经济成本降低,无须保持一定的常态组织来满足特定情况下的需求,省去管理环节,节约行政成本,为社工组织的存在注入了能量。政府购买行为不仅为该组织的运行提供了资金保障,也认可了其存在的必要性。

②政府与社工组织合作。政府购买社工组织的服务只是简单的买卖关系,并未建立双方间的信任关系,出现供不应求、供过于求的概率较大,影响资源配置的效果。从合作的视角重新确立二者的关系,能使社工组织以新的存在形态参与资源配置。

第一,合作关系构建。二者的合作不是表象的契约约束下的合作,而是骨肉相连似的合作,即按照管理一体化的要求,将社工组织纳入资源配置系统,作为一个重要行为主体发挥作用。政府要为社工组织的运行提供一定的保障条件,如提供一定的人员编制、参与组织的结构设计、提供法律保证等。

第二,社会动员与志愿者管理。目前,应对灾害的社会动员主要体现在钱物的捐助上,由各级民政部门、红十字会与慈善机构来组织,内容单一,社会参与度低。若赋予社工组织一定的社会公众动员与组织、社会志愿者管理职能,社会对灾害的认识会提升到一个新的高度,也能更好地实现常态配置与动态配置的有效衔接。更为重要的是,很多时候,由于现场社会志愿者人数众多,行业各异,会造成救援无序,进而使部分救援无效。社工组织的分类组织与协调可使各种资源统一于政府的现场调配系统中。

第三,灾害现场的二次资源配置。二次资源配置是指从不同方向汇集不同类别的资源并分配到最终需求者手中,是资源配置的关键环节。受灾程度差异导致受灾点救援的力度上的差异,安置点的环境与需求要求相应的资源配置与之匹配,其他众多因素也从不同角度影响供给与需求的关系。一线的社工组织是需求现场最有力的调查者与协调者,可利用较为专业化的手段,定位资源需求的方位与动态数量,并以实施者的身份掌控此过程。

作为资源的一部分,应急资源同样具有自然属性与社会属性。自然属性即物资属性,是一种自然形态,是资源的表象特征,以实物的形式展现出来。社会属性是自然属性与人的活动结合的结果,是附在自然属性上"活"的部分,主要体现为组织者对资源的理解、施加的影响、采取的行为方式等。同时要求社会广泛参与,实现资源的自然属性与社会属性的有机结合,进一步强化人在资源配置过程中的能动作用,为配置的一体化提供主体基础;同时,要在制度保障、模式选择、建设重点等方面给予特别关注。

12.2 加强应急资源协同配置决策能力和执行力建设

12.2.1 决策能力建设

决策大师古里安曾说过:"决策是一件困难的事情。"应急决策更是如此,其决策是否科学不但影响决策本身,更是影响大众生命财产安全的大事。应急决策是群体决策,需要克服部门的"小团体思想"和"群体偏移现象",切实实现决策目标、程序、执行的无缝衔接和高效执行。决策能力建设不但要求个体的能力符合决策的要求,更强调团队能力的建设。决策团队的组成应涵盖三类人员:领导者、专业技术人员和应急管理专家。领导者是指引方向者,负责协调关键问题的解决;专业技术人员是执行者,负责专业难题的化解;应急管理专家是"智库",负责方案的制定。应急决策可采用自上而下和自下而上相结合的路径并行展开,前者是指根据管理者的目标要求制定可行的执行方案与纠偏方案,后者是指将部门内部的"小决策"汇合成群体的"大决策"。不论采取何种决策路径,都需要时刻关注执行的进程,及时根据环境和条件的变化调整决策。

12.2.2 执行力建设

作为主要的行为主体及其他行为主体的组织与领导者,政府在自然灾害救援中承担着无可替代的无限责任,是资源配置中管理一体化的实施者。政府的资源配置执行力可简要定义为:在资源的配置过程中,将资源配置目标转变成目标的能力。

应急管理中，政府的执行力表现为时间维的响应速度、资源维的资源动员能力、过程维的服务投放能力、决策维的现场指挥能力及技术维的科学性与技术保障能力。资源配置是应急管理的核心部分，政府的资源配置执行力主要体现在资源的筹集、应急点的管理、调运的实施及协调管理四个方面，如图 12-1 所示。

图 12-1　资源配置执行力分析框架

（1）资源筹集能力（渠道维）。自然灾害资源需求类别繁多、数量庞大，存在通用资源与专用资源之分。对于通用资源，建议以市场化行为为主，通过市场的运作，刺激多经济体的参与意识，实现资源的多渠道供给；对于专用资源，由于其质量要求比较苛刻，应以定向供给为主，需要培育专门的应急产业。

（2）应急点管理能力（设施维）。作为常态资源配置的核心节点，已设置的应急点管理决定了服务投放能力的大小。缺少这种能力将导致筹集的资源在常态配置阶段无法得到妥善处置，在动态配置阶段无法投放到需要的区域。

（3）调运实施能力（执行维）。紧急状态下的一个重大的挑战是如何将分布于不同位置的储备资源准确无误地调运到需求现场。与无法准确预测的高等级地震灾害相比，国内洪灾对设施的影响相对较弱，但对调运方式、道路等的选择难度增大，成本增加，使执行成为配置过程的瓶颈环节，制约了调运实施能力的发挥。

（4）协调管理能力（管理维）。过程的管理一体化是资源配置执行力的保证，需要在体制、机制、法律法规等方面提供支持。

12.3　健全应急资源协同配置机制

12.3.1　资源协同准备机制

在自然灾害事件发生的预防和应急准备阶段，人员、物资、财力等方面的准备工作是应急资源协同配置的基础工作。基于应急准备的快捷动态性、灵活多样性、协同性和共享性,应急资源的准备要做到科学预测、布局合理、多元储备。

(1)科学统计应急资源和预测需求。各级政府主管部门和职能部门要对本地区和周边地区的应急资源状况进行全面调查核实,对不同灾种需求的应急资源进行分类管理。重点关注生产周期长、需要事前储存的大型和专业化程度高的应急资源是否满足预测灾情的需求,应急资源生产能力储备能否满足灾情的变化速度,协议供应商的供应能力上限和下限变化幅度等。毗邻区域最好能协作建立应急资源应急协同协议,提高应急资源的集中度。

自然灾害事件的后果难以预测,传统的"情景-预测"模式极易造成对发展趋势预测的不准确而导致低效的救援效果。运用情景分析法,通过情景要素的拼接,最大程度模拟资源的需求场景,可以对自然灾害事件的变化和趋势有较为准确的预测。可以从时间区间设定、关键因素筛选、综合驱动力形成、不确定轴面选择和未来情景构建五个方面确定高度需求-高效率供给型、中低度需求-中等效率供给型、中低度需求-高效率供给型三种资源供需情景,为资源的优化配置提供情景目标。

(2)优化应急资源布局。自然灾害的应急准备工作中,应急资源布局是非常重要的环节,它直接影响到应急响应时的反应速度和救援效果。可根据自然环境、致灾规律和前期灾情预报设计常态的应急资源配置点和临时应急资源配置点,重点储备紧急救援时需要的关键物资。应急资源布局涵盖选址和配置两个方面,两者相辅相成。

应急点是灾害发生时资源动态配置的起点和保障救援的设施点,连接着常态配置与动态配置过程,在自然灾害应急资源配置中居于核心地位。应急点的建设不是想当然的事情,需要考虑相关因素,在定量数据的支撑下作出科学的决策。

应急点的选址过程中,需要考虑固定费用、应急费用、所在区域的性质、交通的容载能力、参与人员的综合素质、车辆由应急点到需求点的最大通行时间和平均通行时间、应急点安全防护能力、与周围环境的整体协调性等因素,通过较为复杂的数据处理,最终在众多的可选方案中确定理想方案。

大规模自然灾害的破坏性极强,往往会对现有的应急资源布局网络产生很大影响,导致在救援过程中产生物资的供给短缺或物资运输紊乱,从而不能保证救援的及时性和有效性。在对应急点进行选址时,要考虑灾害带来的环境变化引发的对应急物资的次生需求,在多应急点协作中考虑此类资源的配置地点和数量。

(3)构建多元储备模式。我国现有应急资源储备以政府储备和实物储备为主,这种储备模式品种规模有限、储备模式单一、运维成本高,难以较好地满足具有复杂性、动态性、时效性、阶段性等特征的自然灾害应急资源需求。要创新应急资源储备模式,实现政府储备和企业代储相结合、实物储备和生产能力储备相结合。可通过签订协议的方式达成企业代储应急资源的目的,通过制定支持和补偿性措施引导目标企业利用自备库储备一定数量和种类的补充性应急物资,并预留一定的生产能力,以保证政府在自然灾害事件发生后对应急物资的优先使用权,或扩大产能,同时保障应急物资的生产和供给。应急资源生产能力储备可略过实物存储环节,在生产完成后直接运到需求点,以生产时间后移来解决不确定需求的存储成本问题。对于生产和转产时间不长、原料供应充足、只能短期保存的应急资源,这是理想的储备方式。

构建多元储备模式,要充分发挥企事业单位、社会团体和民众的积极作用,推动各类储备资源的优化整合;化解国家、省、市、县区储备的"极化"现象,推动大众应急物资储备向基层转移;建立区域、政企应急物资储备协同互助制度,形成有效的支援体系;建立军地应急资源管理联动机制,实现资源的互通互用。

12.3.2 应急资源决策指挥机制

应急响应阶段,应急资源决策指挥机制是指应急指挥者在对自然灾害发生的原因、性质、时空特征、发展态势、受灾情况等进行快速评估的基础上,对应急资源的获取、运输、配置、协调等活动进行时间上、空间上的安排与调整。在时间维度上,应急资源决策指挥包括应急决策和应急指挥两部分。

在应急资源决策指挥中,普遍的做法是成立权责统一、分工明确、综合协调的应急决策与处置机构,形成战时统一指挥、各部门协同配合、全社会共同参与的应急协调联动机制。自然灾害事件的高度不确定性和复杂性要求应急决策指挥机制具有更好的弹性和适应力,层级化、碎片化的应急管理组织的权威性和协调性有限,传统的应急决策指挥模式难以适应复杂动态情景下的应急资源配置决策。需要通过体制机制创新,基于清晰的信息源和畅通的信息渠道,采用科学的应急指挥决策模型,辅以智能化的决策支持平台,建立健全基于信息整合的多主体、多阶段、多层次的适应性动态应急指挥决策机制[225]。

应急资源决策指挥的主体涉及政府的不同部门、不同区域以及各类单位和组织、军队等,要迅速建立现场指挥部,明确指挥协调程序,建立动态现场指挥机制。应急资源决策指挥过程包括应急资源需求研判、应急资源调配与征用指挥决策、决策执行与反馈等阶段,并随着灾害事件的发展不断循环往复。应急资源配置的指挥决策通常也遵循由现场到后方、由低层到高层的多层级动态演进过程。

12.3.3 信息共建共享机制

应急信息资源是自然灾害应对所需的基础性资源,实物形态资源和人力形态资源在信息化环境下的配置过程中都有与之相匹配的信息形态资源。应急资源协同配置的指挥决策、执行与反馈都离不开清晰的信息源和畅通的信息渠道。而应急资源配置决策所需的信息处于应急资源配置多元主体的掌控中,紧急状态下,相互之间的沟通与协作尚存在一定难度,需要建立主体间的信息共享机制。信息共建共享机制的构建要在协同理论视角下更加有效地对用户信息需求、应急信息挖掘、各服务主体协作及应急信息服务模式等进行分析,以实现跨平台、跨地域、跨部门的协同服务。

要以大数据、物联网和云计算等为技术支撑,构建应急处置信息资源共享协同标准化平台,建立应急信息资源共享协同传播模式和应急知识资源协同管理模式。信息共建共享机制的构建一方面可以为应急资源协同配置决策提供信息支持,在常规状态下为防灾预测、应急资源需求分析提供数据支撑;另一方面也可以为社会公众获取预警信息、灾害处置信息和自救互救知识等提供服务。

12.3.4 流程协同机制

应急资源配置是多形态的集合,无论是常态配置、动态配置还是逆向配置,都是多主体、多环节的一体化配置,需要在流程设计、节点对接和过程管理上协同一致。

流程是应急资源运动的路径，包括程序和路径两个部分。在程序上，代表政府的应急管理部门、物资储备中心、合作生产方、定点仓储方、第三方物流公司均有明确的权利和义务。其中，应急管理部门和物资储备中心是应急资源配置的发起主体，根据区域需求预测和确定库存的种类和数量，根据调出的需求规律和特殊需求采用连续性或周期性补货策略补充库存。合作生产方是通过合规方式选择的，与物资储备中心的关系以契约方式来约定。定点仓储方是弥补储备中心不足的社会储备中心，其与物资储备中心的关系同样由契约来规范。第三方物流公司是承运方，可以采用长期合约或短期合约确定。在路径选择上，常态配置以成本最低为原则，动态配置以时间最短为原则，同时考虑道路的通行效率。通过程序和路径的多方协同，能保证在不同的状态下实现资源的一体化配置。

资源的"够用"和"持续性"是资源一体化配置的前提，亦是资源一体化配置的成果。这就要求政府在设计一体化方案时，考虑资源的获取、运输过程管理、应急点选择、与应急点匹配的平时状态资源配置、符合"供给-需求"要求的动态资源配置等环节的实现可能性与彼此关系的协调，即建立与现实条件契合的资源一体化配置系统。作为资源一体化配置的成果，资源的"够用"和"持续性"体现在所配置体系各环节协作效果好，运行顺畅，产生良好的协同正效应，能够按照事先的设计路径实现目标要求。

在应对不同"需求-供给"的匹配模型时，均需对资源的"够用"与"持续性"提出限制性要求。在此条件下，所设计的模式和建立的数量模型能作为自然灾害资源配置的数量依据而为政府决策提供决策参考。

同步性是资源一体化配置的内在要求，同步后才能实现匹配。同步不是指时间上的同时性，而是指设计上的一体性，即将资源配置模式的不同环节作为一个不可分割的整体进行考虑。

自然灾害需求与供给关系确定之后，从应急点的选择开始，应急资源配置要考虑供给等诸多因素，需要常态的资源配置与应急点相适应、动态的资源调度与资源储备相适应、现场的二次资源配置与调运相适应，实现环节与环节之间的互适应关系，从而实现资源一体化配置。

12.3.5　协调联动机制

构建应急资源配置的协调联动机制，可以做好纵向和横向的协同配合，推进不同区域、不同部门甚至不同国家之间的应急资源联动，提高应对自然灾害的能力。协调联动既包括政府部门之间的纵向协调联动和横向协调联动，也包括政府与企业及社会的协调联动、军队与地方政府的协调联动。

就目前国内的体制结构与救灾实践而言，要完全实行本书设计的资源协同配置还存在一定的障碍，而次一级的资源联动是可行的选择，即在本系统、本区域实现完全的联动，在更大范围甚至全国范围内实现较好的联动。在应急联动方面，发达国家的一些做法我们可以选择性地借鉴。如美国联邦政府在灾害多发区域设置区域中心，每个中心联系几个州，其主要职责就是在灾害发生时协调各种关系，促使各地联动救援。日本的《大规模地震对策特别措施法》以法律的形式对区域联动进行了规定。

应急联动的主要体现是资源联动，即发生的灾害超出单个区域的控制能力时，相邻的不同区域在一体化配置方案的指导下实现人员、实物资源和信息资源的协调调动。联动配置是资源一体化配置的表现形式，也是资源配置的要求。需要强调的是，一体化包含两个方面：一是区域内部在资源配置环节上的一体化；二是不同区域之间在协同基础上的资源配置一体化。

按照目标要求并结合国内资源配置的管理原则，涉及不同省份的联动配置应由中央政府进行协调，一省范围内的由省级政府进行协调。不同级别的联动都应有相应的管理部门，统一协调不同的资源配置环节，通过相互之间的信息共享、资源互动，最终实现资源的动态配置一体化目标。

12.3.6　协同监督及评价机制

应急资源协同配置的实现需要制度化、程序化和规范化的方法和措施来保障，配置过程监督和配置效果评价是重要的内容。构建完善的协同监督和评价机制能提高一体化配置各环节间的耦合度，更有效地配置和利用应急资源，避免应急资源的闲置和浪费，也可以明确应急资源协同配置的目标，提升应急资源一体化配置管理水平。应急资源协同配置评价能够帮助我们清晰地认识到各项应急资源的利用情况，并明确应急资源配置体系存在的不足，从而针对性地加以改善，实现应急资源的优化配置。

12.4　完善应急信息资源管理

广义的应急信息资源是指应急管理活动中积累起来的信息、信息人员、信息技术、信息基础设施等全部信息要素的集合,其核心是信息。应急信息资源和应急信息活动是应急信息管理的对象。基于信息流通渠道,可以把信息分为正式信息和非正式信息。自然灾害应急管理活动中使用的信息大部分为正式信息,是由政府或对应的业务部门发布的、由专职人员加工整理的应急信息。但是当正式信息渠道不畅时,来自非正式信息系统的信息就会起到十分关键的作用。自然灾害非正式信息是指并未在现有信息管理体制框架内交流和传播,没有专职信息人员对其内容进行加工整理的信息。融媒体环境下,与正式信息相比,非正式信息的传递速度更快,传播范围更广,但准确性比较差,有时候会对正式信息的交流和传播产生负面影响。因此,在应急信息资源配置中,既要重视正式信息管理,也要重视非正式信息管理。

12.4.1　加强应急信息管理体系建设

从信息生命周期管理的角度来看,自然灾害应急信息管理在横向上包括信息产生、信息采集、信息组织、信息存储、信息利用和信息清理等 6 个逻辑上相互关联的阶段,每一阶段都依赖于上一阶段,每一阶段都可能实现信息的价值增加。其中,自然灾害应急信息的采集、组织和利用等关键阶段的信息管理活动,应从如下方面进行完善。

(1)加强一体化信息系统建设。信息系统是以提供信息服务为主的数据密集型、人机交互的计算机应用系统,应急信息系统是集硬件设施设备和应急资源为一体的综合管理系统。对于特定区域,应急信息系统由中央控制系统、次区域子系统组成,设置有中央数据库和分数据库,存储有应急物资储备信息和应急预案信息;同时,功能完善的应急信息系统兼有应急指挥的作用,可协调处置灾害发生后的应急救援。作为现代化高效信息管理的技术支持,信息系统在灾害应急管理全过程都能发挥核心作用,相关人员能通过手持简易终端快速接入信息系统,规避空间制约,方便一线救援管理。在关注技术实现的同时,更强调系统在应急机构信息管理和战略决策中的应用。应急资源配置的各个环节都离不开真实、可靠的信息支持。因此,通过构建一体化信息系统来确保灾害信息获取、传递、研判的及时性和有效性就显得尤为必要。

中央高度重视应急管理事业,由专门机构——应急管理部负责牵头实施,基本建成覆盖全部国土的应急信息平台体系。该体系是基于决策与协同需要,将特定地域范围内跨多个管理领域、具有不同体系结构的各种应急联动信息系统集合而成的。其结构采用模块化设计,模块之间通过程序无缝连接,信息采用全通道流通模式,可实现与决策部门、地方单位和相关组织的联动。

面向自然灾害的应急信息平台是我国应急信息平台体系中的重要内容,需要不断进行完善和资源整合。要以应急管理体制的调整为契机,构造具有中国特色的自然灾害应急平台体系。

首先,要做好应急信息系统建设的战略规划。应急信息系统建设需要大量的人力、物力和财力,是一个复杂的系统工程,是社会系统和技术系统的结合体。在应急管理体制改革进程中,应以信息化建设支撑组织机构调整和业务流程重组,用系统的科学方法进行顶层设计,搭建一个"纵向到底、横向到边"的系统总体架构,要求既能涉及国家、省、市、县乃至基层的应急信息互通和各类资源共享,也能涉及各类自然灾害事件,以实现集政府决策、消防救援、卫生救治等于一体的多部门协同应对。借鉴国外应急信息系统建设的成功经验和我国从1998年多流域洪灾、2008年汶川地震及2012年北京"7·21"特大暴雨、2021年郑州"7·20"特大暴雨灾害应急救援中得到的实战经验,综合应急信息系统应集灾害监测、预警、指挥、决策与信息发布于一体,实现不同合作单元的快速集成与合作。

其次,要进一步整合现有应急信息系统,实现系统互联互通和资源共享。尽管实现了全国应急业务的一体化管理,但由于专业性和旧体制的长期影响,我国现有的专业应急信息系统仍分布在不同专业领域,归属不同的职能部门。即使是具有相同目的和功能的信息系统,在不同部门或不同层级也无法实现完全共建共享。因此,我国应急信息系统的建设应依托应急管理机构,借助科学统一的技术标准和管理规范,发挥电子政务系统的网络功能,加强互联互通和资源共享建设,避免多头重复建设和环节间"信息孤岛"现象的产生。

最后,要注重新兴技术的应用,提升应急信息系统智能化水平。我国应急信息系统中的监测数据来源于不同部门,系统、监测设备和数据格式不完全一致,融合程度低,利用效率不高。在数据融合的基础上,新系统通过对历史数据、基础数据、监测数据、事件数据、资源数据、灾情信息、社会影响等数据进行集成,实现数据信息的标准化。这些数据体现了时空动态性、复杂性、多尺度性、不确定性、复杂性和多用户模态,通过规范化处理,能被不同用户精准解读。此外,传统系统中的分析方法无法满足大数据的处理要求,应结合当前多源异构数据集成与融合技术、空间信息服务云数据管理技术、无盲点时空数据可视化技术等主流技术,构建应急救援系统智能处理通用库算法,实现多源、异构空间数据的集成;依据不同用户形态、不同数据形式以及不同应用需求,通过选择不同处理算法,实现不同应用的智能化处理。

(2)完善政府应急信息管理机构。虽然当前应急信息系统有力提升了应急信息管理的效能,但是归属于不同应急管理机构的信息系统在一定程度上仍处于"各自为政"的阶段,每个信息系统都有自己的数据库、操作系统、应用软件和通信系统,相互之间较为独立,存在着"信息孤岛"和信息割裂现象。应急信息系统间资源共享、系统联动趋势也迫切需要在现有应急管理体制下完善应急信息管理机构。在我国应急管理机构改革进程中,可依托新成立的应急管理职能部门成立全国、省、市、县等各级的专门信息管理机构,统筹规划各级应急信息管理工作,协调不同部门的信息交流与共享,分步推进一体化应急信息平台的建设,制定统一的信息管理制度与标准,进一步提升政府的应急信息管理效能。

(3)加快推进应急信息标准化建设。信息标准化是应急信息共享的前提,是应急信息系统联动和集成的基础。狭义的信息标准化仅仅指信息表述上的标准化,即人们对某个、某类对象描述的一致性。而广义的信息标准化范围广泛,不仅包括信息的表述标准化,还包括信息处理过程中的标准化,涉及数据标准、技术标准、通信标准等。自然灾害信息标准化涵盖灾害信息的采集、编码与记录标准,信息处理标准,数据通信与开放数据共联,灾害信息系统工程标准,灾害信息的分级标准,灾害信息的声像、视频技术标准和灾害信息的文献标准等的制定。针对国内面临的复杂灾害形势,国家应加快应急信息标准化体系建设和测试步伐,确定相应的数据标准、技术标准和通信标准,促进跨部门、跨区域、跨组织的灾害应急信息共享,提升各地区、各部门应急信息资源建设和管理的整体水平。

(4)重视应急信息清理和信息管理评价。在自然灾害应急信息管理活动中,随着时间的推移,一些信息缺乏继续保存和使用的价值,新的信息需要及时补充进来。因此,需要应急信息管理机构制定相关政策和规则,对没有必要保留或保存的信息进行及时清理或销毁,将这些信息从活动或非活动的系统中清除。应急信息管理机构需对应急信息资源进行动态化管理，应对关键信息在自然灾害应对过程中所发挥的作用进行检查和评估，总结问题，查漏补缺，吸取经验，不断优化完善应急信息管理工作，形成良性循环。在实际的应急信息管理工作实践中，很多部门对应急信息管理的长期效果评价没有给予充分重视，导致灾害发生时出现"信息失灵"的现象。要做好自然灾害应急信息管理评价工作，重要的是要完善相关制度和标准，设立科学合理的评价指标，建立有效的应急信息管理评价体系，从"质"和"量"两方面进行科学评价。同时，注重应急信息管理的全过程评价，充分考虑应急信息管理的流程、效果和效率等方面的指标，特别是对灾害应急信息的及时性和准确性的特殊要求。

12.4.2 重视内外信息沟通渠道建设

应急信息资源的价值实现主要有系统共享和外部公开两种方式。系统共享是正式信息系统内部信息的传递和使用，外部公开倾向于促使正式信息由正式交流渠道向非正式交流渠道流动，为非正式信息系统提供信息源。

(1) 自然灾害非正式信息交流渠道和特征。网络环境下，网络媒介成为自然灾害非正式信息交流的重要渠道，E-mail、短信、电子论坛、新闻讨论组、微博、微信等日益成为普遍的交流渠道，为自然灾害信息的获取提供了便捷的渠道。特别是在 WEB 2.0 的网络环境下，以个人为中心的新一类互联网模式不断出现，用户从单纯的"读"向"写"和"共同建设"发展，信息交流实现了从被动接收到主动创造的转变，个人成为信息组织者和发布者，使这些网络媒介成为开放、平等、交互、去中心化的信息交流平台。自然灾害事件发生后，以自然灾害事件为交流对象的信息发布行为、信息接收行为和信息反馈行为更加开放，行为主体具有更强的自主性和个体性，普通网民也可以成为网络信息行为的主体。

以自然灾害事件为客体的非正式信息交流行为具有如下特征：

①社会性。非正式信息交流行为的主体、客体、工具、法则和观念等都受其所处社会环境的约束和影响，具有社会性的属性。

②目的性。自然灾害事件发生后，非正式的信息交流都是基于信息交流主体的需求而存在的，或为了深挖事件的深层信息，或为了消除某种信息的不确定性。无论是主体的信息传递行为，还是被动信息接收行为，其目的性都是主要诱因。

③便捷性。主体为了以最小的成本代价获取最大的信息量,更倾向于选择最便捷的渠道获取信息,这也是很多自媒体快速发展并深受用户喜爱的因素之一。

④网络性。大众普遍活跃于网络社区,信息的发布、接收和反馈等都是在网络条件下进行的信息活动,网络已成为非正式信息交流行为的基础平台。

正式信息与非正式信息具有较强的正相关性。正式信息的获取渠道规范,信息甄别标准高,发布渠道权威,在社会公众认知中具有极高的信任度。非正式信息显然不具有这些优势。基于成本和便捷性考虑,公众往往直接转发或摘要转发正式信息。因此,若正式信息资源减少,则非正式信息亦减少;反之亦然。为保持媒体的关注度,很多自媒体会基于某个自然灾害突发事件"开发"信息,对公众的认知进行引导,这些猜测、推断和模糊信息的蔓延传播会使公众产生不安甚至恐慌情绪,这就要求政府主管部门对灾害事件反应迅速,及时、连续发布信息,通过正式和非正式双渠道向社会推送,使公众了解事件的真相,消除流言蜚语的负面影响。反之,政府若选择信息不公开,导致信息总量降低,非正式信息系统会形成不准确、不真实、不全面的信息,进而导致风险放大,影响社会秩序,形成衍生性社会事件。此外,正式信息系统倾向于内部互动,更加关注客观的信息公布,而非正式信息系统更多的是关注对观点框架的讨论。

(2)完善自然灾害信息沟通机制。

首先,严格实施信息公开制度,打破内外部信息孤岛。政府应及时公开权威信息,全面准确描述灾害事件真相、应对措施及阶段性成果。只有政府提供的信息成为其他新闻媒体和自媒体的主要信息来源,才能打破真相信息仅局限于小范围的"信息孤岛"现象,让公众理解政府的行为。《中华人民共和国政府信息公开条例》中明确规定行政机关主动公开相关信息,《国家突发公共事件总体应急预案》对突发公共事件的信息发布流程亦有详细要求。《中华人民共和国突发事件应对法》还对应急管理的各阶段应该公开的信息作了进一步的说明。在信息公开制度实施过程中,政府公开的信息应该是公众需要和极为关切的信息,不能虚于应付,更不能寄希望于其自然消退。对于社会关注度极高的自然灾害,政府相关部门应实时滚动发布救灾信息,公布灾情;对不真实信息及时纠偏,避免引起公众恐慌。

其次,疏通和规范非正式信息渠道。公众应急信息搜寻的渠道正从传统信息渠道转向互联网信息渠道,基于移动互联网的应急信息资源站建设和信息发布更贴近用户的搜寻行为习惯,应充分发挥此渠道的强大功能,使其服务于信息发布。基于大众的信息搜寻与获取特征,政府主管部门一方面要重视传统媒体的作用,将传统媒体与社交媒体相结合,形成官方信息的多渠道出口;另一方面,应进一步加强政务新媒体在信息渠道中的作用,充分利用其快速、及时的优势,更好地响应应急事件,助力政府主管部门在应对风险事件的过程中发挥主动作用。此外,信息的发布应尽可能精准,尽量避免对非相关群体造成信息干扰。

最后,提高社会公众的防灾意识和个体应对能力。灾害应对事关受灾区域的社会公众,不仅是政府的事情;在政府提升灾害应对能力的同时,民众亦不能掉队。增强社会公众防灾意识和能力的措施应分层次逐步实施。各级政府管理人员的意识和能力要提升,在理论学习教育的同时,主要通过灾害现场救援实践进行强化;机关企事业单位要将防灾意识教育和能力提升落在实处,不搞形式主义;社区要担负起必要的责任,组织丰富有趣的社区教育活动,激发老人、孩子的参与热情;学校要作为重点场所,以专题讲座的形式开展教育培训,以合作演练的方式提升自救能力。通过立体化、多层次的教育培训,社会大众的防灾意识和自救能力会提升到一个新的水平,有利于全社会应急能力的提升。

12.5 优化协同配置的法律体系

经过多年的努力和实践检验,中国特色应急管理体系已初步形成,一系列的应急管理机制和制度逐步建立,这些机制和制度的执行需要完善的法律法规来进行保障。我国自然灾害应急资源配置涉及主体多,专业性强,技术性较为复杂,跨部门、跨区域、跨领域的协同性要求高,相关工作的开展需要依法进行、有法有据,这样才能产生正协同效应。要以习近平法治思想为统领,针对近年来我国遭遇的重大公共卫生事件、重大自然灾害的需求和治理经验修订相关法律法规,进一步健全完善应急管理法律体系,为应急管理提供完备的法律保障。强化应急资源配置能力建设,尤其是跨地区、跨部门的应急资源协同配置能力建设。

12.5.1 完善应急法律法规和条例

2007年制定的《中华人民共和国突发事件应对法》是我国应急管理领域的基本法律,在多年的应急管理实践中发挥了巨大作用,有力保障了灾害救援和恢复重建工作。近年来,负责应对突发事件的部门和机构调整幅度较大,主体的管理职责发生了变化或转移,同时,经济社会正发生深刻变化,各种重大突发事件造成的压力空前增大。面对新的形势、新的要求带来的挑战,应急管理与系统完备、协调顺畅、保障有力、运行有效的预期仍有较大的差距,需要进行内容和条款的修订。例如,完善与应急管理过程中政府部门间应急协同的原则、流程和责任等相关的法律法规条款,以弥补单行法律规定相对分散、衔接不顺畅的缺陷;强化政府部门间应急协同体系建设等。

2018年成立的应急管理部逐渐架构起应对突发事件的国家应急管理框架,成效明显,但也显现出一些问题。比如,综合部门与专业部门责任边界不清晰,国家统一指挥与属地管理间存在一定的摩擦,部门之间职责分工不清,横向联动协调机制不畅,统筹协调能力不足等。《中华人民共和国突发事件应对法》对灾害应对形势变化也存在一定的不适应性,如缺乏对应急管理综合协调的具体规定,应急指挥机制的规定不够完善,有关部门的职责不够明确等。

在远期法律法规体系建设上,要在《中华人民共和国突发事件应对法》的基础上,改革完善应急管理的一般法律、综合法律,以应对常规突发事件和非常规重大突发事件。

12.5.2 制定跨区域应急协同协议

应对跨区域、跨灾种、跨部门的突发事件时,要运用整体性思维,加强区域间协同合作。在中央政府指导和协调下协商制定应急管理互助协议,缩短应急响应时间,实现应急资源动态配置的区域自动协同,并逐步将协议上升为规章甚至法律法规。比如2009年9月泛珠三角区域内地9省区共同签署了《泛珠三角区域内地九省区应急管理合作协议》等区域间互助协议,可以在此基础上继续完善区域地方政府间协同治理的法律框架,更好地服务突发事件的协同治理。

12.6 加强自然灾害网络舆情治理

12.6.1 自然灾害网络舆情概念、构成要素和特征

依据舆情产生的约束条件,可以将自然灾害网络舆情界定为:自然灾害导致无法预知的突发事件,继而引发公众对事件处置的流程、效果及缺陷的肯定、否定或中间状态的评价,形成基于个人情感的网络舆论集合体。其表述方式多样,以文字、图片和短视频为主,其他方式为辅。自然灾害的产生往往是不可抗的,其产生的破坏对人的身体、心理和财产造成重大影响,受灾者迫切希望通过外界尤其是政府力量将生活状态迅速恢复到灾前水平或将损失最小化。当现实结果无法达到预期时,失望和沮丧的情绪会迅速蔓延,任何一个小的刺激都会激发其抗争的欲望,而通过网络发泄情绪以引起共鸣是最快捷、成本最低的方式。

网络舆情的产生、发展、扩展、衰减等演变过程受到多种因素的作用,呈现出不均等的持续期,或长、或短、或不规则周期性反复。对于网络舆情的构成要素有多种不同的观点,本书认为其应包括网络平台、信息发布者、信息接受者、信息传播者和热点事件。

①网络平台是所有网络信息的载体,由特定的主体运营和维护。基于提高流量或盈利的目的,网络平台往往对信息发布者的限制较为宽松,易遗漏大量可能引发舆情的关键信息。

②信息发布者是主动行为主体,可以是自然人、机构或媒体。自然人包括一般个人、法人或网络领袖;机构包括政府、非政府组织和企事业单位;媒体包括传统媒体和自媒体。信息发布者可以是事件的当事人,亦可为旁观者或"别有用心的人"。当事人对信息的发布一般是基于事实的,只不过掺杂了个人情绪;旁观者缺乏对当事人内心世界的准确把握,发布信息往往是为了博人眼球;"别有用心的人"则是混乱的制造者。

③信息接受者是舆情信息的受体,为广大网民、网络监管者和网络经营管理主体。网民的数量众多,围观者居多,主动互动者比例较低;网络监管者是特殊的受体,其职责是对信息进行全过程的监管;网络经营管理主体的地位特殊,既有运营管理责任,又有信息审查义务。

④信息传播者为当事人或信息接受者。当事人若传播信息,就兼具双

重身份，对舆情的产生应该承担较大责任；信息接受者成为传播者的概率更大，且存在大量的二级、三级甚至多级传播者。其目的各不相同，有同情者、打抱不平者，也有借机泄愤者、唯恐天下不乱者。通过信息传播者多渠道多层级的涟漪式传播，信息的受众围绕目标信息形成一个网络社群。若无有影响力的群主，群内言论全凭群员自控；若出现"意见领袖"，其对问题的选择性倾向就非常明显，舆情的性质会出现跨台阶式升级。

⑤热点事件是舆情产生的引爆点，可能是获得当事人和公众高度认可的对象或结果，但更多的是当事人和公众认为极为不合理、不够公平、不可接受的结果。随着舆情的持续发酵，热点事件会分化、演变成新的事件，形成热点事件群。群内的事件真假混杂，只有厘清其演化的路径，才能更好地化解危机。

根据自然灾害网络舆情的含义、构成要素及其相互作用的机理，可以发现其具有明显的特征，集中体现为爆发性、群体极化性以及话题衍生性等。一是爆发的诱因复杂，简单的一个事件、一句话、一个行为、一个未经核实的信息就可能引发一场舆情，其产生既有事件本身性质原因，也有主体的迫切需求和环境的影响等，因此，对于自然灾害突发事件的处置要细之又细。二是群体极化性，网络是一个高度开放的阵地，是获取各种信息的渠道，对同一议题感兴趣的人为数众多，踊跃加入论战的人亦不在少数。这些人组成了一个庞大的无序群体。随着事态的演变，群体会逐渐分层、分派，出现极化思潮，直至某种观点占据优势。三是事件具有强大的衍生动力，舆情的周期可划分为孕育阶段、发展阶段、高潮阶段和衰退阶段四个阶段，其中，孕育阶段是能量的集聚阶段，发展阶段、高潮阶段和衰退阶段可能会衍生出次生事件，产生次生事件的新议题。

12.6.2　自然灾害突发事件网络舆情的演化机理

重大自然灾害产生的部分突发事件超出了当事人的承受极限，任何涉及人、物、事件、信息等的细小差错均可能引发巨大的风浪。可根据孕育阶段、发展阶段、高潮阶段和衰退阶段的特点，对舆情演变的过程进行深入剖析。

12.6.2.1　孕育阶段

孕育阶段是舆情发展的初期阶段，是能量逐步积聚的过程。若发现及时、处置得当，在此阶段便可扑灭舆情；若信息滞后、措施错位甚至无针对性对策,舆情能量的集聚速率急速提升,很短时间内就会达到一个惊人的水平。此时的舆情能量尚未完全集中于一点,是多种"能量流"的简单集合,"能量流"之间互相碰撞、渗透,存在较强的"内斗"现象。随着事态进一步演化,经过"包装",可能会出现"权威"的意见,引导"能量流"耦合,形成几股有一定影响力的"新兴能量流",其核心观点若相悖,混合舆情便会进一步孕育、撞击,直至对立方处于弱势,黯然退出舆论场;抑或改变立场加入强势舆论方,此时的孕育完成蜕变,形成独霸一方的"主舆论流",彻底终结内部争斗。

"主舆论流"的形成起到吸附和外溢扩散的作用,其利用自身鲜明又看似无懈可击的立场和论据吸引新加入舆论场的小股力量;通过多渠道的信息外溢,不断提高其观点的影响力,最后形成关注度较高的网络舆情。

12.6.2.2 发展阶段

孕育阶段形成的网络舆情若只出现在范围较小的舆论场上,随着时间的推移,可能会逐步减弱;若其仍保持强有力的攻势,必定会采用不同的策略向其他舆论阵地转移,形成蔓延之势。舆情话题的对立观点相互博弈,不断吸引不同领域、不同区域的受众浏览和支持。同时,新闻媒体也会关注此舆情的存在,刊发一些权威人士的评论,使该舆情由网络舞台走向社会舞台。

12.6.2.3 高潮阶段

舆情一旦走到社会舞台,真正成为社会关注的焦点,可能成为人们工作时间、茶余饭后讨论的热点话题,成为在实体社会传播的舆情。网络舆情的迅速高涨源于网民、传统媒体和新媒体的持续关注和互动(使网络舆情信息保持一定程度的完整性、严密性和持续性)。失真的舆情信息很容易造成社会恐慌,影响社会的稳定和经济社会的发展。

12.6.2.4 衰退阶段

网络舆情对现实社会造成的严重影响必然会引起人们的广泛关注,人们希望探寻真相,尤其盼望政府主管部门给出权威的信息。网络舆情主管部门根据舆情的性质和影响范围,一般可以采用三种策略。

一是"自然消退",即无须过多干预,让其逐渐淡出人们关注的视野。该策略仅适用于以弘扬社会主义核心价值观为主旋律的正向舆情或影响区域、影响强度均较小,无须过度关注的舆情。这样做的前提是舆情在监管范围之内,不会危及网络安全和社会稳定,通过淡化对其关注,让大众的视线逐步转移,最终让舆情消退。

二是转移热点,即通过制造新的舆论热点,冲淡和消除消极舆情的影响。自然灾害发生后,政府在全力抢险救灾中付出了巨大的努力,出现很多感人的事迹和场面。通过组织权威媒体和自媒体对正面事件的广泛宣传报道,让大众切身体会到事情的真相,自觉抵制不真实的舆情。

三是依法依规处置,即采用干预策略使舆情消散。对于形成较大影响、影响社会稳定的舆情,要采取有力措施坚决果断处置,从根本上改变舆情产生的土壤、发展的环境和扩散的渠道,预防可能发生的类似舆情。

舆情发生的阶段不是完全分开的,可能会存在交叉重叠情况,甚至某一阶段会出现反复,即受到自然阻碍或人为阻碍后又重新发展或蔓延,直至新的约束措施出现。

12.6.3 自然灾害突发事件网络舆情的多主体行为分析

12.6.3.1 普通网民

普通网民是网络舆情的主要参与者,数量众多,自由发挥空间较大。其在网络空间的行为包括获取信息、认知信息、查看评论、发表观点、修正观点、退出讨论或拥护主流观点等。

①获取信息。这是网民生活的惯常动作,获取信息的途径包括猎奇搜寻、无意发现和外界提醒等。大部分网民对信息都是一带而过的,不会过多思考和联想;少数人会比较关注,并对其进行收藏备用;极少数人会投入很多精力,搜寻关联信息去佐证,并采取相应的网络行为。

②认知信息。认知是在感觉的基础上形成的,是对特定信息的翻译解码过程。基于知识、技能和经验的不同,加上环境因素的影响,每个人的认知存在一定差异,但整体方向一致。具有特殊个性或经历的个体,其认知可能与大众认知大相径庭,导致形成"错觉",从而背离现实。

③查看评论。这是网民的正常行为,通过查看其他网友的评论来获取更多的信息,支持或修改自己的认知。从现实来看,大多数评论大同小异,观点不深刻,不能引起一般网民的共鸣;个别新颖的观点(哪怕是违反事实的)会引起网民的关注和跟帖,将评论的深度和广度向前推进。

④发表观点、修正观点。经过一定的思考和佐证,少数网民会与他人分享自己的观点,同时希望获得他人的支持。观点发布后,部分网民可能根据不断增加的信息或受他人观点的影响而修正自己的观点。

⑤退出讨论或拥护主流观点。主流观点形成后,一般网民会对此作出自己的判断,如是否为真相,是否符合法律法规,与自己的观点冲突程度如何,与自己的经历有无重大的重合等。通过判断决定个人的最后选择,要么支持该主流观点,要么退出讨论。

12.6.3.2 网络领袖

网络领袖是在某一网络信息出现后更早获取相关信息,获取更多信息,更深刻持续分析评论相关信息,引导其他观点向自己靠近并获得较多支持的组织或个人。针对自然灾害发生后出现的突发事件,网络领袖的产生有三个来源:一是灾害当事群体的代表;二是对事件特别关注且有一定影响力的网民或组织;三是别有用心的个人或组织。

①当事群体代表的网络领袖:一般真实反映事件的现状,借助网络工具向公众和政府传达他们所处的真实环境、最迫切的愿望等。此种网络领袖的主要目的是引起大众对事件的关注,同时给相关政府部门施加一定的网络舆论压力,使其积极采取合理措施,让受灾群体尽快摆脱困境。

②特别关注事件的网络领袖:一般长期活跃于网络,擅长事件的评析,拥有一定的网络资源和网络观众,发出观点或评论获得支持的概率较大。此种网络领袖一般对社会上的热点和焦点事件较为敏感,能快速捕捉有价值的隐藏信息,通过核实、加工形成新的信息并对外发布。他们除了表达对弱势群体的关心,对政府相关部门的工作效率提升亦有一定的促进作用。

③别有用心的网络领袖:该类网络领袖不是为受灾群体的利益着想,也不是想给政府决策提供建议,而是想通过传播歪曲事实的信息,引导大众对政府和社会产生不满和怨恨,继而在社会上产生恶劣影响,达到他们不可告人的目的。对于此类网络领袖,必须严格监管、严厉打击,以维护网络空间的安全,维护社会的和谐稳定。

12.6.3.3 关联媒体

灾害事件发生后,媒体成为大众获取信息的主要来源,是信息扩散的渠道之一。官方传统媒体和新媒体都能秉承客观、公正的新闻原则发布消息,正确引导公众的情绪,凝聚大众力量,化解灾情带来的影响。部分自媒体和非主流媒体为了博取受众的眼球,往往利用刺激性的网络标题、煽动性的语言表述、富于想象空间的环境描述,使刚接收信息的受众情绪化、非理智化,甚至参与不实信息的传播。

对于失真信息的演化和异化，必须采取策略化手段加以遏制，防止进一步传播蔓延，为后续治理降低成本。一是依靠主流媒体的强大影响力，客观报道事件的真相，用无可辩驳的事实赢得大众的信任；二是查清失真信息的来源，梳理其传播渠道，还原其传播的"面目"，让大众看清其本质；三是充分应用法律和政策工具，对违法违规媒体坚决彻底治理。

12.6.3.4 政府管理部门

政府代表人民治理社会，有效处置自然灾害突发事件。因此，政府主管部门有双重职能：一是科学合理处置突发事件产生的影响；二是对网络舆情进行规范化治理。政府部门对突发事件的处理能力、手段和效果直接影响对网络发展的引导方向、治理力度、扩散广度和影响深度。

政府对舆情的回应，一是要抓住先机，在弄清楚事实的基础上分阶段快速发布事件的真相与处置进展，让大众获得关键的"第一印象"，产生"首因效应"，从认知上支持政府的处置方案；二是让当事人现身说法，以真人真事戳穿假舆情的真实面目，彻底截断其传播渠道。

12.6.3.5 受灾群体

受灾群体是网络舆情的影射主体，正是他们的遭遇，激发了社会上各种声音和态度，引发了各方评论与观点交锋。

受灾群体的境遇引发其心理反应，既对灾害的降临感到突然、恐惧，又无可奈何、焦虑烦躁，对自身的人身安全、财产安全感到担忧，对未来的发展感到迷茫，在心理上承受着巨大的压力。

受灾群体迫切想向外界表达渴望。灾害的发生打破了民众生活原有的平衡。灾民短时间内依靠自身能力难以实现新的平衡，必须借助政府和社会力量才能实现。灾害救援需要一定的过程，这与受灾群体"立刻救援"的愿望存在一定差距，他们希望更多人了解他们的境遇，快速支援他们。

通过网络渠道发布信息是受灾群体自救的方式之一。相关信息的传播可在社会上引起共鸣，为其解困脱困争取更多力量。负面舆情的产生并非大多数受灾群体的本意，或许他们根本就不知道信息是如何异化的。

12.6.4 自然灾害突发事件网络舆情协同治理机制研究

12.6.4.1 网络舆情协同治理适用性分析

协同治理是指为实现共同目标，处于同一框架体系的多元主体按照一定的规则分工负责，同时协同配合，以信息共享、利益共分、风险共担为原则,组成结构紧密的治理体系,实现对关注事件的高效治理。

自然灾害突发事件网络舆情的演化性质为协同治理提供了切入点。舆情演化是一个高度开放的系统,信息不断进出,内外能量不断交换,系统具有很强的弹性和韧性,任何单一的内力和外力均不能很好地控制该系统使其有规则地运行,需要多种力量共同作用。

自然灾害突发事件网络舆情的多元主体关系需要协同规制的协调。网络舆情辐射地域广、群体大、层级多,提供平台的媒体成分结构复杂,主要关联主体地位不平等、责任明晰但执行不到位等均可影响治理的效果。在众多治理主体中,政府主管部门占据绝对的主导地位,负有义不容辞的责任和义务;其他主体往往将利益置于责任之上,对舆情的治理失责失范。协同治理可以很好地纠偏这一现象,通过刚性的规制约束和刺激性的奖惩,有效的合作和支持,形成有序的网状治理结构,各主体是网上的节点,共同维护单元格的运行。

自然灾害突发事件频发向网络舆情协同治理提出了持续挑战。自然环境正在经历显著变化,多重灾害在全球范围内多点发生、交织重叠,严重影响社会经济秩序和社会和谐稳定。科学技术的发展不断突破常人的认知,极大方便人们的生活和交往,尤其是网络交流,这为舆情的演变提供了便利条件。"网络舆情"与"灾害"的结合形成一个更为复杂的系统,经济和社会面临的挑战也随之升级;治理体系也需要在前期一般协同上进化,走向"一体化协同",成为舆情治理的有效手段。

12.6.4.2 网络舆情协同治理机制构建

协同治理要获得最佳效果,需要在组织构架、主体行动、工具使用、资源共享等方面实现综合协同。保证协同有效实施的是机制,包括利益协调、信息协同、监测预警、联动处置、管理保障和善后恢复等。

(1)利益协调机制。网络舆情之所以不断发酵,是人的行为助推的结果。要实现舆情有效治理,首先要弄清楚是哪些主体在推波助澜,哪些主体在旁边观望,哪些主体在默不作声。主体行为差异与其期望"利益"密不可分,利益协调机制的建立是主体协同运作的关键。

主体利益可以多角度划分,如国家利益、群体利益和个人利益,政治利益、经济利益和社会利益等。从狭义的角度来看,绝大多数主体考虑的是经济利益。在利益协调机制中,国家利益应置于最高位置,群体利益和个人利益必须处于从属地位。在此原则下,利益协调机制可按照下列路径推进。

一是建立顺畅的利益表达机制。作为舆情主体之一的受灾群体,其利益需求最为迫切,最为单纯。将损坏的家园重新建起来,修复破碎的生活,使受伤的心灵得以慰藉是其主要利益期望。其他主体的利益需求没有如此迫切,最多是想通过关联事件解决自己先前被搁置或不满意的既往事件。对此,可以责成相关机构依规逐步解决。二是建立符合国情、科学合理的利益补偿机制。对于重点主体的迫切需求,政府和社会的救助是关键,尤其是来自政府的支持,更为重要。国家的处置和补偿方式获得大众的广泛赞誉,这是中国特色社会主义制度强大优势的体现。但补偿需要建立必要的常态机制,要符合国情,更要公平公正。利益补偿机制要设计通用的一般标准与例外标准,尽可能扩大覆盖面。三是要有利益调解机制。不患寡而患不均,在现实社会中亦是如此。部分舆情就是由主体间获利不均衡引发矛盾纠纷,继而寻求网络声援造成的。利益调解机制以基层调解为主,不走扩大化路径,应对经济利益、人际关系一并调解。

(2)信息协同机制。信息是行动的依据,是舆情传播的本体。在商业活动中,信息共享经常受到人为的限制,易出现信息的截留或过滤,影响协同效果。自然灾害网络舆情的信息共享同样存在此种现象,主体主要基于经济和责任上的考虑,担心完全披露信息来源会影响平台的声誉,带来经济上的损失;或由于舆情问题严重,担心彻底披露信息将受到主管部门的责罚等。因此,在自然灾害突发事件网络舆情治理行动中,应建立完善的信息协同机制。

信息协同机制主要包含如下内容:①划分信息协同的种类,在政府主体的领导下,主要主体间要确定必须协同应对的核心信息和各自负责的一般信息,防止信息的遗漏。②建立信息协同的规则,包括信息的筛选、通报、处置等。③建立信息的读取规则,信息应在同一时间被各主体采用同种规则解读,防止出现信息的误读误解问题。④信息在约定主体间的流动必须是全通道式的,不能出现信息人为过滤、拦截等行为。⑤信息对外发布要协同,不能出现内容互斥,更不能出现偏离事实的独立解释。

(3)监测预警机制。舆情监测和预警是舆情治理的重要环节,可以通过掌握舆情演化的频率、方式和特征,提前准备应对工具策略。一旦达到规则设定的临界值,通过预设的程序发出预警,启动协同治理程序。

基于自然灾害突发事件舆情的监测应贯穿于舆情演化的全媒体、全过程,直至最终消散。实施监测职能的主体是政府相关管理部门和平台方,应按照法律赋予的权利和责任协同开展工作。在舆情孕育阶段,重点监测舆情的内容、受众和传播广度;在舆情发展阶段,重点关注舆情的异化情况,有无脱离事实的评论以及可能出现的主要网络领袖;在舆情高潮阶段,重点监控主导舆情的支撑度、对社会可能产生的影响等;在舆情衰退阶段,重点监测舆情再生的可能性。舆情监测的每一阶段都要设置预警临界值,突破阈值的要求时,要按照程序上报并汇总全部资料作为决策和处置的支撑。

(4)联动处置机制。联动处置可能出现在舆情演化的各个阶段,一旦触发预警,就需要采用不同的方案进行应对。联动处置的程序包括调查事实、确定方案、实施方案和总结备案。

调查事实是基础。在政府主体统筹下,相关主体都要参与舆情事实的调查,确定舆情产生的原始信息,梳理其中蕴藏的关键信息。整理主导舆情的内容,比较其相对原始信息的变异情况,确定变异路径和主导主体,找出应对突破口。分工合作展开处置,按照时间节点汇总各主体的处置进展及效果,统一发布关于舆情处置的报告。汇集舆情监测、预警和处置的全部资料并形成总结报告,分析舆情应对过程中的得与失。自然灾害突发事件损害当事人的个人利益,当事人对此产生不满可以理解,但个人的暂时不满被现场媒体、自媒体传播放大,可引起一定的网络舆情。最好的解决办法是当事人澄清、主流媒体正面报道、管理部门正确引导,尤其要让社会大众深刻认识到党和政府为此作出的巨大努力和取得的成果,消除杂音、噪声的影响。

(5)管理保障机制。自然灾害突发事件网络舆情协同治理涉及多元主体,包括政府主管部门、网络平台、信息发布者、社会大众等。政府主管部门处于核心地位,首先负有监管舆情全过程的责任,要通过网信部门密切跟踪可能引发舆情的信息,关注其演变过程,分析其成因及传播的场域。在舆情到达临界点之前,向上级主管部门汇报,向涉及单位通报,制定合理合规、具有信服力的应对方案,这些需要专业人才的参与。因此,培养一批懂业务、理论功底强、信念坚定、敢于担当的舆情监控与分析骨干是治理舆情的关键之一。管理部门要充分利用先进技术对平台敏感信息进行技术筛选、过滤与定位,掌握舆情来源、产生环境及其背后可能隐含的事件,必要时进行合理合规的在线管理。建立权威的信息发布渠道,让业务骨干研判并还原事件的本质,发布党和政府的治理强音,让谣言无处遁形。加大信息平台建设力度,增大平台信息容量,吸引更多的社会公众依赖传播正能量的公共平台获取信息、增长知识、扩大视野。中央宣传部主管的"学习强国"平台在引导舆论和公民终身学习方面树立了极好范式,为各级地方政府建立本区域的公共信息平台提供了学习的标杆。完善和制定相关法律,让平台、网络接收终端接受真正的监管;强化平台所有者和管理者的法律与道德责任,尤其是发布内容的审查责任,让越轨的组织和个人受到法律法规的惩罚。

(6)善后恢复机制。对舆情的后续处置要果敢,取信于民。当自然灾害突发事件网络舆情基本处于稳定阶段时,除继续保持密切关注外,后续处理工作要全速推进。首先,舆情监控方、主管部门、当事部门(当事者)要建立协同工作机制,梳理舆情产生的深层原因,检视原有处理方案存在的不足,调查当事人、经办人和审批负责人有无不作为、乱作为甚至违法乱纪行为等,最后出具基于事实的有很强信服力的调查报告,通过官方途径对外发布并收集反馈信息。其次,对发生的舆情要建档立案、科学评价。自然灾害本身引发的舆情足以影响一定区域、相当数量的公众,任何与之有关的负面信息都可能被广泛传播,甚至被无限放大,脱离事件本质,误导广大民众,继而引发混乱。只有对事件进行科学评价,找出影响舆情发酵的主要因素,应用治理手段从源头上治理,才能规避此类事件的再度发生,确保即使偶发,亦能从容应对。最后,所有的当事者都要从此事件中深刻总结经验、吸取教训,绷紧"舆情"这根神经,让"善治"成为工作的信条。

12.6.5 自然灾害网络舆情协同治理路径

12.6.5.1 平衡主体间的角色关系

基于自然灾害的突发事件网络舆情涉及的主体多元,发布途径复杂,治理难度大、成本高,需要推动参与主体协同配合方能收到预期效果。政府是核心主体和领导主体,是舆情管理规则的制定者和监管者,更是舆情高地的守护者;网络平台是舆情产生的载体,是网络经济活动的参与者,其行为具有较明显的逐利特征;信息发布者是实际的当事人或利益相关者,其对特定的人或事件的态度和意见掺杂着个人情感。信息接受者为社会公众,无意获取且无视者居多,有意传播者极少。对于四种角色的关系,要放到政治、社会和文化环境中去平衡。网络平台要遵守相关法律法规,接受政府主体的检查、监督和指导,严肃行使法律法规和政府赋予的权力,自觉负起政治审查责任和社会责任,杜绝有害信息通过平台传播;信息发布者要始终践行自己的初心使命,做社会主义核心价值观的弘扬者和践行者;社会公众要自觉做社会公平正义的维护者、中华传统美德的继承者。

12.6.5.2 构建新型网络组织关系

对于网络空间的舆情治理,不能简单依靠技术来封堵、控制,而应采取人性化的治理方式。网络社区中围绕"热点事件"聚集了很多人,他们便是社区成员,其中政府、网络平台、信息发布者和信息接受者均在其中,这四者构成了社区管理群体。政府负责社区的全面领导,指导其他管理者参与管理,共同维护社区的稳定和谐;其关系不是简单的直线型垂直关系,而是纵横交错的合作关系,管理者之间直接沟通、协商,信息在成员之间是共享的。网络社区管理者只要尽到了职责,就会得到社区成员的广泛认可。在这样的环境中,不利于集体利益的行为难以得到认同。网络社区具有扩散效应和虹吸效应,规模会不断扩张,影响力也会不断彰显,从而在网络空间中成为一个积极的稳定因素。

12.6.5.3 构筑协同文化

自然灾害突发公共事件网络舆情的产生有特殊环境因素、个体心理压力因素和外界干扰因素,但最根本的原因是一些人的理想信念出现了问题,导致某些网络舆情主体对问题的认知出现偏差,借机采用越轨行为以达到其预期目标。要实现网络舆情空间的有效治理,文化共识是基础。优秀的企业都有自身特有的文化,无形中规范着员工的言行,其约束力甚至强于一般的有形规定。可以从以下几方面着手,建立共同遵守的协同文化。首先,要重视认同问题,既要让参与者敞开自己的心扉,也要减少互相防范产生的管理成本,使参与者更好地接受和认可合理合规的规范,这是建立协同文化的关键之举。其次,要不断学习,参与者从学习中提升自己明辨是非的能力,感受协同文化的魅力,不断强化自己的认知,自觉与公认的治理文化趋同。此外,由于自然灾害突发事件造成的舆情会随着环境的变化以及受众的态度和行为改变不断发展,继之而来的是新的舆情或衍生事件,加大了治理的难度,因此,需要参与治理的成员不断创新思维和工具,在高层次上构筑新的协同治理文化,从方法、工具和策略上对舆情进行全方位治理。

12.6.5.4 完善制度设计

科学有效的制度设计是保证协同治理成效的根本,亦是解决纷争和矛盾的依据。自然灾害突发事件产生的舆情涉及众多人员、多种利益关系。前期的舆情会由小变大,由内隐走向显性;若治理有效,舆情则逐步缩小,呈衰弱变化态势,舆情表达由显性转向内隐。但是,若要根治由事件产生的舆情,则需要解决利益相关者的认知问题,继而影响其现实行为。一是要制定合理有效的利益表达机制,除了利益无关的外围参与者,其余所有的社区成员都存在一定的利益诉求,有的合理,有的无理。无论如何,要让每个人有表达诉求的机会与途径,让公众作评判,对不合理的诉求提出反驳和建议。另外,要弹性处置,从人文关怀视域考虑其合理诉求,防止利益相关者行为极端化与治理高成本化。二是要建立公平合理的利益平衡机制,使每位成员的利益都能得到保护,尤其是利益相关者之间能对利益的平衡基本满意,消除相互猜忌和斗狠,回归正常沟通交流状态。三是要完善信息共享机制。很多舆情之所以无限蔓延,很大程度上源于信息不对称,掌握先机的"话语人"利用先发优势传播自己的观点和主张,以博得公众的同情和支持。若其谋划得当,前期很容易得到广泛共鸣。有相关经历的人更是会借此表达不满,引发网络情绪感染,甚至出现线下聚集。阻止不明真相的公众参与的最好办法就是披露真实信息,让大众能便捷地分享信息,进而掌握事件真相,使舆情热度自然冷却。舆情联动处置机制也不可或缺,它不但能提高处置效率,而且能创造出好的治理模式,成为舆情处置的借鉴范式。

12.6.5.5 加强法律建设

法律是调整社会关系的最后手段,网络舆情治理需要加强法律建设。虽然很多自然灾害引发的舆情是个别人员的无意之举,信息发布者、传播者对可能产生的社会影响缺乏应有的预见性,无须通过法律手段加以解决,但要充分重视此类舆情,防止舆情脱网、脱缰,成为危害社会稳定的引爆点。我国关于网络安全和突发事件处置的基础性法律分别为《中华人民共和国网络安全法》和《中华人民共和国突发事件应对法》,可根据对应条款对部分舆情进行处置。但这两部法律对网络舆情的分级分类、管理机构、精确处置标准等缺乏明确规定,出台一部应对舆情的专门法律是网络社区治理的必然要求。

12.7 理顺应急资源协同配置建设中的几种关系

在前述应急资源一体化协同配置过程中,重点论述了常态配置与动态配置、管理一体化与常态、动态一体化的关系,这些关系是影响一体化协同的主要因素和资源配置的关键组成部分。一体化协同的实现过程中还存在许多微观关系,各个环节之间的协调和配合非常关键,应在细节上加以重视。

12.7.1 一体化协同系统的配置效率与配置成本的关系

一体化协同系统的配置效率体现在速度与质量两个方面:速度决定满足需求耗费的时间,质量决定最终配置效果。速度的提升要求相应的设施设备来支持,如车辆类型与数量、设施点位置与数量、从事资源配置的人员数量等须得到保证。质量的提高不仅对设施设备有更严格的要求,还需要各环节紧密配合。

资源配置成本是资源成本、设施设备成本、运行成本(包括人员费用、维护和管理费用)、机会成本等的总和。其中,资源成本与资源数量和种类息息相关,设施设备成本是投入规模的量化体现,运行成本反映在资源配置的全过程中,物资资源与人力资源均存在机会成本。

可以依据需求尽可能地提高资源配置速度与质量,从而实现高效率配置,但配置成本也会随之大幅增加,造成大量"无效用成本",不利于救灾效果最大化。最优的选择是实现配置效率与配置成本的"合理匹配",即配置效率提升应有一定的限度,在重点需求得到满足后,要考虑救援的经济性。重点需求特指人员安全、重点设施设备与城市安全及其他影响全局或局部的需求。

12.7.2 资源通用性配置与专用性配置的关系

资源通用性配置体现在资源共用性上,其配置的资源能适应不同的灾害需求,需要覆盖的范围比较大。资源专用性配置是指针对特定灾种需求的资源配置,如火灾用的消防车、森林火灾用的吹风机、旱灾用的钻井设备等。这类需求往往较小,无须大范围覆盖。处理通用性配置与专用性配置关系的依据是灾种的类别和需求强度,存在较大的区域特征。

我国幅员辽阔,对于主要灾种集中且频发、需求强度大的区域,应实行通用性与专用性的分离配置,即在整体一体化体系框架下实行局部一体化,保证配置的针对性与有效性。对于灾种较少、危害不大的区域,应实行通用性与专用性合并配置,即运输路线相同,储备地点共用,只在车辆类型、储存区域上作适应性改造。

本书针对自然灾害应急资源一体化配置模式的设计思路对其他灾害资源配置也有借鉴意义，设计的一体化系统也能部分实现其他灾种的配置需求，但在每个一体化阶段的安排上存在较大差异，如应急点的选址与建设、动态配送方式的选择、管理一体化的体系设计与主体安排等。

12.7.3　实物资源与信息资源的关系

实物资源具有特定的物理形态，其配置受环境、设施设备的限制较大，且自身需要定期维护或具有保质期。信息资源以虚拟形式存在，对相关的支撑设备要求较高，分为灾害发生前的信息资源和灾害发生后反映灾情变化、需求变动、配置过程的共享信息资源。

实物资源与信息资源搭配配置主要体现在常态配置阶段的储备环节。在对资源需求数量预测的基础上，依据经济性原则，一般储备一定比例的实物资源，剩余部分以信息形态存在。灾情一旦出现，全部信息资源能迅速转化为实物资源并按照一体化流程配置给受灾体，恢复到正常状态后，两种形式的配置又回到共存状态。

共享信息资源是资源配置过程中的流转信息，各环节与主体均能及时捕捉并解读，进而协调资源的配置过程，实现实物与信息资源的一体化配置。

12.7.4　人为过度需求与被动过度供给的关系

人为过度需求与被动过度供给的关系可以描述为长鞭效应，是供应链管理环境中的一个概念，是在市场机制作用下，各环节与节点以逐利为目标人为制造的一种需求逐级放大现象，其结果是增加了各个环节的成本，造成资源在节点上的沉淀。

若严格沿着资源一体化配置的路径，则不会产生供给-需求的严重不匹配情景，只可能出现资源在途过剩——运输途中的资源尚未到达目的地，现场需求已经得到满足。处于紧急状态时，由于前期对灾情发展、需求变化研判不精确，容易发出原始放大需求的指令，一体化模式中各个环节为保证自己工作的顺利开展，同样会无视真实信息而发出相应的放大需求的指令，造成需求在配置环节上的无序放大，迫使放大生产的应急资源不能产生实效。解决办法是严格遵循设计一体化路径，各节点把握好自己的责任与权利。更为重要的是,共享信息资源必须按照同一准则识别、解读,上传信息真实、准确,对发生变化的信息及时修正。

12.7.5 资源紧急配置规则与法律法规保障的关系

紧急状态时,随着应急响应的启动,由需求拉动应急资源的供给,资源一体化配置路径由静态与动态结合型转换为管理一体化指导协调下的动态配置型。此时资源的配置原则是:重点保证供给充足,不考虑资源的供给成本;时间第一,采用一切可能的措施;先用后补,采取非常规手段筹措资源,不计较合理合规性;统一协调,不分军地、主体等。

而目前尚无针对应急资源配置的法律法规,资源的优化配置缺少法律支撑,影响配置的实施与长期资源配置规划的制定,甚至对战时资源配置也会产生较大消极影响。例如,主体协调困难、资源征用障碍、专用设备与特种设备市场化供应积极性差等问题。在应急法规与政策上缺乏处理军地、多主体协同问题的规定[187],对社会公共和私人资源征用规则与补偿机制、国家救援保障机制、社会化生产专用与特种设备的激励机制的规定也需进一步完善。

为适应紧急情况下的资源配置要求,应重视应急法律法规的基础理论研究,适时制定应急资源布局、基于一体化路径的应急资源柔性配置、应急资源征调与补偿、应急资源的社会化供给、应急资源的激励供给、灾害保险等方面的法律法规。

12.8 小结

政策和措施是应急资源协同配置得以实现的现实条件,包括理顺应急管理部门间的协调关系,系统内实行垂直管理,将社工组织纳入管理体系,加强一体化的体制与机制建设。现阶段以应急资源联动配置作为较现实的配置模式,处理好资源配置"够用性""持续性"与环节"同步性"的关系,加强以应急点为代表的核心节点建设,完善应急信息管理,加强自然灾害网络舆情治理等。同时,还需要处理好配置效率与成本的关系、实物资源与信息资源的关系、通用性配置与专用性配置的关系、人为过度需求与被动过度供给的关系、资源紧急配置规则与法律法规保障的关系等。

第13章 自然灾害应急资源配置案例

13.1 芦山地震应急资源配置案例

13.1.1 芦山地震震情和灾情

13.1.1.1 芦山地震震情

芦山地震是继2008年汶川大地震后最为严重的自然灾害之一。据中国地震台网测定,北京时间2013年4月20日8时,在北纬30.3°、东经103.0°的四川省雅安市芦山县境内发生了面波震级7.0级、震源深度13公里的强震,此次地震的最大烈度达9.0度,震感强烈。

此次的震中位置为芦山县龙门乡马边沟,与2008年的汶川大地震震中相距50公里,与之相距100公里的成都市和与其邻近的雅安市震感明显;相邻的甘肃省、陕西省、贵州省和云南省部分地区亦有较为明显的震感。

此次地震波及面广、破坏力大,包括雅安在内的10多个市州、100多个县受到不同程度的破坏,21个县受灾较为严重,受灾面积达12500平方公里。地震带来的次生灾害较为严重,首先是余震频发,截至2013年5月12日,记录到余震8791次,包括5.0~5.9级4次,余震发生的频率较高,短期内出现数次震级较大的余震;其次是受震中环境因素的影响,芦山县、宝兴县和天全县的部分地质结构复杂区域出现塌方、滑坡、泥石流和堰塞湖等较为严重的地质灾害。

13.1.1.2 芦山地震灾情

芦山地震造成较多的人员伤亡。据四川省民政厅2013年4月23日6时统计,四川省芦山"4·20"7.0级强烈地震造成193人死亡、25人失踪、12211人受伤。波及四川雅安、成都等19个市州115个县,受灾人数达199万;死亡人数和失踪人数最多的均为雅安市,分别为173人和18人。

芦山地震对当地经济、生态、交通、通信、电力以及文物古迹等都造成了极大的损害。截至2013年4月22日12时,次生灾害严重损毁当地的基础设施,造成交通、通信、电力等不同程度的损坏。①地震造成国道318线、省道210线和211线不同程度受损,部分干线公路和乡镇公路损坏严重,通往重灾区的交通一度中断,影响了灾害的救援,经济损失超过100亿元。②地震使雅安和成都部分区域的电网遭受较大破坏,有24座变电站、223条线路受到不同程度的影响,雅安境内的12条线路停运,12.6万户停电。雅安地区的芦山、宝兴、天全3县的电网全部垮网停电。③地震造成通信局(所)受灾5个、固定和移动通信基站损毁724座、通信中断乡镇16个。宝兴县通信全阻,天全县、芦山县通信大面积中断,通往阿坝、雅安的3条光缆环中断。受损水库和电站分别为622座和208座,堤防安全受到了较大威胁。④城乡住房倒塌13.95万余间,严重受损36.74万余间,震中芦山县龙门乡99%以上房屋垮塌,部分地区房屋损毁率超过90%。⑤截至2013年4月21日14时,文物古迹受到较大波及,包括全国重点文物保护单位24处,省级文物保护单位61处,市、县级文物保护单位17处,文物点1处,可移动文物受损总数328件(套),馆舍建筑受损面积40827 m^2,直接经济损失约3.58亿元。

13.1.2 芦山地震主要应急资源配置

13.1.2.1 应急管理机构

灾害应急救援是一项复杂的系统工程,涉及很多因素与环节。应急物资的获取和调配、道路抢修、人员搜救、受灾人员安置等救灾工作,需要不同专业的技术人员及时参与。地震灾害的应对处置要求迅速组织救援人员,协调各方力量,尽快筹集足够的应急物资、先进的救援设备,以最快捷、最安全和最合理的方式运往受灾点,全方位开展救援行动。在各种救援资源中,领导机构、办事机构及指挥协调机构等应急组织为抗震救灾工作科学、有序地开展提供了组织保障。

在国家层面,地震发生后,国务院启动抗震救灾一级响应,迅速成立由时任副总理汪洋担任指挥长的"4·20"抗震救灾前方指挥部(后改为国务院指导协调组),负责总体指挥协调全国各部委、各省市的抗震支援工作,以及专业队伍和应急物资的调配工作,组织全国应急管理专家、灾害救援专家和地震专家制定救援方案,指导成立国家级的各专业工作组,指导地方的救援工作。

按照应急一级响应的要求,中国地震局成立应急指挥部。国家减灾委员会、民政部、公安部等有关部门迅速启动应急响应机制,协调救援资源,开展应急处置工作。

在省级层面,地震发生后,四川省启动了一级地震应急响应,成立"四川省'4·20'芦山地震抗震救灾指挥部",全面指挥、统筹全省的抗震救灾工作,省委书记任指挥长,省长任副指挥长。根据灾害产生的后果和救援的需要,在前方指挥部和国家专家组的指导下分别成立抢险救援组、医疗救助组、道路抢通组、物资保障组、群众安置组、新闻宣传组、社会稳定组、社会组织服务组、监督检查督导组共9个工作组。省委常委或副省长按照各自分工,分别负责相应小组的工作。各小组再次进行内部二次细化分工,做到目标到人、责任到人,同时互相支援,迅速投入不同区域的救援工作。

为了建立前后方衔接的应急指挥体系,四川省委、省政府决定,直接把"省抗震救灾指挥部"设立在地震灾区一线的芦山县龙门乡,并在省政府应急指挥中心设立"指挥部总值班室"。"省抗震救灾指挥部"按照"省里统一指挥,市里具体安排,县里抓好落实"的思路和方式实行应急指挥,并在第一时间内将相关要求和规定通知到灾区一线市县。而"指挥部总值班室"在后方开展应急救援,处置各个方面的衔接协调工作,以确保省指挥部各项应急救援决策部署的快速实施和贯彻落实。

根据中央军委的指示,军队和武警部队迅速投入抗震救灾第一线。中央军委成立指挥部并积极与前方指挥部和部委、省级指挥部对接协调,确保部队开展救援的针对性。

13.1.2.2 应急人力资源

应急人力资源是抗震救灾的主体,是一线救援的中坚力量。根据一级应急响应的要求,国家部委(局)、四川省均按照应急联动机制成立专业的救援队伍,并根据指挥部的统一安排开赴一线。根据专业能力,可以对芦山地震应急救援的应急人力资源作如下梳理。

(1)震情研判监测队伍。震情研判监测队伍由中国地震局和四川省地震局的相关专家组成,主要职责是会商震情级别及性质,研究同2008年汶川大地震的关联度,余震级别、次数及发生时间的检测,次生灾害发生的概率、时间及地点,震区气象的变化及工作建议等,以及指挥部需要的其他震情信息。正是由于震情研判监测队伍的专业工作,其他专业队伍开展工作才有了准确的信息和方向,把握了救援的时间节点和空间位置,确保了抗灾效率和人员安全。

(2)专业搜救队伍。专业搜救队伍由国家级救援队、各部委派出的专业救援队和四川省各级救援队伍组成,主要职责是充分利用"黄金72小时"的窗口期开展人员的搜救工作。不同救援队伍的功能任务存在差异,国家级救援队能力过硬、经验丰富、设备先进,承担危险区域的生命搜救任务;拥有大型装备的专业救援队开展高层危楼、坍塌楼房以及堰塞湖的搜救和排险工作。

(3)专业医疗队。专业医疗队由国家部委(局)指派成立的卫生专业队伍、军队卫生专业队伍和省市区卫生专业队伍组成,主要负责伤员的救治和转诊工作。其工作与其他专业队伍的工作并行开展,需要伤员转运车和人员的大力配合。对于伤情危重、现场无法处理的,需及时转出治疗。后期还要配合开展灾后的环境消杀工作,确保无大的疫情发生。

(4)后勤保障队伍。后勤保障队伍主要负责道路、通信、水电等抢修恢复工作,为其他专业队伍开展工作提供条件保障。此次地震产生的危害较大,通往灾区的道路严重损坏,需要快速打通生命救援通道,保证人员和物资的进入;通信中断,震区成了信息孤岛,需要技术人员尽快恢复;饮用水受到污染,影响人员的基本生活供给,需要净化装置和开辟新的水源。

(5)民间义务救援队伍。民间义务救援队伍主要由全国各地的红十字会和其他非政府组织召集,负责一般救灾物资的筹集和分发工作,受灾人员的心理疏导工作和一定范围的秩序维护及环境卫生工作。民间义务救援队伍是专业队伍的有益补充,可在现场处理其他专业队伍无暇顾及的事情,加速救援的进程。

13.1.2.3 应急物资资源

应急物资资源是震情现场的关键支撑,除去应急救援人员随身携带的小型资源外,其他资源都必须从灾区外部调运进入,包括救援所需资源和生活必需资源。

地震灾害救援应急资源。小型专业应急资源由各专业队伍进入灾区前从储备库中自行领取携带,用于现场的生命探测和救援;大型破拆设备、挖掘设备、高空救援设备、清障设备等根据需求就近调入。

地震灾害生活应急资源。这是基本的保障资源,亦是中后期应急资源调运的主体。根据灾情需求的轻重缓急,中国红十字会、四川省抗震救灾指挥部先期启动灾区的生活物资筹集和调运;国家相关部委依据灾情的变化和后续需求,启动灾情稳定阶段和恢复阶段的应急物资筹集和调运,实现应急资源由常态配置向动态配置再向逆向配置的调整。

前期急需生活物资筹集与调运。中国红十字会和民政部是第一批次应急资源调运的执行者。灾情发生后3天内,从9个中央储备库和部门救灾备灾中心向重灾区调运10余万顶帐篷、30余万床棉被、1万张折叠床、700个简易厕所,加上四川省向雅安调运的1万顶帐篷、2万床棉被、2千张折叠床,基本解决了人员的简单安置问题。

中后期应急资源筹集与调运。四川省政府公布了《四川省人民政府关于对"4.20"芦山7.0级地震灾区受灾群众过渡安置期实施生活救助有关问题的通知》,针对受灾家庭和人员的后续生活问题明确了临时救助政策。这项政策在前期给予紧急转移安置群众紧急生活救助的基础上,给予"三无"人员以特殊政策,即对那些紧急转移安置人群中有因灾造成房屋倒塌或者严重损害无房可住、无生活来源和无自救能力的人员,按照每人每天10元钱、1斤粮的标准发放临时生活救助,期限为6个月。据基层民政部门的统计和核查,当时转移安置人数有80万人,其中有54万人需要给予临时生活救助。此外,灾区通过搭建帐篷和简易棚户房,设立临时安置点,鼓励以投亲靠友等多种方式安置受灾群众。这些安置政策和安置措施使得当初80万转移安置群众能够迅速解决基本生活困难。

社会捐助是重要的应急物资补充。在四川省抗震救灾指挥部的统筹下,民政系统成立接收捐赠和物资筹集调运组,在各地市设立接收调运场地,在重要的车站、机场设置接收、转运办事机构,保障社会捐赠物资第一时间运至灾区,协调安置自行涌向灾区的社会救灾车辆和物资,有序推进救灾物资的合理分发。具体物资发放见表13-1。

表 13-1 雅安市 8 区县累计接收和发放的主要捐助物资

(截至 2013 年 5 月 5 日 16 时)

物资名称	累计接收	累计发放
帐篷	108666 顶	104238 顶
棉被	358070 床	335952 床
折叠床	9996 张	8519 张
衣物	216079 件	196747 件
大米或面粉	4690.32 吨	3454.61 吨
方便面	364901 件	330870 件
食用油	658042.7 千克	505672.2 千克
矿泉水	1030670 件	866899 件
彩条布	1416011 米	931973 米

13.1.2.4 应急财力资源

受地震灾害的冲击,社会秩序被搅乱、破坏,需要迅速恢复原有的运行格局。但多种建设的并行开展导致资金需求广泛、需求量大且集中。根据先民用后工业、保持教育不停顿的原则,应急财力资源应优先用于恢复社会运转的道路、承担公共服务的基础设施、大众的基本饮食和居住、学生的教育投入,并逐步推进相关配套资金投入,直至恢复灾前的社会状态,重点做到以下两点。

①基本公共服务设施基金投入及时高效。中央财政紧急拨付 10 亿元资金,用于灾区抢险救灾、基础设施恢复、人员安置、伤者救治和相关人员的抚恤。四川省级财政也紧急拨款,保障重灾区的救援和灾后重建。此外,各大金融机构也参与其中,银行系统简化救灾资金划拨通道,快速汇划救灾款项至需求账户;金融机构提供灾区贷款融资优惠服务措施,保证救灾和恢复建设资金贷款的快审快批;保险机构主动开通绿色理赔通道,积极对接服务对象,开展赔付工作。

②教育资金保障有力。灾后教育恢复工作被放到了更为重要的位置。灾情刚刚稳定,当地学校就在指挥部统一安排下借用帐篷等作为教室,推进复学复课。教育部门拨付专款支持灾区学校和师生开展自救和转移安置,最大程度减少学生的教育损失。

根据灾区的后续建设需要,指挥部协同当地党委和政府积极规划建设项目,争取国家和省财政的大力支持,同时开辟多条融资渠道,获取金融机构的信贷支持。

13.1.3 芦山地震县级应急资源配置——以天全县为例

天全县行政区划属四川省雅安市,2013年县辖15个乡镇,人口为15.5万人,面积2400平方千米。天全县与芦山县、宝兴县、荥经县、雅安市雨城区及甘孜藏族自治州的康定县、泸定县接壤。"4·20"强烈地震让天全县遭受了有明确记载以来破坏性最强、波及范围最广、受灾损失最大的一次自然灾害。据《2014年天全县人民政府工作报告》,地震直接造成天全县15个乡镇受灾,受灾人口达16.6万人(含外来人口),受伤1781人,6人遇难。其中12个乡镇在震灾七度区范围,3个乡镇在六度区范围。在此次地震中,人员伤亡严重,公共服务设施受损,崩塌、滑坡、泥石流等次生地质灾害隐患点急剧增加,全县绝大部分房屋遭受严重损毁,成为"站立的废墟"。

13.1.3.1 应急指挥机构

2013年4月20日10时,天全县委、县政府成立天全县抗震救灾指挥部,下设抗震救灾综合协调组和乡镇抗震救灾工作组,组织全县抗震救灾工作。

抗震救灾综合协调组负责抗震救灾综合协调工作,下设协调联系保障组、信访维稳安保组、灾情评估监测及统计组、救灾物资组、医疗保障组、宣传报道组、交通保障组、规划编制组、纪律保障组、灾害监测和安全评估组。

乡镇抗震救灾工作组负责督导并会同乡镇开展抗震救灾和其他工作。下设15个小组,由县级领导带队,分别负责15个乡镇的抗震救灾工作。

为加强对天全县"4·20"芦山地震抗震救灾和恢复重建各项工作的监督管理,天全县抗震救灾指挥部成立抗震救灾监督检查组,分设决策落实督查组、资金物资督查组、纪律作风督查组3个纪律工作组。其中,资金物资督查组主要负责对天全县各部门和单位接收、分配、拨付、管理、使用涉灾款物情况进行监督检查,对灾后重建项目进行审计监督检查。

2013年4月21日上午,中共天全县委召开第3次抗震救灾工作会。会议对救灾物资发放工作做了如下要求:一是安排好4000余名受灾群众的安身和生活问题;二是尽快恢复具备复课条件的学校,特别是初中、高中毕业班的正常教学秩序;三是切实做好临时过渡群体的公共卫生防疫工作。

13.1.3.2 应急人力资源

芦山地震天全县主要救援人员统计见表 13-2。相关数据来源于《芦山强烈地震天全抗震救灾志》。

表 13-2 芦山地震天全县主要救援人员统计表

救援力量	人员构成	时间	工作
解放军救援	成都军区第十三集团军天全救援分队 150 名官兵	4 月 23 日下午到达，持续 40 天	搜救伤员、抢运财物、搭建帐篷、搬运物资、排危除险和安置灾民
民兵预备役救援	先后投入民兵、预备役部队 3 万余人次	抗震救灾期间	受灾群众的抢救、伤病群众救助、危房拆除和排危、救灾物资装卸、搬运、发放、道路保通、应急维稳等各种救灾任务
公安救援	天全县公安局 138 名民警和 130 名辅警	4 月 20 日 8 时开始	抢救群众生命财产、维护震后社会秩序稳定、交通保畅及社会治安防控
	眉山市公安局交警支队 30 名交警	4 月 20 日—5 月 4 日	
	达州市公安局交警支队 30 名交警	5 月 4 日—5 月 14 日	
	巴中市公安局交警支队 30 名交警	5 月 14 日—5 月 30 日	
	宜宾市公安局交警支队 30 名交警	5 月 30 日—6 月 14 日	
武警救援	累计出动兵力 3000 余人次	截至 6 月 25 日	重点救援、搬运救灾物资、转移伤病员、搭建帐篷、维护秩序
消防救援	天全县公安消防大队 30 名消防战士	4 月 20 日 9 时开始	搜救伤员、排危排险、驻守巡查、整改火灾隐患和消防宣传
	四川省消防总队抽调 14 名消防战士	5 月 1 日开始	
党委、政府救援	组建抗震救灾工作队、党员服务队、党员抢险队、群众工作队等 389 支，共 6000 余人	截至 4 月 24 日	抢险救灾

续表

救援力量	人员构成	时间	工作
志愿者救援	学雷锋志愿服务队15支 全县招募本地组织志愿者服务3.4万人次 四川省抗震救灾社会组织和志愿者服务中心组成员 天全县妇联组织1300名巾帼志愿者 绵阳市综合应急救援队工程大队26名专业救援人员 陕西曙光救援队53名专业救援人员和18名随行志愿者 四川省教育厅、省教工委心理专家和志愿者组成的心理服务队、大学生心理学志愿者服务队共300余人 四川农业大学四支动物防疫志愿者小分队39名专业对口学生 西南科技大学应用心理学志愿者小分队 中国壹基金等社会团体和组织、全国主要志愿者组织及爱心志愿者	抗震救灾期间	搭建帐篷、安抚群众、接受咨询、环境治理、物资搬运、提供茶水、导引行车路线、疏散转移、心理疏导、消毒防疫

13.1.3.3 应急物资资源

地震发生前,天全县提前储备的物资有挖掘机、推土机、吊装设备、帐篷、棉被、大衣、麻袋、编织布、砂石料、大米、清油等,由民政局、交通局、国土资源局、防震减灾局等部门分别进行管理。这些物资在灾后交通、通信阻断,外部救灾物资尚未运抵天全县的情况下发挥了重要作用,充分体现了常态应急资源储备的重要性,常态应急资源储备的位置、种类和数量直接影响到常态资源配置转化为动态资源配置的时效及作用发挥。

地震发生后,县抗震救灾指挥部设立救灾物资组,及时筹集、清理和调运本县储备的救灾装备和物资,组织接收县外支援物资及分配调运工作。地震当天,根据各乡镇灾情和抢险救灾需要,天全县抗震救灾指挥部紧急组织11台货车,连夜将救灾物资从县城运输到重灾乡镇。震后第二天(2023年4月21日)凌晨2时,最急需的救灾物资就被顺利运送到抢险救灾一线,为救灾工作开展赢得了宝贵的时间。

截至 2013 年 4 月 30 日,县抗震救灾指挥部调动客运车辆 180 余台次,出动 10 余名运管、路政执法人员,疏散受灾群众 4000 余人;组织货运车辆 367 台次,向全县各受灾乡镇调运、发放应急物资数额见表 13-3,相关数据来源于《芦山强烈地震天全抗震救灾志》。

表 13-3　天全县抗震救灾指挥部调运的应急物资
(截至 2013 年 4 月 30 日)

物资名称	物资数量
帐篷	21430 顶
棉被	105615 床
折叠床	5160 张
衣物	35872 件
矿泉水	207642 箱
大米或面粉	832.215 吨
方便面	92683 箱
饼干	14880 箱
火腿肠	10531 箱
食油	126490 千克
食品类(其他)	213011 箱
药品	7504 箱
彩条布	8728.8 件(218220 米)
应急灯	11944 盏
活动板房	107 间
其他救灾物资	207664 件

在抢险救灾过程中,天全县及时为公安局、武警中队、消防中队和民兵预备役部队配齐通信设备,以及铁锹、镐等各类抢险工具器材,紧急调配车辆,加强救援物资和后勤保障,提供保障干粮 5000 余份、迷彩服 1173 套、手套 1240 双。

天全县交通局在地震灾情发生后至 2013 年 6 月 13 日,累计投入抗震救灾机具 140 台次、车辆 350 余台次,清除塌方 10 万余立方米,用于震后交通应急抢险资金 493 万余元,确保通往芦山、宝兴地震灾区"生命线"安全畅通。

天全县慈善会自 2013 年 4 月 20 日至 2013 年 7 月 15 日,累计接收民政部、省民政厅、市民政局下拨调运救灾物资包括帐篷 17226 顶、棉被

41368床、折叠床1373张、衣物13309件、大米或面粉136.48吨、方便面28291箱、饼干5791箱、火腿肠3028箱、食用油49140千克、其他食品40193件、药品3331箱、矿泉水101625箱、应急灯14847盏、彩条布15840米、活动板房17间、净水器44台、其他物资15835箱。

救灾粮油的接收和发放情况：截至2013年12月底，天全县粮食局累计接收救济粮5384.88吨，发放救济粮5384.88吨。

捐赠物资的接收和发放情况：2013年4月21日至2013年10月28日，县民政局、县慈善会累计接收社会捐赠赈灾物资折价总额19540.64万元。截至2013年5月17日，天全县红十字会累计接收捐赠物资16万余件，折价近亿元。根据县抗震救灾指挥部的统一安排，相关部门合理分配、发放了上述物资，见表13-4，相关数据来源于《芦山强烈地震天全抗震救灾志》。

13.1.3.4 应急资金资源

本次灾害的破坏力极大，安置受灾人员、恢复建设的资金需求量很大，县财政无力承担如此重压，需要从多渠道获取资金支持。

一是将救灾资金的需求置于首位。地震发生后，天全县启动财政资金拨付绿色通道，全力保障抢险救灾的需求。2013年4月21日，县财政紧急拨付救灾资金200万元。4月22日，在财政资金十分紧张的情况下，积极自筹资金1500万元，拨付县抗震救灾指挥部，用于应急抢险救灾。4月24日，为防止大灾之后发生大疫，保障灾区环境卫生，县财政连夜安排下拨10万元专项资金，用于地震灾区环境卫生整治。4月26日，县财政紧急拨付上级专调地震受灾群众临时生活救助资金5000万元，把"1斤粮、10块钱"的救助政策落实到每位受灾群众。截至4月26日，县财政安排支出抗震救灾应急资金7383万元。其中，从上级财政预调资金中支出6636万元，分别用于民政救济及过渡安置房5450万元，物资储备调运10万元，医疗救治及卫生防疫170万元，地质灾害监测106万元，公路、水利、教育等基础设施抢修800万元，公安政法维稳保障40万元，危房排危、城市管道应急抢险60万元；县本级财政下达预算指标747万元。

为加强"4·20"芦山强烈地震资金使用管理，天全县根据上级调度的救灾资金总量，结合实际整理出的各单位受灾情况和资金需求，结合各单位上报的救灾资金使用方案，提出救灾资金安排计划，经县抗震救灾指挥部批准后，将资金预拨到相关单位，由各单位或切块归口部门管理并进行财务核算。

表 13-4 天全县民政局"4·20"芦山强烈地震灾害下拨救灾物资统计表

时间：2013 年 12 月 19 日

物资品名	帐篷（顶）	棉被（床）	折叠床（床）	衣物（件）	大米面粉（吨）	食品 方便面（件）	食品 饼干（件）	食品 火腿肠（件）	食品 食用油（千克）	食品 其他食品（件）	药品（件）	矿泉水（箱）	应急灯（盏）	彩条布（米）	活动板房（平方米）	净水器（台）	发电机（台）	电瓶车（辆）	摩托车（辆）	其他（件）
城厢镇	4008	22326	1	2331	89.9	6031	2530	4803	17780	23852	20	30609	2622	440	—	—	6	5	—	40165
始阳镇	1713	10447	2343	11611	159	19923	2004	—	14790	61373	274	31956	1952	17200	—	47	5	4	—	16707
老场乡	2386	10098	210	25329	61.15	6796	1406	—	12350	13249	1359	13887	2468	30500	80	—	4	2	2	37628
仁义乡	2238	6506	348	8244	30.3	2204	759	—	4650	6101	1735	9210	2768	10350	—	360	1	3	1	12372
新华乡	2225	3490	760	4551	48.85	6241	1059	—	8900	9560	21	18772	2508	25750	—	—	2	2	1	9487
多功乡	870	3347	350	779	97.515	5331	352	—	10185	20454	155	16690	1208	1800	—	—	2	2	—	7055
乐英乡	2296	5830	—	8853	74.27	6816	550	551	6925	12878	58	26672	1658	20400	—	—	4	3	1	23072
新场乡	1413	5481	—	1823	4.3	8836	3324	185	5010	11616	31	14995	2052	3000	—	—	4	3	—	4581
兴业乡	418	3909	—	1839	81.9	2730	169	20	17610	10203	295	5383	2052	—	—	—	2	2	1	2722
鱼泉乡	233	5396	—	390	32.18	4393	169	143	16850	1641	1	2636	1496	1600	—	—	4	2	1	3939
思经乡	1223	9220	3621	2555	91	3804	5709	—	7840	13263	81	18077	2308	2400	—	200	4	3	—	12374
小河乡	2351	3709	200	3184	28.88	6850	1288	2076	14100	14101	2	17885	1408	23000	—	—	3	3	—	9848
紫石乡	181	4765	—	628	35.03	2151	579	—	5925	2455	42	834	1176	400	—	—	3	2	—	1991
两路乡	167	2788	—	802	35.65	2582	494	150	9050	3805	1	1739	1126	6000	—	—	4	—	2	2975
大坪乡	1361	1102	480	673	49.45	5453	2000	183	8340	3784	1	6675	1509	20800	—	—	2	2	—	13295
教育	918	14446	530	26396	114	18918	1474	2127	27400	21860	125	61412	400	42000	4272	102	—	—	—	9982
卫生	465	3315	—	4173	0.45	722	5	307	10829	4372	3889	1541	664	2200	225	300	—	—	—	10862
其他部门	1847	751	437	3182	25.145	2873	613	—	—	4514	6994	4972	2797	46090	—	13	71	7	15	30450
合计	26313	116926	9280	107343	1058.96	112654	24484	10545	198534	239081	15084	283945	32172	253930	4577	1022	118	45	24	249505

地震发生后，天全县积极向省、市财政部门汇报灾情，全力争取上级财政部门和社会各界的支持。全县共争取上级单位拨付应急资金23845万元，收到各种捐赠资金5644万元。截至2013年年底，共拨付抢险救灾资金24294万元(含捐赠和其他资金449万元)，重点用于抢险救灾、生活救济、卫生防疫、伤员救治、地质灾害监测、群众安置、遇难家属慰问、基础设施建设8个方面，全力保障抗震救灾的资金需求。

为体现党中央和省、市对灾区基层党组织和共产党员的关怀，中央组织部、省委组织部和市委组织部下拨党费60万元，县委组织部从县管党费中配套下拨党费5万元，用作基层党组织抗震资金和灾后建设资金。具体用途为：5月2日，根据各乡镇受灾情况和抗震救灾任务，下拨50万元党费到全县各乡镇，下拨的党费由乡镇抗震救灾临时党委指导乡镇党委按规定用途统筹安排使用，其余15万元用作各类党员服务队、抢险队、突击队和群众工作队等的工作经费，由乡镇、县级部门、企事业单位党组织申报，经县委组织部审核认定后，对表现突出的给予一定的工作经费补助。

二是积极筹措和发放救济资金。按照灾情和灾区的实际需要，党中央、国务院，省委、省政府，市委、市政府经由民政、财政部门先后下拨灾区基本生活救助资金(分应急期、过渡期和2013—2014年冬春受灾人员生活救助三个阶段发放)。自2013年6月25日至12月28日，天全县民政局累计接收款项8笔，接收救助资金总额73264.5万元，全部按照要求发放至相关人员。

三是多渠道接收捐赠资金。2013年4月21日至10月28日，天全县民政局、县慈善会累计接收社会捐赠资金总额2310.08万元。

四是充分利用援建资金开展项目建设。灾后重建阶段，天全县红十字会争取到中国红十字会等组织的灾后重建项目，援建协议资金10038.08万元。截至2015年12月31日，天全县的31个灾后重建项目共向市红十字会申请援建资金5799.61万元，收到援建资金5799.61万元；县红十字会拨付援建资金5772.51万元到项目业主单位。

13.1.3.5 应急资源分发和调运

天全县民政局抗震救灾工作领导小组下设款物接收组和物资供应组。款物接收组负责境内外组织和个人赈灾款物接收管理工作。物资供应组负责物资分运和统计工作。

天全县粮食局抗震救灾领导小组下设信息工作组和粮食调运组。信息工作组负责了解全县各乡镇粮食需求,做好粮食发放进度统计。粮食调运组负责协调救济粮发往天全县粮食的时间、数量等,做好粮食入库、供应发放工作。

天全县卫生局成立专门机构,负责接收、调配、发放市卫生局和县抗震救灾指挥部分发的抗震救灾药物和医疗器械。

共青团天全县委抗震救灾领导小组下设联络组、志愿者招募组,负责接收和招募参加抗震救灾和赈灾工作的志愿者。

天全县红十字会抗震救灾领导小组负责组织接收红十字系统的抗震救灾物资、资金并发放、分配救灾物资到乡镇。

县域的城厢、小河、紫石、两路、鱼泉、思经、始阳、大坪、多功、乐英、仁义、老场、新华、新场、兴业15个乡镇相继成立抗震救灾工作小组,全县138个村、6个社区居委会分别设立抗震救灾物资发放小组。

天全县抗震救灾指挥部本着及时、快捷、高效、公开、公平、公正的原则,按照受灾区域大小、受灾程度和群众需求进行物资分配。①县救灾物资的组织派运。县救灾物资组负责救灾物资的组织、派运。原则上当天接收,当天派运发送,当天送达。②县救灾物资组救灾物资分配。按照乡镇前一天15时前报送的需求信息,根据灾情和筹集物资的品种、数量制定分配计划,统筹分配、发运。如有紧急需求,随时组织派运。每天通过网络或简报公示救灾物资接收、组织派运情况。③县救灾物资组物资分配内部管理。统计汇总物资筹集、发放情况和各乡镇需求信息。提出分配计划,制发"物资组织派运审批单",由救灾物资组负责人审核。组织相关部门、乡镇实施调拨,将救灾物资组织运送到乡镇需求点。乡镇要及时反馈物资分配和接收回执。④乡镇救灾物资分配发放。乡镇应在当天将送来的救灾物资及时组织分运到重灾村(组)。村(组)应迅速将物资发放到户。各发放点应在显著位置张榜公布接收发放明细,乡、村、组每天应通过网络、广播、张榜等各种形式对救灾物资的接收、分配情况进行公布、公示,自觉接受群众监督。

13.1.4 天全县震后处理效率评价

为客观准确地评价救灾效果,采用超效率SBM-DEA模型对天全县此次灾后处置效率进行测算。首先需要选取合适的投入及产出变量,然后测算出天全县内各乡镇的效率值。基于天全县地方志工作办公室对抗震救灾工作的总结,本次测算以应急物资资源的支援作为投入指标,以灾后处理结果作为产出指标。由于此次地震波及范围较广,天全县内各个乡镇都遭受了一定的损失,因此,本次测算以天全县的 15 个乡镇为决策单元,对 2013 年天全县各乡镇地震后处理效率进行客观、科学的评估。

本次测算结合衣、食、住、医选取了 5 个投入指标,分别为"衣物下拨情况""方便面下拨情况""饼干下拨情况""帐篷下拨情况"以及"药品下拨情况"。产出指标主要有 2 个,分别为"挽救生命比例"和"挽救财产比例"。其中,"挽救生命比例"等于 1 减去"死亡人数"与"伤亡人口总数"的比值;"挽救财产比例"等于 1 减去"倒塌及严重毁损住宅数"与"震后受损住宅总数"的比值。由于天全县城镇住宅毁损数据缺失,因此,"挽救财产比例"只选择了天全县农村住宅毁损数。这两个产出指标的值越高,表明该地区的震后处理结果越好。相关数据来源于《芦山强烈地震天全抗震救灾志》。

采用超效率 SBM-DEA 模型对天全县各乡镇 2013 年震后应急资源配置效率、纯技术效率以及规模效率进行测试后,得出的具体结果见表 13-5。

表 13-5　天全县各乡镇 2013 年震后应急资源处置效率

地区	应急资源配置效率	纯技术效率	规模效率
城厢镇	0.395	0.628	0.665
始阳镇	0.106	0.167	0.981
老场乡	0.405	0.756	0.455
仁义乡	1.229	1.000	0.989
新华乡	1.000	1.000	1.000
多功乡	2.203	1.000	0.726
乐英乡	0.487	0.715	0.737
新场乡	0.283	0.384	0.902
兴业乡	1.122	1.000	1.000
鱼泉乡	1.596	1.000	1.000
思经乡	1.007	1.000	0.571
小河乡	1.038	1.000	0.503
紫石乡	1.095	1.000	1.000
两路乡	1.490	1.000	1.000
大坪乡	2.620	1.000	1.000

通过表 13-5 可以看出,天全县各乡镇的应急资源配置效率差距较大。根据应急资源配置效率值分布情况,可以将天全县 15 个乡镇划为三类:第一类效率值低于 0.5,分别为城厢镇、始阳镇、老场乡、乐英乡、新场乡等 5

个地区,这些地区的震后物资配置效率较低;第二类效率值大于等于1但小于1.5,分别为仁义乡、新华乡、兴业乡、思经乡、小河乡、紫石乡、两路乡等7个地区;第三类效率值大于1.5,分别为多功乡、鱼泉乡、大坪乡等3个地区,其中多功乡和大坪乡的配置效率大于2,震后物资配置效率最高。

对应急资源配置效率进行总结后发现,城厢镇、始阳镇、老场乡和新场乡的效率在天全县中最低。根据天全县的灾后调查,这些地区遭受地震后产生的需紧急救助人数较多,产出指标较低,这可能是这些地区应急资源配置效率较低的原因。

本次超效率SBM-DEA模型的测算结果还包括各地区的综合技术效率,综合技术效率可分解为纯技术效率和规模效率。在测算中,纯技术效率反映各乡镇应急资源的管理水平对投入产出效率的影响,规模效率反映各乡镇自身的规模对投入产出的影响。从测算结果可以看出,在纯技术效率方面,仁义乡、新华乡、多功乡等10个地区的效率为1;城厢镇、老场乡和乐英乡的纯技术效率大于0.5但小于1;始阳镇和新场乡的纯技术效率最低,小于0.5。在规模效率方面,新华乡、兴业乡、鱼泉乡、紫石乡、两路乡、大坪乡等6个地区的规模效率为1;城厢镇、始阳镇、仁义乡等8个地区的规模效率大于0.5但小于1;只有老场乡小于0.5。

对比纯技术效率后发现,始阳镇和新场乡的纯技术效率在全县内最低。根据天全县对各乡镇的灾后调查,可能的原因是这两个地区医疗设施的投入不到位,需紧急救助人数较多。对比规模效率后发现,老场乡的规模效率在全县内最低。对各乡镇的救援情况进行总结后发现,天全县物资分配只基于各乡镇的上报情况,老场乡收到的救援物资在全县内最多,但其应急资源配置效率处于较低水平,这表明其在物资配置方法选择上可能存在不合理的地方。

13.1.5 天全县救援物资与灾后处理效率的实证研究

在之前对天全县灾后处置效率评测的基础上,从衣、食、住三个方面出发,实证研究不同物资配备状况对灾后处置效率的影响。模型如下:

$$Y_i = \alpha + \beta_j \sum \ln X_j + \varepsilon_i \tag{13-1}$$

其中,Y_i是被解释变量,用天全县灾后处置效率表示;α为计量模型的常数项,表示未被解释变量解释且长期存在(非随机)的部分,即信息残留;β_j为各解释变量的系数,反映各解释变量的影响程度;i为第i个被解释变量或随机误差项；j 表示第 j 个解释变量；X_j 是解释变量和控制变量，主要分为衣（衣物）、食（大米或面粉）、住（发电机、帐篷、彩条布的数量）等变量。为缓解异方差性问题，此类变量均采用自然对数形式。回归结果见表13-6。

表13-6 天全县灾后处置效率的影响因素

	普通最小二乘法（OLS）			加权最小二乘法（WLS）		
	（1）	（2）	（3）	（4）	（5）	（6）
	灾后处置效率	灾后处置效率	灾后处置效率	灾后处置效率	灾后处置效率	灾后处置效率
发电机	−0.651**	−0.568**	−0.641***	−0.579**	−0.566**	−0.632***
	(0.291)	(0.223)	(0.184)	(0.224)	(0.208)	(0.176)
帐篷	−0.358*	−0.017	−0.030	−0.405**	−0.098	−0.066
	(0.173)	(0.174)	(0.141)	(0.167)	(0.160)	(0.135)
彩条布	0.043	0.061	0.084*	0.043	0.050	0.075
	(0.067)	(0.051)	(0.043)	(0.064)	(0.051)	(0.042)
衣物		−0.426**	−0.489***		−0.314**	−0.432***
		(0.141)	(0.118)		(0.132)	(0.117)
大米或面粉			0.310**			0.267**
			(0.126)			(0.111)
_cons	3.899***	4.610***	3.880***	4.009***	4.324***	3.882***
	(1.168)	(0.917)	(0.802)	(0.959)	(0.890)	(0.765)
R^2	0.436	0.705	0.824	0.710	0.691	0.812

注：括号中的标准误，*$p<0.1$，**$p<0.05$，***$p<0.01$。

表13-6中，第（1）～（3）列为最小二乘法逐步回归的结果，第（4）～（6）列是在考虑了异方差的基础上，使用加权最小二乘法得到的有效估计量。第（1）、（4）列估计了"住"资源对灾后处置效率的影响。这两列的结果均表明，彩布条物资的投入对处置效率的影响不明显，发电机、帐篷的投入对处理效率影响甚至为负。第（2）、（5）列在上述研究的基础上，增加了衣物资源的投入。结果表明，衣物资源增加对于灾后处置效率的影响显著为负。第（3）、（6）列是加入了所有变量的估计结果，可以看出，大米或面粉资源的增加对于灾后处置效率的影响显著为正。总体来看，关于"衣""住"的救助资源对灾后处置效率的总体影响为负，而"食"资源的增加对救助效率的增加显著为正。第（6）列是在逐步加入所有变量之后进行的加权最小二乘回归，有效克服了异方差性。下面对此列估计结果进行详细叙述。

第（6）列中，彩布条、帐篷等物资对应急处理效率的影响不显著，这可能是因为救援力量在展开救援时对"住"的要求不高,或者已在开展救援前配备了一定的住宿资源。此外,由于柴油等能源优先供给大型救援设备,发电机的增加对救援效率产生了负面影响,即发电机数量每增加1%,灾后处置效率下降0.632个百分点。与其类似,衣物资源每增加1%,灾后处置效率下降0.432个百分点。这可能是因为四川地区4月份的气温为15~25 ℃,对衣物等资源的需求并不高。值得注意的是,食物资源对救援效率的影响显著为正,食物资源每增加1%,灾后处置效率增加0.267个百分点。这可能由两方面因素引起:一是救援人员的工作量大,对食物的需求高;二是灾后多数食物资源被污染而无法正常食用。外界食物资源一方面保障了灾区人民的正常生活,另一方面也是救援队伍开展救援的必备物资。由此可见,灾后救援时需要结合灾区气候和现实需求,对救助资源进行合理配置。

13.1.6　经验与启示

总体来看,芦山大地震的救援过程比较顺畅,灾后恢复重建有序,为其他地区的灾害应对提供了可以借鉴的经验,特别在应急资源的配置方面较为高效,保证了灾情处置的效率和效果。

13.1.6.1　应急资源配置经验梳理

(1)应急资源一体化配置体系较为完整。

一是确立应急物资在灾害救援中的基础地位。人类经济活动的无序开展,引发全球气候的剧烈变化,致使人类生存环境急剧恶化。最为显著的特征是极端气象问题无规律多发,自然灾害不断侵扰人类赖以生存的环境。我国幅员辽阔,受自然灾害影响较为深重,党中央和各级政府高度重视灾害问题,分层制定了针对性极强的应急机制和预案,为应对自然灾害提供了响应依据。作为灾害救援和灾后恢复重建的关键支撑,应急资源在应急机制和预案中居于核心位置,其储备场地分布、类别和数量都有明确的要求,其调配流程有明确的规定,回收和处理也有具体要求。四川省的地理环境较为复杂,极易受到地震、泥石流、暴雨洪灾和山体滑坡等自然灾害的影响,省级政府和各县乡镇政府的防灾意识都比较强,制定了较为详细的应急资源配置机制和预案,对机制和预案的执行有明确的规范要求,为此次抗震救灾工作提供了较大支持。

二是进一步优化应急物资储备体系。就近原则是应急物资调运的基本原则,灾害发生时能保障物资快速准确地到达需求点。经过不断的实践和演练,四川省逐步优化了应急物资的储备机制,由传统的"头大、中坚、脚小"的"倒锥形"储备机制调整为"脚重、中坚、头大"的"直棒型"机制。传统的应急物资配置从省级、市级到县乡镇级在种类和数量上是逐步递减的,下级储备对上级的依赖性极强,在现实中产生了极为不利的影响,改进的储备机制克服了这种弊端,强化了市级和县乡镇级的储备功能,突出了不同级别的储备重点。目前,四川省县乡镇级救灾物资储备已占全省的50%以上,市级储备能更好地满足灾情点的前期需求,省级储备能提供大型救灾物资和特殊救灾物资。

三是强化储备库之间的协作。重大灾情发生时,任何单一的物资储备点都不可能满足救援时的需求,需要其他储备点的强力支持。这就需要打破壁垒,建立储备点之间、储备点和企业之间的协同机制。制定相关制度,规定储备库之间的协作关系,规范化设计储备库和生产企业之间的合作关系,提升应急资源的保障能力。

(2)应急资源配置主体协同较为紧密。从此次地震灾害救援过程来看,救援和应急资源配置过程中涉及多个主体和不同的应急资源,形成复杂但有序的关系。从效果来评判,主体间的合作较为融洽,基本实现了前线指挥部的预期。

一是主体间的纵向协同。四川省的应急物资储备分为省救灾物资储备中心、市县救灾物资储备中心、乡镇应急物资储备中心和各村(社区)应急物资储备点,由专门的机构负责调配和维护。不同层级的储备中心接受本层级主管部门领导,同一系统的还需接受上级中心的工作指导;层级间建立协同机制、较高程度的信息共享机制、协同互助机制,对灾情启动协同响应。

二是主体间的横向协同。应急管理部门是主要的物资储备主管部门,按照隶属关系建立了纵向的体系化储备单位,使系统内部同层级的储备库之间协作关系紧密,可按照统一的规则进行物资的补库、出库和调运工作。此外,同层级的其他部门亦建有一定数量的物资储备中心,如民政部门、自然资源部门、粮食部门、水利部门等。在应急管理部门的协调下,同级别的横向部门在指挥部的指挥或联络小组的协调下开展灾害的协同救援工作。

(3)应急资源调运组织较为科学。应急管理部门充分利用救灾物资管理信息平台,可在第一时间对灾区的应急物资需求种类和数量有较为准确的把握,并及时启动协同机制,科学计算运输路径,选择合适的运输工具,实施"四就"运输,调用协议物流公司的运输工具、人员、装卸设备,实施精准运输。此次震情严重的天全县就近储备了较为充足的应急物资,运输距离较近,规避了道路断行造成的运输阻断,为灾害的救援赢得了较多时间。

13.1.6.2 若干启示

(1) 应急资源一体化配置的环节衔接有待强化。应急资源一体化配置包括常态配置、动态配置和逆向配置,只有三者紧密联系、一体化管理,才能实现应急物资的持续供应和回收。从此次地震救援效果来看,其科学性、有效性远超"5·12"汶川地震,充分体现了中国抗震救灾的长足进步。但在应急资源一体化配置方面仍有改进的空间,主要表现在前期物资调运失序、超量,后续回收失范。对于此次强震,各方反应极为迅速,省政府、市县政府的主要领导和相关单位的技术专家迅速到位;各方应急物资急速集结调运至灾区。但是,此次救灾工作也存在一些问题,如运输道路堵塞和现场存放混乱,现场物资管理不统一,由谁发、发给谁、发多少、有无重复等方面都存在一定问题,部分物资甚至较长时间处于堆放状态。从物资的接收和发放方面也能发现,基本上所有的物资都存在结余,有的品种结余量较大。为保障灾区的需求,接受任务的储备库必须强化社会采购,甚至超额采购,造成部分物资入库困难。这显然是由三阶段物资配置关系匹配失衡造成的,因此需要更为准确的信息支撑,以实现三者的"无缝衔接"。

(2) 逆向应急资源配置是薄弱环节。对比主要的生活物资调运数量和发放数量可以看出,必要的生活物资如帐篷、折叠床、衣物、食品等剩余量较大,后续处置问题未得到妥善处理,查询相关资料后甚至发现挪用他处的报道。按照应急资源一体化配置的要求,应规划合理渠道回运、就近入库储备;用后的应急物资也应回收进行修复储备或进行无害化处理。由此可见,逆向应急资源配置是应急物资管理的薄弱环节,易造成物资的浪费。

(3) 应急资源一体化管理存在障碍。

一是领导权力问题。在应急管理实践中,党政领导的领导权存在一定程度的交叉和碰撞。若领导在一起协商处置问题,则容易形成一致的意见,加快灾情的救援速度;若领导处于不同的指挥岗位,则可能会出现指令间的冲突或因协调沟通而延误救援。指挥权的权威性的明确也是一大问题。应急状态下,谁是最终的决策者需要有明确规定,或得到现场的临时授权,专业化是其主要的考虑因素。

二是指挥体系问题。具体表现为指挥体系的规范化、标准化存在不足,不同系统间、部门间的规定不协调,甚至存在一定程度的冲突,影响了战时衔接。按照规定,应急指挥应按照属地管理的原则实施,启动应急响应,建立互联互通的指挥体系。但在实践中,地方政府的指挥体系存在过度依赖上级指导的情况,一定程度上出现了指挥的混乱。

三是协调机制问题。其存在的主要问题有:①跨部门、跨地区协调缺乏明确的制度性规范。例如,针对某一项应急职能,存在无明确牵头人、参与者、工作流程的问题。②一些跨域协调机制不成熟。例如,在抢险救灾工作中,军地协调与合作总体上是成功的,但在具体阶段和具体事项上,也还有不少横向沟通协调不畅的问题。③现场指挥与后方指挥职责随机性强。在实践中,有时是主要领导在哪里,哪里就成了中心;有时现场指挥部是中心,有时后方指挥部是中心。

(4)应急资源配置的社会参与度有待加深。社会力量是各种灾害救援的重要补充,体现了中华民族的互助精神和共同抗灾精神。但对社会力量参与应急资源配置,要"引"和"导"相结合。"引"是常态工作,需要依托多种平台开展培训教育,将社会主义核心价值观置于内心深处;"导"的关键是现场指导、引导,使之符合救援现场的管理规范。目前存在的主要问题是社会力量参与救灾的规范不清晰,协调与管理不足。近年来,各类与重大自然灾害相关的专业志愿者救援力量、慈善机构都会积极参与抢险救灾,但是各地对这些社会力量的组织、管理、协调却仍显不足。例如,同2008年的汶川地震志愿服务相比,芦山地震社会力量参与救灾的组织化、专业化水平都有了显著提高。但是,在抗震救灾的初期,仍在一定程度上存在各种社会力量盲目涌入、志愿服务人员管理不到位等问题。

13.2 北京市"7·21"特大暴雨应急资源配置案例

13.2.1 案例背景

13.2.1.1 基本情况

北京市位于华北平原北部,东连天津,其余部分被河北省环绕。夏季高温多雨,其中6—8月降雨量占全年的70%以上,短时间强降水和雷阵雨易造成洪涝灾害,引起滑坡和泥石流。

2012年,全国降水接近常年略偏多,局地降雨强度大,先后有7个热带气旋在沿海登陆。7月21日至22日,受强降雨影响,北京及其周边地区遭遇61年来最强暴雨及洪涝灾害。其中北京全市平均降雨190.3毫米,石景山模式口区域达328毫米,全市最大降雨出现在房山区河北镇,为460毫米,达特大暴雨量级。另外,北京还有11个气象站观测到的雨量突破建站以来的历史极值。此次暴雨降水总量多,强降雨维持时间长达16个小时,局部雨量之大、洪峰流量之大均属历史罕见。拒马河、北运河均产生最大洪峰,拒马河最大洪峰流量达2500立方米每秒,北运河最大流量达1700立方米每秒。此次北京"7·21"特大暴雨具有雨量大、雨势强、范围广、影响重的特点,部分地区一天降雨量甚至达到或超过了年平均降雨量,是具有明显"极端性"的自然灾害事件。

2012年7月21日,北京市气象局连发6次预警,自2005年北京市建立天气预警制度以来首次发布暴雨橙色预警,应急预案级别从Ⅳ级升至Ⅱ级,北京市排水、交通、电力等部门联动,对城区90座下凹式立交桥实行视频监控,建立"一桥一预案"的专项保障方案,但仍然无法阻挡暴雨造成的内涝。

13.2.1.2 致灾因素

此次特大暴雨洪涝灾害的发生,既有客观因素,也有主观因素。

客观因素:①地理环境。暴雨、洪灾的形成与自然环境、气象水文等有密切关系。北京地处华北平原北端,西边的太行山脉和北边的燕山山脉在北京的西北部交汇,地势较高;东南部则是平原,地势很低。这种西北高东南低的特殊地形,会使得夏季暴雨的强度得到加强。②城市热岛效应。热岛效应是指大都市中的气温高于外围郊区的现象。北京市发展日新月异,城市建设快速推进,高大建筑占据了城市的大量空间和绿地,造成城市上空对流旺盛,强对流天气容易发生,从而增大城市暴雨的概率和强度。

主观因素:①城市建设与河道、管网等设施的规划建设不同步,造成城市排水系统不畅,遇降雨容易形成局部地区洪涝。②城区排水能力偏弱,承担城市排涝重任的河道排水能力不足。此次灾害发生时,北京市排水设计标准仍为1~3年一遇(重点地区为5年一遇),且排水系统线路老化严重,元器件破损严重。城区有部分中小河道多年没有疏挖整治,河道淤积堵塞,排水能力严重不足。③城市地表水泥化。北京地表大面积水泥化,渗水、吸水、储水能力均大大减弱,暴雨来临时排水只能依靠少数排水口。

13.2.1.3 本次灾情

据北京市防汛办 2012 年 7 月 25 日发布的信息,除了海淀区、顺义区、西城区,北京市其他各区县皆受灾。其中,房山区受灾最为严重,大兴区、密云县和平谷区受灾较为严重。此次暴雨灾害造成 160.2 万人受灾,共 79 人遇难,因灾造成经济损失 116.4 亿元。全市主要积水道路 63 处,积水 30 厘米以上路段 30 处,京港澳高速 17.5 千米处严重积水,平均水深 4 米,最深处 6 米,积水达 23 万立方米,吞没 127 辆大小机动车。全市共转移群众 56933 人,其中房山区转移 20990 人,房山区霞云岭乡庄户台村鱼骨寺以及河北镇鸟语林景区还发生了泥石流灾害。另外,虽然 6 个世界文化遗产和市级以上文物保护单位主体结构没有出现较大险情,但全市还是有约 160 处不可移动文物受损,经济损失 8 亿多元。其中,房山区灾情最重,有 80 余处文物遭到不同程度的损坏。

13.2.2 暴雨灾害应急资源配置过程

13.2.2.1 灾前应急资源储备

北京市防洪抢险物资按照分级储备、分级管理、分级负责的原则储备,遇紧急抗洪抢险时由市防汛抗旱指挥部统一调配使用。北京市市级防汛抗旱物资是由市财政安排专项资金,由市防汛抗旱指挥部办公室(即市防汛办)组织采购或委托社会其他单位代储,用于防汛抢险、抗旱减灾、救助受洪灾旱灾威胁群众的各类应急物资。

北京"7·21"特大暴雨发生前,市防汛办直管北京市市级防汛抗旱物资。市级防汛抗旱物资体系以市防汛办自储为主、代储为辅,各市属水管单位和各区县根据辖区内管理特点自行储备防汛物资。市级防汛抗旱物资储备在三家市级库房,分别委托给北京市永定河管理处、北京市城市河湖管理处和大兴永定河管理所管理,库房占地总面积约 4300 平方米,储备有各类防汛抗旱所需物资。

《北京市救灾物资储备管理办法》对拟储备应急物资的类别、数量分布、生产企业及生产周期、运输与划拨、储备货位、在库拣选、更新与报废、出库管理、紧急调运、战时补货与后期补货等均有详细规定,对应急物资的代储和管理有明确的要求。北京市防汛主管部门与本地大型国有企业尤其是大型物流企业签订有代储一定品类和数量防汛物资的合同,保障紧急状态下的优先使用权。2012 年汛前,北京市防汛主管部门与北京东方信捷物流有限公司、北京祥龙百子湾物流有限公司、北京祥龙物流(集团)有限公司、北京燕山集联石油化工有限公司等签订合同,储备20万条草袋和编织袋、200吨钢材和100辆货运车辆,储存地点分布较为科学合理,为汛情的救援提供了较好的保障。

当时,北京市应急救援队伍以军队力量及水务、电力、交通、气象和地震等部门的专业人员为主,以常规的救援力量、民间救援力量和基层群众为辅,基本形成"主导＋辅助""主力＋后备""专业＋民间"的应急救援队伍体系。军队作为重大灾情救援的中坚力量,各类专业队伍作为救援的骨干力量,其他队伍作为救援的补充力量,在灾情中分别扮演不同的角色,专业救援队伍指导非专业队伍开展各种救灾工作。

根据灾情的发生概率和气象部门的跟踪预报,各相关部门依照《北京市防汛应急预案》预备了一批人力资源和应急物资,包括119支巡查备勤队伍、1200多名抢修人员、1310多台各类抢险车辆和18组大型抢修设备,基本覆盖了预判的56处重点救援区域。同时,多渠道筹措应急防汛资金,主要用于信息化建设、危旧设备的修扩建等,如在4座立交桥下建立蓄水池,在8座立交桥上配置电子摄像头,对水库、闸阀等进行排险工程加固等。

13.2.2.2 预警信息发布

针对"7·21"暴雨汛情,各级气象部门充分应用技术手段并实行工作联动、信息共享、集中研判,准确提供汛情的时间区间、降雨量和范围分布,为应急决策提供数据支撑。应急管理部门对暴雨信息实行分级管理,一是提前向区县政府发出汛情通报、专家建议和戒备指令,根据汛情的变化启动相应级别的预案,适时(21日21时)启动了Ⅱ级应急响应,调动各类应急救援人员16万人参与救援工作。二是通过各种信息渠道向社会大众传递实时信息,并根据汛情的变化滚动发布,引起大众足够的重视;同时,通过电视台、广播电台提醒市民做好防范工作。

事后检验发现,汛情信息在发送和接收过程中存在一定程度的延迟和误读。延迟的原因在于,当时的技术不足等造成信息拥堵和丢失,仅有部分用户接收到了通过权威渠道发布的预警信息;误读的原因在于,大众对天气预报专用语言的理解不透彻,危害感知意识差,丧失了应有的警惕性。除此之外,当时缺乏权威渠道提供的应对指导措施,公众明知有威胁存在仍然按照习惯性的思路实施个人行为,造成一定程度的损失。

13.2.2.3 应急响应阶段的多主体行为和关键资源配置

(1)多渠道收集汛情信息。以市防汛指挥部为最高决策机构,成立专家顾问委员会、现场临时指挥部,打通部门间的信息壁垒和工作框架,开通多条信息传递渠道;指挥部和专家组协同研判汛情的变化并不断调整应急指令。同时,充分发挥不同位置信息员的信息收集作用,将零散的一线信息汇总核实之后交由负责人决策。

(2)科学调配救援队伍。按照总指挥部的统一安排,选派素质过硬的指挥人员奔赴一线,与县区和基层应急指挥人员密切对接,协同指挥应急救援。根据不同受灾点汛情的紧急程度配置充足的应急救援人员,确保人员和物资的可获得性。本次汛情调用人员之多也是历史少有的,在大约16万名救援队伍中,部队人数达3189人,水务部门出动抢险人员1.7万人,电力住建部门出动救援人员7040人,交通部门出动各类人员2万余人,各类管理和技术人员达2100人次,各部门、居委会也调动了大量的民众配合救援抗汛,迟滞、延缓了灾情的恶性发展,为彻底战胜水灾赢得了宝贵的时间。具体出动的救援队伍和抢险力量见表13-7。

表13-7 各救援主体出动救援队伍和抢险力量

救援主体	出动救援队伍和抢险力量
消防部门	13069人次、1867车次
市公安局	接群众110报警13400余个,投入警力1.9万余人;启用警用直升机,航行200余公里
市交管局	发布路况信息4100余条,出动人员7000余人
北京卫戍区	7月21—7月22日,出动抢险人员1120人,另有机动兵力6000人、80台大卡车备勤待命; 7月23—7月24日,出动3000余名官兵、100多辆车
武警北京总队	全总队共投入救援兵力3000余人次,担负机动备勤兵力6000余人,动用保障运输车100多辆
中国联通	共出动人员4000多人次、车辆300余辆
市急救中心	接听求援电话7214次,出动救护车648车次
市排水集团	启用全市78个雨水泵站、7组大型抢险设施

(3)适时调整应急救援队伍的区域布局。根据灾情发展变化,受灾点的情境发生了不同程度的变化,对应急救援队伍和物资的需求也需要及时调整。指挥部按照供给-需求相匹配的原则合理调整专业救援人员和辅助救援人员的结构和布局,实现对受灾区域救援的科学覆盖。

志愿者队伍在此次洪灾应急救援中发挥了应有的作用。7月21日晚,私家车主220人自发组织"双闪车队"到首都机场免费接送滞留乘客,为因灾滞留人员送去了温暖。

(4)防汛物资调配有序。在应对"7·21"特大暴雨过程中,市防汛抗旱指挥部紧急调拨橡皮艇、冲锋舟、水泵、发电机、吸水膨胀麻袋、铅丝网片等共价值1225余万元的防汛物资,连夜组织运往房山、门头沟等重灾区。

各防汛物资储备库全力以赴,分秒必争,第一时间将防汛抢险物资运往各抢险救灾现场。其中,永定河防汛物资总库全体干部职工连续奋战7个昼夜,圆满完成了19批次的抢险物资调拨任务。

7月21日到23日,市民政局紧急组织车辆向门头沟、房山、通州、丰台调拨帐篷2700顶、折叠床1.4万张、气垫床8900张、被子1.5万床、应急灯2000多盏、蜡烛电池若干。

7月21日,市交通委就近调配储备防汛力量和抢险物资,包括公交车200辆、市级防汛应急货车100辆、吊车5辆、各型水泵701台、发电机155台等。

截至7月23日零时,北京市捐赠中心运送到房山、通州、门头沟等3个重灾区的救灾物资包括1200顶12平方米的帐篷、500顶8平方米的帐篷、2900张气垫床、3400张折叠床、1700套折叠凳子和3400床棉被,重量达168.82吨,价值387万元。

7月22日凌晨,北京联通机动局派出基站车2辆、卫星车和发电车各1辆,携带5部海事卫星电话到达房山一线灾区。

同日,北京市疾控部门紧急协调2辆卫生防疫消毒车和500吨消毒药剂送到房山区疾控中心。

灾情发生后,北京市商务委组织27.5吨蔬菜等应急物资送到受灾最严重的5个乡镇,并随时组织调运所需物资。

(5)科学调度,合理分洪。北京市防汛指挥部和水务局密切协作,超前部署,安排各水务部门降低河流湖泊的运行水位。其中,北运河的北关枢纽和杨洼闸的水位于7月20日提前降低到安全位置,极大地增加了库容能力。同时,根据洪峰的流经位置,科学开启北关闸口,实现与城区涌入洪水的错峰运行。

特大暴雨灾害事件发生后,防汛部门根据不同河湖的蓄储能力,实施分洪泄洪措施:7月21日18:30,三家河拦河闸以139立方米每秒的最大流量泄洪,泄水量达78万立方米;7月22日2时,北运河闸站的所有闸门以1200立方米每秒的最大流量敞泄;朝阳区(清洋河除外)和海淀区的金河、万泉河和旱河以及丰台区所有河道全部敞泄,极大缓解了城区防洪压力,保障了市区基础设施和人员的安全。

13.2.2.4 恢复重建阶段的应急物资配置

本次特大自然灾害发生后,北京市农业局、财政局和民政局积极响应,迅速组织灾后重建工作,保证农业生产、灾民生活安置和住房建设等工作同步开展。

农业部门的主要措施:全方位开展灾区消杀工作,主要调拨电动和便携式手动消毒机器;采购并调运55吨消毒药品、5580吨配方肥料、价值30万元的动物防疫疫苗至灾区,指导当地政府和村社进行灾后防疫;动用救灾备荒储备种子,开展农作物复种补种工作,最大程度减少农业损失。

财政部门的主要措施:一是迅速启动重大自然灾害应急机制,按照财政子系统的程序调用财政资源。主要负责同志靠前指挥,积极协调不同部门的工作,分口对接市属同级部门,掌握不同领域的需求信息;分类梳理对资金的需求强度和紧迫程度,合理安排资金的支付顺序;开通资金拨付的"绿色通道",简化流程和审批手续,实现资金的快速到位。二是积极争取国家财政支持,多渠道筹集其他领域的结余资金,用于灾区的全方位重建。据统计,市财政部门共拨付救灾资金10.85亿元,分别用于生活补助、特大防汛补助、农业生产救灾、临时安置房建设、受灾群众安置、抢险物资购置和基础设施恢复建设等,有力支撑了灾后重建工作。

民政部门的主要措施:迅速启动本系统应急机制,组建工作专班,主动对接市属和各区灾害联动部门;收集最新灾害致损信息、紧急需求信息和后续建设需求信息等;联动本系统应急物资储备库,协调关联部门的应急资源储备库,联动配置急需的灾后安置和恢复建设资源;现场指导当地政府和其他组织的灾后安置和重建工作,合理配置物资;组织回收使用后的应急物资并通过最经济的渠道进入二次储备或进行无害化处理。根据统计和预测,市民政局向通州区、房山区、门头沟区和丰台区等重灾区调运应急物资355.36吨,价值人民币861万元,主要包括2700顶帐篷、18300张床、2700套桌凳、15000床棉被、2200盏应急灯以及30000支蜡烛,保障了受灾群众的生活需求。

13.2.3 多应急点-多需求点资源配置实证研究

13.2.3.1 北京市重要救灾资源分布状况

为了实际分析北京市救灾基础设施的分布情况,选取医院等卫生机构、基层救援组织作为主要救援资源,根据救援基础设施的实际数据,对北京市的救灾基层卫生设施进行了分析。

通过大数据抓取技术,从腾讯地图上共抓取了北京市 16 个辖区共 334 个基层卫生设施和 296 个基层救援组织的地理位置信息。各辖区基层卫生设施分布存在明显聚类效应,相关设施主要集中在朝阳区、海淀区和西城区等中心地区。与基层卫生设施相比,基层救援组织分布较为分散,各辖区基层救援组织数量相差不大。

为了进一步分析北京市"7·21"特大暴雨自然灾害受灾程序的影响因素,本书依据北京市各区县受灾人口和经济损失的相关信息,利用加权算法,将各地区受灾人口和经济损失情况作为权数,对各区县综合受灾损失情况进行估算,发现受灾程度除了与人口、经济发展指标有关,还与灾害发生的频率以及量级之间有较强的关联。

13.2.3.2 资源储备与受灾程度的回归分析

北京市"7·21"特大暴雨给当地造成了巨大的损失,深刻吸取教训对提高我国自然灾害应急管理水平有重要的现实意义。本书根据北京各区县综合受灾损失数据,找出影响受灾程度的关键因素,构建如下模型:

$$\ln Y_i = \alpha + \beta_j \sum X_j + \lambda_m \sum Z_m + \varepsilon_i \qquad (13\text{-}2)$$

其中,Y_i 是被解释变量,如受灾人数、经济损失和受灾面积;α 为计量模型的常数项,表示未被解释变量解释且长期存在(非随机)的部分,即信息残留;β_j 为各解释变量的系数,反映各解释变量的影响程度;i 为第 i 个被解释变量或随机误差项;j 表示第 j 个解释变量;X_j 是核心解释变量,如基层救援力量(用卫生机构数量代替)和民用汽车拥有量;Z_m 是一系列控制变量,如地区面积、地区 GDP、人口等;ε_i 为随机扰动项,反映未包含在模型中的解释变量和其他一些随机因素对被解释变量的影响程度。模型数据主要来自北京各区统计年鉴和地区统计局,人口数量为第六次人口普查数据,且均用自然对数形式表示。回归结果见表 13-8。

表 13-8 模型回归结果

	(1) 受灾人数	(2) 经济损失	(3) 受灾面积
卫生机构数量	−4.058** (0.232)	8.492*** (2.214)	−6.738 (8.746)
民用汽车拥有量	−9.760** (0.513)	−5.689 (5.360)	44.982** (19.042)
总人口	−3.571* (0.419)	−0.918 (5.038)	−29.593 (18.221)
地区面积	3.940** (0.110)	−3.599** (1.248)	7.393** (3.278)
地区 GDP	13.613** (0.310)	−6.133*** (1.733)	
交通事故数量	3.951** (0.157)	−1.646 (1.261)	
火灾事故数量	−6.393** (0.158)		
全社会用电量	2.839* (0.317)		
固定资产投资		6.839** (2.263)	
建筑业企业数量		3.904 (2.499)	
地方财政支出			−18.145* (8.940)
_cons	37.944** (2.759)	36.126 (42.699)	−161.878 (130.880)
R^2	0.864	0.811	0.547

注:括号中的标准误,*$p<0.1$,**$p<0.05$,***$p<0.01$。

第(1)列是受灾人数的回归结果,基层救援力量的估计系数显著为负,表明基层救援力量越强大,受灾人数越少,民用汽车拥有量与各区受灾人数呈反比。第(2)列是经济损失的回归结果,基层救援力量的估计系数显著为正,民用汽车拥有量估计结果不显著,但系数仍为负。第(3)列是受灾面积的回归结果,基层救援力量的估计系数不显著,而民用汽车拥有量的估计系数显著为正。

在多应急点-多需求点的救援与资源配置中,出现这类估计结果比较符合现实情况。首先,在突发自然灾害时,地区政府的第一目标是保障人员安全,把受灾人数降到最小,而有些救援行为需要破坏房屋、车辆或公共设施等。因此,第(1)列中基层救援力量的系数显著为负,而在第(2)列中显著为正。总体而言,基层救援力量每提高1%,受灾人数降低4.058%,经济损失增加8.492%。其次,汽车作为常用交通工具,在暴雨灾害中可以帮助民众离开受灾严重的地区,但汽车被水淹所带来的汽车保险等损失也是地区经济损失的一个来源。在第(1)列中,民用汽车拥有量的估计系数显著为负,在第(2)列不显著,在第(3)列显著为正。不同的估计结果表明,汽车在自然灾害中给民众提供了快速脱险的救生工具。第(3)列结果表明,汽车拥有量越高,地区受灾面积越大。这是因为汽车拥有量在一定程度上反映了地区道路面积的大小,而道路往往受损较为严重。

根据以上结果,给出以下结论和建议:①城市基层救援力量的加强能显著降低自然灾害中受灾人数。在自然灾害频发的地区,尤其是台风频发、暴雨天气较多的沿海地区,需要做好基层救援人员的培训和救援机构的合理布局。②汽车在自然灾害中能帮助民众脱险,但在内陆城市中,城市内涝是个严重的问题,一旦内涝严重,便利的交通工具也可能成为救援活动的阻碍。因此,内涝严重的城市需要合理规划道路布局,在暴雨天气中需要及时封闭积水严重的低洼地区道路和各类涵洞、地下通道,以减少人员伤亡和财产损失。

13.2.4 经验教训

(1)应急物资储备须进一步完备,选址布局应更合理。北京"7·21"特大暴雨灾害中应急资源需求表现出种类杂、数量多的特点。特大暴雨造成城市内涝、道路积水,需要大量解救被困人员的基层救援人员,以及引导排水的橡皮艇、救生衣、吸水膨胀麻袋等物资;房屋进水、漏雨、倒塌,需要排水设施、隔雨物资、避难场所,如水泵、苫布等物资;公共设施损毁,其紧急修复过程需要土方作业、工程作业中的工程类物资;通信、供电中断情况下,需要发电设施、紧急通信抢通和保障设施的物资;在建工程出现风险时,需要针对具体险情储备专业的防汛抢险物资。

此次自然灾害应急物资储备存在种类和数量上的不足。在灾害应急响应阶段,因缺少安全绳、发电照明一体的探照灯、通信车等物资储备,抢险效率受到了影响。截至7月27日,库房中的冲锋舟、水泵、大型发电机、大型作业灯及铅丝网片等几乎全部用完,无法保障此后短时间内的防汛物资高强度需求。在物资储备的选址和布局上,北京市级防汛抗旱的三家物资储备库房主要位于北京市西部和西南部,虽然此次特大暴雨灾害的重灾区房山区也位于北京市的西南部,物资调配效率影响较小,但是若系统考虑北京市未来自然灾害应急响应的需要,这样的库房选址布局是不够合理的,联动储备和调运的效率亦受到影响。

(2)特大暴雨灾害预报较早、预警及时,但精细化预报能力不足,缺乏对社会大众的通俗化解释,预报预警信息资源终端配置有待改进。北京市气象台在19日16时预报"21日夜间到22日白天阴有大到暴雨";7月21日和22日发布暴雨预警各6次,22日发布雷电预警1次;21日发布山洪地质灾害气象风险预警3次,中小河流洪水灾害气象风险预警3次,与市国土资源局联合发布地质灾害预警1次。同时,北京市气象台高频次组织专题天气紧急会商,以更好地把握降雨起止时间和降雨强度,为决策提供更为精准的信息。北京市气象部门及时向市委、市政府、市防汛办及交通管理局等有关部门发布重要天气报告,为相应部门决策提供数据支持,为应急联动响应机制的正常运转提供了必要保障。

但从现实情况来看,此次强降雨的开始时间和量级与预测存在一定的偏差,加之让预报人员极为依赖的数值预报对此种天气的预报能力不足,对短时临近暴雨的降雨强度考虑不充分,尤其缺乏此方面的技术支撑。预报预警信息资源终端配置能力不足,对社会精准及时发布相关信息的手段和途径不健全、不快捷。尤其对预报信息的发布过于专业化、理论化,一般人员对50毫米、100毫米降雨量到底是多大、能带来何种危害等缺乏事实认知,在心理和行为上均缺少必要的准备,增大了暴雨的危害。

(3)应急资源配置联动能力不足。北京市各应急处置部门间的联动性较弱,除了突发自然灾害应对过程中的紧急会议,日常交流沟通少,常规协商沟通机制不畅,在突发状况下相互之间的配合缺乏默契,决策效率较低。如"7·21"特大暴雨当天,部分收费站点仍按照惯常的要求停车收费、被迫路边违停而遭遇贴条执法等,人为增加了损失的潜在风险。在暴雨灾害发生过程中,全市不同程度出现出租车、宾馆坐地涨价的行为。虽然事后有补救措施,但这反映了高速收费站、交通管理、防汛指挥部、市场监管等部门在应急管理过程中未能形成联动,在影响应急处置效率的同时也引发了社会舆情,甚至可能会影响救灾响应阶段和灾后重建阶段大众的配合度。

此外，北京"7·21"特大暴雨灾害发生时，全市共设置应急避难场地33处，总面积达510.24万平方米，能容纳159.6万人，但还是不能很好地满足当时人员、物资临时储备与发放等的需求。尤其是可以作为临时避难所的学校、体育场馆和公园等未被及时合理地改造使用，给安置工作带来了较大压力，一定程度上引发了部分人的不满情绪。

(4) 舆情应对较为被动。在预警阶段，由于存在不确定性情况，政府垂直系统之间、部门横向间及政府与民众的沟通往往留有一定的余地，一定程度上造成准备的欠缺；各层次和环节间的沟通也会出现一定程度的延迟和不畅，部分诉求不能得到及时的满足。上述情况都会导致部门间互相抱怨、推责；民众产生不满甚至愤怒情绪，引发较为严重的舆情。而舆情应对工作被动，政府部门未能高效、透明地传达信息，对舆情引导不足。

13.2.5　主要建议

13.2.5.1　完善应急物资供应保障体系

暴雨灾害的应急物资管理能力建设应遵循常态与非常态管理相结合的原则。针对暴雨灾害，常态下应做好应急资源的需求辨识、登记、储备、维护工作，建立应急资源图谱；非常态下应重点做好资源的需求评估、多供给点联动配置、调度路径优化、跟踪反馈、应急资源的灾后回收等工作。

在遵循自然规律的基础上，应充分利用信息科学和信息技术，及时掌握暴雨的形成和发展变化趋势，适时调整应急物资储备的形式，将实物储备、协议储备、信息获取和生产能力储备、紧急调用紧密结合起来，实现应急物资的及时、高效配置。

实物储备是基础。实物形态的应急物资能即刻通过调运投入应急一线，阻止灾情的持续恶化，为人员和财产的转移创造条件。实物形态的应急物资储备种类和数量并非越多越好，而应维持在一个合理的水平，否则会造成成本陡增和自然损耗增加。储备原则：生产周期较长且不易损耗的关键设备要有一定的库存，如排水设备、防水设备、发电设备、应急通信保障设备和大型施工抢险车辆等，其数量要保证和前期投入的人员需求相匹配，并且能与后续的供应相衔接。生产周期较短的实物储备在应急响应和救灾中同样至关重要，如食品、饮用水、医疗用品等，需确保这些物资的合理储备和供应能力，需要具备快速供应的能力，确保对这些物资进行科学有效的供应链管理和调度。

协议储备是重要补充。各级政府储备具有局限性,不可能实现应急物资的全种类全数量一元化储备,因为这种储备方式除占用大量土地、人力、资金资源外,还可能不断产生资源浪费,阻碍其他社会经济活动的开展。充分利用社会资源形成应急物资的系统化储备是理想的形式,即由政府主管部门按照本区域灾害产生的需求预测,同有生产和储备资质的企业签订生产和储备协议,在特定的时间内生产和储存一定数量的应急物资。该类物资一般是标准化程度较高、不便于长期储备且需要定期维护,需要花费较多的人力资源和场地资源的物资。

信息获取和物资生产能力储备是满足连续需求的关键。灾前预测信息和灾中、灾后反馈信息是针对性启动应急物资生产和调运的关键。应急物资管理部门应建设强大的信息收集系统,从海量信息中筛选出关键信息,确定需求地点和数量,将应急物资需求信息传递给生产部门。生产能力储备是应急物资持续供应的后盾,应能根据灾情变化和运力波动调整生产节奏,实现应急物资的连续供应。

在灾害救援实践中,可能会出现极端需求的情况,如对国家重大装备、军用装备和特殊装备的需求。若实物储备、协议储备和生产能力储备都无法实现有效供给,则可以依据程序采用紧急调用的方式进行解决。

13.2.5.2 优化应急物资调配系统

应急物资调配涉及从储备库至需求现场的全过程,包含应急物资调运决策、应急物资调运执行和应急物资调运反馈三个环节,其中,应急物资调运决策贯穿于调运的全过程,发挥神经中枢作用。

应急物资调运决策要精细化并具有前瞻性。从"7·21"特大暴雨决策过程来看,防汛指挥机构根据气象台的信息和数据,迅速成立应急供应保障小组,启动应急物资保障预案,盘点各储备库防涝物资的库存数据,制定了不同需求强度和需求点位的物资调配方案。为实现物资快速调运,向需求点派出专门调查人员,统计紧缺物资的种类和数量;根据就近原则匹配需求点和储备库,并确定需要联动的储备库群,尽可能从种类和数量上进行精细化匹配。

应急物资调运实行统一指挥,多主体合作。在北京"7·21"特大暴雨初期物资调运中,各垂直部门、各区和乡镇社区存在较强的独立决策性,并按照本部门的调运方案开展应急物资的调运工作,出现了物资调运重叠和分配不均的现象,同时还存在需求与物资功能的错位,影响了防汛效果。

后在市防汛指挥部的统一指挥下,以专业物资调运队伍为主体,按照主库—途经库—临时物资集聚点的路线集结物资,统一调运物资至对应需求点;协议第三方物流配送队伍作为重要的补充进行专业物资的调运;安排专人负责供应商配送,抢险救援队伍自行领取物资,提高了战时的物资配送效率。

应急物资调运反馈环节是调运方案再调整的关键。应根据一线灾情变化及时调整物资种类和数量,同时设计用后物资逆向流动和损耗物资回收处理的方案。根据调运反馈的信息,需要制订实施新一轮的调运计划,在保证救灾优先的前提下尽可能降低调运的成本,实现社会资源的最大节约。在北京"7·21"特大暴雨灾害中,调运反馈信息得到一定的重视,在一定程度上优化了后续的调运方案和路径,但尚未实现整体调运方案的优化,物资的非均衡化调运、超运和少运现象同时存在,部分物资在现场被二次临时储备,浪费了宝贵的资源和场地。针对逆向调运信息的关注少且不及时,造成了较大的物资浪费和损耗。

13.2.5.3 增强应急资金资源融通能力

市场能否供应充足的标准化物资以应对灾害造成的损失,应急资金储备至关重要。紧急状态下的防汛应急物资紧急购置可以减少物资日常管理压力,降低物资折旧老化率,减少资金占用,同时能持续增强市场、定点生产单位和协议生产单位的应急生产能力,形成稳定的灾害救援体系。在加大政府投入的同时,需要社会大力参与,以扩充灾后救援的资源渠道。

(1)中央政府和地方政府要加大对暴雨灾害等的预防、减灾、救灾、灾害重建与恢复各阶段的资金投入力度,将应对灾害的工程建设项目纳入地方政府采购范围。将应对灾害的资金投入作为财政预算的重要内容加以统筹考虑,将年度投入分为重点专项和常规建设维修两部分。重点专项是防灾的关键项目,涉及人员和重大财物的安全问题,应根据项目的轻重缓急和本级财政的承受能力逐步建设,循序推进,形成累积效应。常规建设维修对资金的需求量相对较小,可以分层级开展建设,即北京市级财政支持涉及全域的防灾项目建设与维护,各区负责本地域的项目建设与维护。从现实来看,各类防灾项目的建设成效在市、区、乡镇链上呈递减趋势,即市级建设成效最好,乡镇最差。

(2)制定激励性政策,鼓励国有企业在其业务领域内加强防灾设施和设备生产能力建设。针对世界和国内灾害的演变开展技术攻关,研发与经济社会发展相适应的设备。储备部分场地和能力,实现紧急需求时的生产快速转换。给予企业一定的税收优惠和资金支持,弥补因设备和场地闲置、产能浪费而造成的损失。

(3)制定支持性政策,吸引社会资金参与防灾事业。通过政策引导,鼓励有实力和社会责任感的企业设立公益组织,长期从事防灾事业。政府应通过一定程序认定其为定点防灾物资生产单位,保证定期采购一定数量的防灾物资。同时,为维护企业的利益,在防灾物资出口环节给予更多的优惠政策。充分发挥开放性、政策性金融作用,鼓励相关金融机构为其提供长期信贷支持。进一步完善企业自然灾害保险制度,创新自然灾害风险分散金融产品。合理使用社会各界的捐助资金,设立专门账户进行管理。除部分资金用于满足人员安置需求外,剩余资金重点用于防灾能力建设。

13.2.5.4 提升暴雨等灾害的信息化管理能力

信息是各项决策的重要依据,可靠的信息获取能为决策的针对性和执行的有效性提供强力支撑。自然灾害的信息化能力建设为灾前的工作开展提供应对时间,为灾中的救援提供准确需求,为灾后的恢复重建提供需求依据。信息化管理能力的提升包括"物""人"和"机制"三个层面。

"物"的能力提升集中反映在设备设施上,即信息系统建设要匹配应对灾害的需求。对暴雨灾害而言,建设暴雨灾害事件数据中心服务广大手机用户,可以在整理历史暴雨灾害天气资料的基础上,整合气象数据以及包括卫星、雷达资料在内的非常规数据,建立基于暴雨灾害基础资料元数据库的咨询平台,提供暴雨灾害天气过程数据的查询、检索、分析统计及浏览下载等服务。

"人"的能力提升主要体现在谁来收集信息、谁来研判信息、谁来决策、谁来组织等问题的解决上。现实中,气象部门是信息收集和研判的主体,需要将精准信息提供给相关部门作为决策依据,同时提供决策建议。"人"的能力提升与否,关键在于多主体间协作的紧密程度。协作高效,则决策质量高,反之则低。建设信息共享系统是高质量协同的核心,可以通过集成暴雨灾害事件在防灾、减灾、救灾和灾后重建及恢复各阶段的数据资料,构建跨部门、跨机构的数据共享平台,为各组织应急资源联动配置提供信息共享服务。同时,充分利用信息技术开发应急物资仓储信息管理软件,实现应急物资储备的智能化和动态在线管理,提高应急物资管理水平。

"机制"能力提升的关键在人的执行,若无"人"的行动,再好的机制也不会发挥应有的作用。国家和各省区市都已建立完善的应急机制,要求统一指挥、分工明确、合作有序,但理想与现实往往存在很大的差距,机制易"失灵",严重影响灾情应对效率,这就要求各主体将机制作为战场上号兵吹的"冲锋号",只能根据命令前进,不能有丝毫的退缩和推诿,这样才能发挥机制的功能。

13.2.5.5 完善志愿者队伍建设,提升公众灾害认知和自救能力

志愿者队伍是灾害救援的重要补充力量,通过精心的组织能发挥"黏缝"的作用:灾害发生时,被政府和其他组织暂时忽视或无暇顾及的工作可由志愿者队伍完成。

志愿者队伍的组织度和能力需进一步提升。应由政府和社团组织提供专业化培训;设立民间救援联络中心,制定灾害救援参与制度和流程;增强政府同民众的沟通和互动意识,提升民间救援力量的影响力;指定专门机构和人员统计社会防汛专用设备操作人才信息,并建立信息沟通机制;定期组织专业救援队伍与民间救援队伍混合实战演练,提升志愿者队伍的实战能力。

公众防灾意识较为薄弱,最为常见的表现是我行我素,基本不做特别的个人防护准备和家庭防护思考;灾害发生前期显得有些麻木,无动于衷;灾害严重时惊慌失措,缺乏正确的自救措施;灾后存在较为强烈的"等""靠"意识等。究其原因,一是认知固化,不认为灾害会对生活产生太大的影响,尤其不会发生在自己身上;二是对预报的信息解读不准确、不深入,甚至将其视为一般信息;三是社会经济活动压力大,很大一部分公众无暇思考身边的灾害问题;四是政府和社区的沟通渠道不畅通,影响了公众的判断。

要解决上述问题,需要政府、组织和个人分别做好自己的事情,同时又有沟通交流的渠道,保证对关键灾害信息产生共识。政府的宣传教育极为重要,要通过权威途径宣传灾害级别对应的危害程度、给人身和财产带来的风险;单位组织和社区要担当作为,负起应有的责任,提高实践演练的公众参与度;个人要在学习和实践中改变自己的固化认知,将灾害风险意识根植于心中。

13.3 小结

本章选取2013年四川省芦山县"4·20"7.0级强烈地震和2012年北京市"7·21"特大暴雨两个典型的自然灾害事件作为目标案例,结合基本灾情梳理和应急资源配置过程,进行了较为翔实的分析,对现象背后的问题和原因进行深入的探究,进而从抗御自然灾害的实践中吸取深刻教训,积累较为丰富的实战经验,有助于相关资源配置主体更好地把握自然灾害应急资源配置的核心问题,更有效地应对自然灾害的侵袭。

结 束 语

研究总结

本书主要研究自然灾害应急资源协同配置问题。从一体化的视域研究应急资源的常态配置、动态配置和逆向配置问题，以及各阶段和环节间的协同配置。同时，对应急资源协同配置效果进行评价，并结合实际案例进行验证。最后，提出一系列提升应急资源协同配置效果的政策建议。主要研究内容如下：

(1)学术思想上提出"基于一体化视域的应急资源常态、动态和逆向协同配置"思路，相较已有研究更为全面，且切合现实需要。本书从一体化的视域来研究应急资源配置的阶段与环节结构，涵盖常态配置阶段、动态配置阶段、逆向配置阶段以及阶段间的协同配置；对一体化应急资源配置效率和效果进行定量测算和评价，设计一体化管理模式以实现对应急资源的高效管理；提出普适化和差异化并存的政策建议，用以提升自然灾害应急资源协同配置效率。

(2)提出应急点选址决策模型支撑应急资源有效配置。本书以自然灾害应急点的设计为对象，采用带决策者偏好的数据包络分析模型，引入灰色关联分析定权模型，以确保决策者在应急点优化选址上综合考虑各方面的因素，将决策者的偏好和客观需求充分结合起来，实现应急点设计的优化。

(3)深入挖掘常态应急资源配置、动态应急资源配置和逆向应急资源配置的内容和环节，优化其配置流程。作为一体化的不同阶段，三个阶段的资源配置内容丰富、关联度大。常态应急资源配置阶段，按照流程对应急资源编码，测定单应急点内资源数量，联动配置多应急点，并对应急点资源配置数量进行实践检验。基于动态应急资源配置的紧急性，构建基于供给-需求的动态资源一体化配置系列模型(单供给点-多需求点、多供给点-单需求点、多供给点-多需求点)，实现资源由静态向动态的转变并拉动相关环节，实现状态的转化。逆向应急资源配置是典型的推动式配置，本书针对具有完全原始价值的逆向资源和具有部分价值的逆向资源设计了不同的配置策略。

(4)构建多维式应急资源协同配置模型。将微观层面的常态、动态、逆向三个阶段的应急资源配置分别看作一个完整的应急资源子系统,三者相互影响、相互合作。相互影响表现为其中一个子系统的变化会影响其他两个子系统的资源配置方式和效率;相互合作表现为各个子系统相互作用的共同目标是使整个应急资源复合系统更加有序,从而能够更好地适应外界变化。本书还采用基于超效率 SBM-DEA 模型的多维式应急资源协同配置模型进行了数量分析。

(5)案例研究的针对性较强,提出的政策建议具有普适性和差异性共存的特性。针对主要的灾种,从应急资源配置优化所需体制、机制、法制、信息化管理、网络舆情治理、主体的决策能力和执行力、主要的核心关系处理等方面进行较为深入的研究。

本书基于自然灾害学基础理论、应急管理理论和一体化理论,综合运用定量和定性的研究方法,借鉴国内外自然灾害应急资源配置的经验,对自然灾害应急资源协同配置进行研究,丰富了应急资源配置理论的研究内容,拓展了思路。具体来讲,本书的研究具有以下学术和应用价值:

(1)拓展了应急资源配置研究的广度和深度,有一定学术价值。本书将应急资源配置划分为常态配置、动态配置和逆向配置,设计了一体化管理模式,实证分析探究了三者间的协同配置效应,深挖了三者内部各自的配置结构和流程。

(2)本书基于自然灾害学基础理论和一体化理论,综合运用多种定量方法对自然灾害应急资源的需求峰值和需求量进行预测,构建了应急点选址决策模型、多应急点网络化关系模型、常态配置模型、动态配置模型、多维协同模型等,为完善应急资源配置理论提供了一定的方法和视角参考。

(3)提出和丰富了应急资源一体化配置的政策建议。基于一体化视域的自然灾害应急资源协同配置需要相应的体制机制和法治支撑,本书针对性地提出要做好信息化支撑体系建设,重视舆情的多元化治理,加强协同配置决策能力和执行力建设,处理好配置效率与成本、实物资源与信息资源、通用性配置与专用性配置、人为过度需求与过度供给、资源紧急配置规则与法律法规保障的关系,对政府优化自然灾害应急资源配置模式和策略、提升应急管理能力有一定实践价值。

(4)高效的一体化应急资源协同配置模式对提升自然灾害预警预控能力、应急资源储备和配送效率、应急协同处置能力和灾害重建恢复能力有直接的重要影响,能为国民经济的稳定发展、群众的生命财产安全、社会生产生活秩序的稳定等提供长远保障,具有重要的社会意义。

研究展望

本书综合多学科知识,运用多种研究方法研究基于一体化视域的自然灾害应急资源的协同配置,取得了一定成果。但由于课题本身具有复杂性,情境具有多变性,仍有相当多的问题值得继续深入研究。

(1)需求非周期性变化条件下的资源一体化配置模式。本书主要研究的是某一时点或时间段应急资源的配置问题,而现实中灾害出现并无规律,对资源的需求也呈现非规律性,对于此种情况下的常态资源配置和战时资源配置均有进行深入研究的必要。

(2)融生产、应急点配置、调运、消耗于一体的动态数量关系。虽然本研究是按照一体化协同关系来开展的,但对于四者之间的关系没能建立综合数量模型,后续研究可以建立四者之间的数量联系,在数量上实现资源在各环节配置的联动。

(3)完善多应急点-多需求点的动态资源配置模型。该模型设置了较多的约束条件,体现了一般情况的应急资源调配。后续研究可以设置代表各种条件的变量,根据变量的变化调整配置资源种类和数量。其中,逆向资源配置如何融入一体化配置体系,其与其他环节的数量关系如何确定值得进一步研究。

(4)案例研究需要进一步深入。本书结合案例对应急资源一体化配置模式进行了验证,具有直观性。但不同阶段和环节应急资源配置的变化未得到充分的显示,有待进一步研究。

附　录

附录1　北京"7·21"特大暴雨应急资源配置模型程序

1.本案例模型主要使用到的数据如下：

卫生机构数量、民用汽车拥有量、总人口、地区面积、地区GDP、交通事故数量、火灾事故数量、全社会用电量、固定资产投资、建筑业企业数量和地方财政支出等。

2.本案例模型运行程序：

use "E:Beijing rainstorm-Data"
*模型1:受灾人数
reg ln_aff_pop ln_hospital ln_pop ln_area ln_GDP ln 全社会用电量 ln 民用汽车拥有量 ln 火灾事故数量 ln 交通事故数量
est sto ols1

*模型2:经济损失
reg ln_aff_GDP ln_hospital ln_GDP ln_pop ln_area ln 固定资产投资 ln 建筑业企业数量 ln 民用汽车拥有量 ln 交通事故数量
est sto ols2

*模型3:受灾面积
reg aff_area ln_area ln_hospital ln_pop ln 地方财政支出 ln 民用汽车拥有量
est sto ols3

*导出结果
esttab ols1 ols2 ols3 using Beijing_rainstorm.rtf, replace b(%9.3f) r2 se obslast star (* 0.1, * * 0.05, * * * 0.01) compress nogap

附录 2　表目录

表 0-1	2011—2020 年自然灾害损失情况	2
表 1-1	气象水文灾害	28
表 1-2	地质地震灾害	29
表 1-3	海洋灾害	30
表 1-4	生物灾害	30
表 1-5	生态环境灾害	31
表 1-6	自然灾害风险分级矩阵	32
表 1-7	狭义和广义的应急信息资源内涵	45
表 2-1	地震灾害分级标准	56
表 4-1	影响应急资源需求因素的维度	90
表 4-2	施灾类要素与承灾类要素的组合	91
表 5-1	三角模糊数与语言变量的对应关系	103
表 5-2	考虑生产环节的多应急点间网络化资源配置	105
表 6-1	应急管理机构编码	113
表 6-2	应急人力资源编码	115
表 6-3	应急物资保障资源编码	117
表 6-4	应急通信资源编码	118
表 6-5	应急运输与物流资源编码	119
表 6-6	应急医疗资源编码	119
表 6-7	应急避难场所编码	121
表 6-8	应急财力资源编码	121
表 6-9	GLN 编码结构	122
表 6-10	SSCC 编码结构	123
表 6-11	应急资源常用附加信息代码结构	123
表 7-1	动态一体化模式集合	139
表 7-2	变量符号及其定义	141
表 7-3	应急点到需求点的行驶时间(费用)矩阵	144
表 7-4	可行路径与对应行驶时间和费用	145
表 7-5	$K=1$ 时应急物资配置方案表	145

表 7-6	种群数目对实验结果的影响	151
表 7-7	算例测试结果	160
表 9-1	各省(自治区、直辖市)气象灾害应急资源协同配置效率测算结果	178
表 9-2	七大地区气象灾害应急资源协同配置效率测算结果	180
表 9-3	各省(自治区、直辖市)气象灾害应急资源协同配置效率分解结果	181
表 10-1	指标体系与模糊层次结构	189
表 10-2	因素比较标度	190
表 10-3	专家对单个因素的评价表	191
表 10-4	各因素的权重	192
表 10-5	评价定量分级标准	193
表 11-1	多情景供给-需求组合	206
表 13-1	雅安市 8 区县累计接收和发放的主要捐助物资	247
表 13-2	芦山地震天全县主要救援人员统计表	249
表 13-3	天全县抗震救灾指挥部调运的应急物资	251
表 13-4	天全县民政局"4·20"芦山强烈地震灾害下拨救灾物资统计表	253
表 13-5	天全县各乡镇 2013 年震后应急资源处置效率	256
表 13-6	天全县灾后处置效率的影响因素	258
表 13-7	各救援主体出动救援队伍和抢险力量	266
表 13-8	模型回归结果	270

附录3　图目录

图 0-1　应急物资、应急资源与应急保障关系图……………………… 10
图 1-1　应急物资调度流程图 ……………………………………………… 44
图 2-1　应急资源动态配置流程图 ………………………………………… 63
图 2-2　应急资源配置阶段 ………………………………………………… 63
图 3-1　日本应急管理体系 ………………………………………………… 70
图 4-1　情景分析法的基本思维模型 …………………………………… 89
图 5-1　一般仓库设计平面图……………………………………………… 107
图 5-2　通道倾斜式布局…………………………………………………… 108
图 6-1　编码结构…………………………………………………………… 112
图 6-2　后 4 位编码结构…………………………………………………… 113
图 6-3　物品编码标识概念模型…………………………………………… 122
图 6-4　地震发生前与救援初期海地 10 个地区的 SIM 卡数量绝对
　　　　变化……………………………………………………………… 128
图 6-5　救援后期海地 10 个地区的 SIM 卡数量绝对变化……………… 129
图 6-6　地震前后除太子港外的海地 10 个地区 SIM 卡数量的整体
　　　　变化……………………………………………………………… 129
图 6-7　扩展应急点管理模式……………………………………………… 133
图 7-1　灾情指标构成示意图……………………………………………… 137
图 7-2　高效率供给-中低度需求的单应急点-多需求点位置分布图…… 140
图 7-3　高效率供给-极高需求的多应急点-单需求点位置分布图……… 147
图 7-4　混合遗传算法设计流程示意图…………………………………… 149
图 7-5　高效率供给-高度需求的多应急点-多需求点位置分布图 …… 153
图 7-6　第一阶段蚁群算法流程图………………………………………… 158
图 7-7　第二阶段蚁群算法流程图………………………………………… 159
图 8-1　正向应急资源配置流程和车辆行驶线路图……………………… 162
图 8-2　逆向应急资源配置流程和车辆行驶线路图……………………… 166
图 8-3　第一类逆向应急资源的配置……………………………………… 167
图 8-4　第二类逆向应急资源的配置……………………………………… 168

图 9-1 自然灾害应急资源协同配置系统结构 …………………… 172
图 9-2 多维式应急资源协同配置系统的组成要素 ……………… 172
图 11-1 应急资源协同配置中的行为主体 ……………………… 196
图 11-2 多行为主体构成关系图 ………………………………… 198
图 11-3 多主体协同效应示意图 ………………………………… 201
图 12-1 资源配置执行力分析框架 ……………………………… 214

参考文献

[1] 中华人民共和国国家质量监督检验检疫总局,中国国家标准化管理委员会.自然灾害分类与代码:GB/T 28921—2012[S].北京:中国标准出版社,2013.

[2] 裘书服,陈珂,温家洪.2007年7月重庆和济南城市暴雨洪水灾害认识和思考[J].气象与减灾研究,2009,32(2):50—54.

[3] 莫利拉,李燕陵.公共危机管理:农村社会突发事件预警应急与责任机制研究[M].北京:人民出版社,2007.

[4] 陈冬,顾培亮.供应链管理若干问题研究与进展评述[J].系统工程理论与实践,2003(10):1—11.

[5] 希斯.危机管理[M].王成等,译.北京:中信出版社,2001.

[6] 奥古斯丁.危机管理[M].北京新华信商业风险管理有限责任公司,译.北京:中国人民大学出版社,2001.

[7] COOMBS W T,LAUFER D. Global crisis management-current research and future directions[J]. Journal of International Management,2018,24(3):199—203.

[8] JOHN-EKE E C,EKE J K. Strategic planning and crisis management styles in organizations: a review of related literature[J]. Journal of Strategic Management,2020,5(1):36—46.

[9] RITCHIE B W,JIANG Y. Risk, crisis and disaster management in hospitality and tourism: a comparative review[J]. International Journal of Contemporary Hospitality Management,2021,33(10):3465—3493.

[10] SUK M,KIM W. COVID-19 and the airline industry: crisis management and resilience[J]. Tourism Review,2021,76(4):984—998.

[11] 巴顿.危机管理[M].许瀞予,译.北京:东方出版社,2009.

[12] HAZAA Y M H,ALMAQTARI F A,AL-SWIDI A. Factors influencing crisis management: A systematic review and synthesis for future research[J]. Cogent Business & Management,2021,8(1):1878979.

[13] SIMEUNOVIÉ I,VUKAJLOVIÉ V,BERAHA I, et al. Importance of information in crisis management-statistical analysis[J]. Industrija, 2019,47(3):37—53.

[14] BUNDY J,PFARRER M D,SHORT C E, et al. Crises and crisis management: Integration, interpretation, and research development[J]. Journal of Management,2017,43(6):1661—1692.

[15] REUTER C,HUGHES A L,KAUFHOLD M. Social media in crisis management: An evaluation and analysis of crisis informatics research[J]. International Journal of Human-Computer Interaction,2018,34(4):280—294.

[16] SAROJ A,PAL S. Use of social media in crisis management: a survey[J]. International Journal of Disaster Risk Reduction,2020,48:101584.

[17] WOLBERS J,KUIPERS S,BOIN A. A systematic review of 20 years of crisis and disaster research: trends and progress[J]. Risk, Hazards & Crisis in Public Policy,2021,12(4):374—392.

[18] 徐宪平,鞠雪楠. 互联网时代的危机管理:演变趋势、模型构建与基本规则[J]. 管理世界,2019,35(12):181—189.

[19] 王宏伟. 总体国家安全观视角下公共危机管理模式的变革[J]. 行政论坛,2018,25(4):18—24.

[20] 郭捷,杨立成,孙子旭. 基于科技视角与双周期模型的我国突发事件危机管理研究——以新型冠状病毒危机事件为例[J]. 科技进步与对策,2020,37(14):8—13.

[21] 童星,丁翔. 风险灾害危机管理与研究中的大数据分析[J]. 学海, 2018(2):28—35.

[22] 刘成波. 政府网络舆情危机管理及其应对[J]. 学校党建与思想教育,2018(17):85—87.

[23] 张越. 论公共危机管理中新媒体的有效运用[J]. 学习与实践, 2020(8):81—85.

[24] 李维安,陈春花,张新民,等. 面对重大突发公共卫生事件的治理机制建设与危机管理——"应对新冠肺炎疫情"专家笔谈[J]. 经济管理, 2020,42(3):5,8—20.

[25] 井水,周妮. 陕西省高校图书馆危机管理策略与反思[J]. 高校图书馆工作,2020,40(3):22—28,36.

［26］叶紫蒙,马奔,马永驰. 危机管理中政府官员避责的结构性差异——以新冠疫情防控期间的问责为例［J］. 中国行政管理,2022(2):149－155.

［27］陈家建,钱晨. 流动人口的"组织性嵌入"与基层危机管理——对广州Y街道的疫情应对机制研究［J］. 中国农业大学学报(社会科学版),2021,38(2):29－40.

［28］李全利,周超. 4R危机管理理论视域下基层政府的危机应急短板及防控能力提升——以新冠肺炎疫情应对为例［J］. 理论月刊,2020(9):73－80.

［29］韩瑞波,王亚茹. 公共危机管理研究进展与疫情下的实践导向［J］. 学习论坛,2020(6):62－70.

［30］兰欣,杨安. 突发公共卫生事件下危机管理研究热点与发展预测［J］. 科技导报,2022,40(7):72－83.

［31］刘轩. 日本灾害危机管理的紧急对策体制［J］. 南开学报(哲学社会科学版),2016(6):93－103.

［32］毕凌燕,王一帆,左文明. 旅游网络舆情危机事件中观点演化的仿真与实证研究［J］. 情报科学,2022,40(4):147－155,178.

［33］阮文奇,张舒宁,李勇泉. 自然灾害事件下景区风险管理:危机信息流扩散与旅游流响应［J］. 南开管理评论,2020,23(2):63－74.

［34］傅蕴英,宋沁蓓,康继军. 自然灾害型重大危机事件对区域旅游业冲击的效果评估:基于合成控制法的量化研究［J］. 旅游学刊,2019,34(6):124－134.

［35］黄杰,吴佳. 中国大都市的"灰犀牛式危机"与政府风险治理模式的重塑——基于两个典型案例的分析［J］. 公共管理与政策评论,2021,10(5):79－94.

［36］郑义炜. 中日海上危机管理辨析:基于"海空联络机制"的考察［J］. 同济大学学报(社会科学版),2021,32(4):41－50.

［37］胡波. 中美海上危机管理面临的困境与改善路径［J］. 美国研究,2021,35(5):61－80.

［38］申霞. 我国应急管理的四大转变［J］. 人民论坛,2020(4):64－65.

［39］佟瑞鹏,王露露,李虹玮,等. 安全管理、风险管理与应急管理的关系探讨:基于大安全理念视角［J］. 中国安全科学学报,2021,31(5):36－44.

[40] 王燕青,陈红.应急管理理论与实践演进:困局与展望[J].管理评论,2022,34(5):290-303.

[41] 张海波.应急管理的全过程均衡:一个新议题[J].中国行政管理,2020(3):123-130.

[42] 张晓君,王伟桥.走向"大应急"？机构改革以来应急管理制度的变革与形塑——基于综合应急管理的视角[J].湖北社会科学,2021(4):25-35.

[43] 杨悦兮,王燕楠.地方应急管理跨部门协同的新变化及其应对机制[J].中国行政管理,2021(11):93-99.

[44] 程顺祺,王少谷,陈晨,等.整体性政府视角下高温热浪应急管理的协同联动机制研究[J].灾害学,2019,34(3):160-166.

[45] 陈婧,陈鹤阳.基于众包的应急管理信息主体协同机制研究[J].情报理论与实践,2016,39(5):69-73.

[46] 林冲,赵林度.城际重大危险源应急管理协同机制研究[J].中国安全生产科学技术,2008(5):54-57.

[47] 王景春,林佳秀,张法.基于ISM二维云模型的应急管理协同度研究[J].中国安全生产科学技术,2019,15(1):38-44.

[48] 戚宏亮,宁云才.煤矿安全应急管理系统协同度评价研究[J].煤炭工程,2017,49(1):138-141.

[49] 江新,朱沛文.水电站大坝群安全应急管理协同度测度研究[J].中国安全生产科学技术,2015,11(10):133-140.

[50] 朱正威,刘莹莹.韧性治理:风险与应急管理的新路径[J].行政论坛,2020,27(5):81-87.

[51] 陈涛,罗强强.韧性治理:城市社区应急管理的因应与调适——基于W市J社区新冠肺炎疫情防控的个案研究[J].求实,2021(6):83-95,110.

[52] 郗春媛,张凯,沙华国,等.行动困境与韧性之治:边疆地区应急管理现代化瓶颈及其路径——系统韧性视角下云南边疆地区抗疫的实例分析[J].民族学刊,2021,12(9):74-83,122.

[53] 徐元,毛进,李纲.面向突发事件应急管理的社交媒体多模态信息分析研究[J].情报学报,2021,40(11):1150-1163.

[54] 邬柯杰,吴吉东,叶梦琪.社交媒体数据在自然灾害应急管理中的应用研究综述[J].地理科学进展,2020,39(8):1412-1422.

[55] 温志强,郝雅立.转危为机:应急管理体系的完善与发展困境——汶川地震十周年回顾[J].理论学刊,2018(4):62-69.

[56] 陈波,王芳,肖本夫."情景-应对"型理论体系的发展及其在地震灾害应急管理中的应用探讨[J].震灾防御技术,2021,16(4):605-616.

[57] 姜波,陈涛,袁宏永,等.基于情景时空演化的暴雨灾害应急决策方法[J].清华大学学报(自然科学版),2022,62(1):52-59.

[58] 陈迎欣,周蕾,邰旭彤,等.公众参与自然灾害应急救助的效率评价——基于2008—2017年应急救助案例的实证研究[J].中国软科学,2020(2):182-192.

[59] 成海燕.中国自然灾害应急管理问责特点、逻辑及优化——基于1998—2018年的实证研究[J].北京理工大学学报(社会科学版),2021,23(5):122-132.

[60] 陈桂香,段永瑞.对我国应急资源管理改进的建议[J].上海管理科学,2006(4):44-45.

[61] 佘廉,郑华卿.基于国家应急能力建设的应急资源分类探讨[J].中国应急管理,2010(4):20-24.

[62] 葛春景,王霞,关贤军.应对城市重大安全事件的应急资源联动研究[J].中国安全科学学报,2010(3):166-171.

[63] 方磊.基于偏好DEA模型的应急资源优化配置[J].系统工程理论与实践,2008(5):98-104.

[64] 姜玉宏,颜华,欧忠文,等.应急物流中应急物资的管理研究[J].物流技术,2007(6):17-19.

[65] 刘霞,严晓,周微.我国应急保障建设的现状、问题与对策[J].经济体制改革,2010(3):11-16.

[66] 于瑛英.基于应急管理过程的资源需求分析[J].工业安全与环保,2014,40(9):47-50.

[67] 袁玉,樊博.大数据驱动的应急资源布局研究[J].信息资源管理学报,2022,12(3):35-43.

[68] 于瑛英.传染性公共卫生突发事件的应急物资布局分析[J].数学的实践与认识,2015,45(21):77-82.

[69] 江芸,卢振波,白茹莉,等.基于区块链技术的应急信息资源作用架构研究[J].新世纪图书馆,2021(2):62-66.

[70] 朱智勇,武欣嵘.分层异构网络应急信息资源调度仿真研究[J].计算机仿真,2018,35(2):417-420.

[71] 马丽斯文,陈虹,王巍,等.美国应急资源分类分级及应急人力资源管理对我国应急管理的启示[J].灾害学,2020,35(4):192-196,201.

[72] 马国超,曾凡伟,王立娟,等.清单式管理在地震应急技术保障中的应用研究[J].世界地震工程,2021,37(3):214-221.

[73] 张炜超,郭安宁,孙昱,等.现阶段我国地震应急技术框架分析及评价[J].中国安全生产科学技术,2019,15(11):107-112.

[74] 王伟平,郑明磊,冯敏娜.我国突发公共事件应急资金管理使用的问题及对策研究[J].经济研究参考,2017(33):11-14,67.

[75] 周广亮.应急资源配置与调度文献综述与思考[J].预测,2011,30(3):76-80.

[76] 彭大江,叶春明,赵灵玮.改进的蝗虫优化算法在双目标应急物资中心选址问题中的应用[J].运筹与管理,2022,31(4):14-20.

[77] SYLVESTER J J. A question in the geometry of situation[J]. Quarterly Journal of Pure and Applied Mathematics,1857,1(1):79-80.

[78] 郗蒙浩,张静,赵秋红,等.基于 P-center 问题的国家级应急物资储备设施选址优化布局研究[J].自然灾害学报,2019,28(3):123-129.

[79] 李金泽,唐芄,龙灏.基于多源数据的城市公共应急服务设施选址模型研究[J].建筑科学,2021,37(12):62-70,168.

[80] 付德强,张伟.考虑服务设施规模的应急物资储备库双目标选址模型研究[J].重庆邮电大学学报(自然科学版),2015,27(3):392-396.

[81] TOREGAS C,SWAIN R,REVELLE C,et al. The location of emergency service facilities[J]. Operations Research,1971,19(6):1363-1373.

[82] REVELLE C S,SWAIN R W. Central facilities location[J]. Geographical Analysis,1970,2(1):30-42.

[83] 陈志宗,关贤军.灾害应急反应的枢纽集覆盖模型及枢纽最大覆盖模型[J].运筹与管理,2016,25(5):15-20.

[84] 于冬梅,高雷阜,赵世杰.考虑共享不确定因素的应急设施最大覆盖选址模型[J].运筹与管理,2020,29(12):43-50.

[85] 许建国,池宏,祁明亮,等.应急资源需求周期性变化的选址与资源配置模型[J].运筹与管理,2008(1):11-17.

[86] 何新华,张鹏涛,刘泓邑,等.基于云服务的应急资源布局模型与分配策略[J].南京工业大学学报(社会科学版),2018,17(2):66—74.

[87] 田德红,何建敏,孙海信.基于Multi-Agent的应急物资储存点布局优化研究[J].中国矿业大学学报(社会科学版),2019,21(1):67—81.

[88] 朱庆林.基于双重指向的区域应急资源配置模式研究[J].军事经济研究,2007(9):12—16.

[89] 黎忠诚,张志勇.美军物流系统的变革方略(三)[J].物流技术,2007,26(6):131—132.

[90] 牛玉国.从黄河洪水灾害处置谈应对突发公共事件的体制机制建设[J].中国水利,2010(11):24—26.

[91] 王波.基于均衡选择的应急物资调度决策模型研究[J].学理论,2010,(17):40—43,286.

[92] 王妍妍,孙佰清.大数据环境下突发灾害应急物资配置模式研究[J].科技管理研究,2019,39(7):226—233.

[93] FIORUCCI P, GAETANI F, MINCIARDI R, et al. Real time optimal resource allocation in natural hazard management [J]. Risk Analysis, 2009,29:62—75.

[94] 刘北林,马婷.应急救灾物资紧急调度问题研究[J].哈尔滨商业大学学报(社会科学版),2007(3):3—5,17.

[95] 郭鹏辉,朱建军,王嚞华.考虑"安全-时间"的自然灾害多地点应急救援路线优化[J].系统工程,2018,36(6):62—70.

[96] 葛敏,陈晓平,吴凤平.灾害链、不确定供求和复杂应急资源分配网络的动态配置[J].科技管理研究,2017,37(13):205—214.

[97] 朱莉,曹杰,顾珺,等.考虑异质性行为的灾后应急物资动态调度优化[J].中国管理科学,2020,28(12):151—161.

[98] 杨继君,佘廉.面向多灾点需求的应急资源调度博弈模型及优化[J].中国管理科学,2016,24(8):154—163.

[99] 苑津莎,马姿,杨宏.地震救灾初期应急物资智能调度问题的研究[J].科学技术与工程,2020,20(21):8702—8708.

[100] POHLEN T L, THEODORE F M. Reverse logistics in plastics recycling[J]. International Journal of Physical Distribution & Logistics Management,1992,22(7):35—47.

[101] 余佳,王维莉,韩新,等.考虑逆向物流的应急物资配置流程 SPN 建模分析[J].中国安全生产科学技术,2019,15(4):12－18.

[102] 周垂日,梁樑,许传永,等.逆向物流研究的新进展:文献综述[J].科研管理,2007(3):123－132.

[103] 常香云,范体军,黄建业.基于"生产者责任延伸"的逆向物流管理模式[J].现代管理科学,2006(5):35－37.

[104] 魏洁.生产者责任延伸制下的企业回收逆向物流研究[D].成都:西南交通大学,2006.

[105] 公彦德,任丽媛.混合回收模式下权力结构对逆向物流外包策略的影响[J].工业工程与管理,2021,26(2):23－31.

[106] 朱凌云,陈铭.废旧动力电池逆向物流模式及回收网络研究[J].中国机械工程,2019,30(15):1828－1836.

[107] 汤雯.以社会福利为目标的逆向物流集成优化分析[J].东南大学学报(哲学社会科学版),2017,19(S2):111－114.

[108] MIN H,KO H J,CHANG S K. A genetic algorithm approach to developing the multi-echelon reverse logistics network for product returns[J]. Omega,2006,34(1):56－69.

[109] KRIKKE H R,KOOI E J,SCHUUR P C. Network design in reverse logistics: a quantitative model[M]. Springer Berlin Hidelberg,1999.

[110] 周向红,成思婕,成鹏飞.自营回收模式下再制造逆向物流网络多周期多目标选址规划[J].系统工程,2018,36(9):146－153.

[111] 徐友良,陈锦生,石悦悦,等.汽车再制造逆向物流网络选址规划研究[J].公路交通科技,2015,32(9):154－158.

[112] 王冠中.新中国成立初期的城市应急资源整合机制——以1949年北京市防控察北鼠疫为例[J].城市问题,2011(3):95－100.

[113] 何新华,杜亚涵,汪晓倩,等.应急服务供应链结构对应急资源整合的影响研究[J].南京工业大学学报(社会科学版),2014(1):122－128.

[114] 王国华,梁樑,崔哲,等.基于信息融合的动态结构应急资源整合研究[J].现代管理科学,2013(10):6－8.

[115] 姜硕.一爆炸事故引发的应急资源整合问题的思考(案例分析型)[D].哈尔滨:哈尔滨工程大学,2011.

[116] 薛鹏,王艳,陈永红."创新升级"背景下应急管理的政府责任探究:一个协作整合思路[J].青海社会科学,2017(5):120-127.

[117] 袁飞.基于工作流网的交通应急资源配置和路径规划集成问题[D].广州:广东工业大学,2015.

[118] 刘艺,邓青,李从东,等.任务驱动的应急资源集成方式与组织过程建模[J].系统工程理论与实践,2015(10):2613-2620.

[119] 范文璟.城市突发公共事件应急资源调配中出救点选择与救援车辆路径的集成优化研究[D].成都:西南交通大学,2011.

[120] 何珊珊,郭帅,郭彦,等.铁路应急物资运输网络中RAP问题的集成优化模型[J].铁道运输与经济,2014(12):33-37.

[121] 刘文博.基于两层架构协调的应急物资分配与车辆调度集成优化方法[J].物流技术,2014,33(21):279-283.

[122] 郑丽.震后应急物资配送与道路抢修集成优化研究[D].成都:西南交通大学,2012.

[123] 傅惠,陈恺宇.基于工作流网的应急资源配置与路径规划集成优化[J].工业工程,2018,21(5):1-8.

[124] 田依林.基于网格化管理的突发事件应急资源管理研究[J].科技管理研究,2010,30(8):135-137.

[125] 滕五晓,王清,夏剑霙.危机应对的区域应急联动模式研究[J].社会科学,2010(7):63-68,189.

[126] 孔昭君,何骁威.应急资源区域协同动员中地方政府合作的博弈研究[J].北京理工大学学报(社会科学版),2022,24(1):121-129,180.

[127] 程国萍,王昌龙.考虑协同柔性的应急资源布局网络设计研究[J].价值工程,2017,36(11):88-90.

[128] 李帅,张智聪,胡开顺,等.多受灾点间应急资源滚动式协同调度研究[J].工业工程与管理,2017,22(6):71-77.

[129] 朱伟.南水北调中线受水区应急资源协同研究[J].工业安全与环保,2017,43(10):103-106.

[130] 孙昌玖,裴虹,刘丹,等.考虑横向转运的震后应急物资协同调度研究[J].武汉理工大学学报(信息与管理工程版),2018,40(4):389-395.

[131] 曲冲冲,王晶,何明珂.京津冀协同应对自然灾害应急资源配置优化研究[J].运筹与管理,2021,30(1):36-42.

[132] 顾锦龙.防洪在美国[J].现代职业安全,2010(8):92-94.

[133] 谭徐明,马建明,张念强.洪涝灾害应急响应调查及其若干问题探讨[J].中国水利水电科学研究院学报,2009,7(3):216-221.

[134] 佘廉,王大勇.由美国城市消防体制经验谈我国消防体制改革[J].行政管理改革,2011(4):67-72.

[135] 钱刚毅,佘廉,张凯.重大公共安全事件的预警及应急管理:现实挑战与发展建议[J].科技进步与对策,2009,26(12):25-28.

[136] 刘奕,张宇栋,张辉,等.公共卫生应急精准防控与一体化管理[J].中国工程科学,2021,23(5):24-33.

[137] 段倩倩,白鹏飞,褚宏睿,等.京津冀一体化的地震灾害应急准备分区[J].中国安全生产科学技术,2020,16(11):184-188.

[138] 王海军,刘畅,王婧.应急储备库选址与资源配置随机规划模型研究[J].管理学报,2013,10(10):1507-1511,1519.

[139] 李超萍.应急物资储备中片区储备库协同选址研究[J].西华大学学报(自然科学版),2013(4):83-88,112.

[140] 孙清臣,曲林迟.考虑多类应急物资需求不确定的选址模型[J].广西大学学报(自然科学版),2019,44(2):448-454.

[141] 胡少龙,韩传峰,孟令鹏,等.考虑企业生产能力储备的应急物资配置随机规划模型[J].系统工程理论与实践,2018,38(6):1536-1544.

[142] 何舟,徐永能,王笑天.轨道交通应急资源储备点选址优化研究[J].兵器装备工程学报,2019,40(7):185-189.

[143] 张庆,余淼.基于两阶段混合整数规划模型的洪涝灾害应急管理研究[J].运筹与管理,2020,29(9):62-69.

[144] 王飞跃,郭换换,裴甲坤,等.不确定条件下应急资源分配区间规划模型研究[J].中国安全生产科学技术,2019,15(10):107-113.

[145] 彭春,李金林,王珊珊,等.多类应急资源配置的鲁棒选址-路径优化[J].中国管理科学,2017,25(6):143-150.

[146] 李红梅,邓洁,罗太波,等.就近原则下新增应急避难点的鲁棒选址策略研究[J].管理工程学报,2022,36(4):218-229.

[147] 赵星,吉康,林灏,等.基于多目标路径规划的应急资源配置模型[J].华南理工大学学报(自然科学版),2019,47(4):76-82.

[148] 王付宇,丁杰.基于改进天牛须算法的应急资源调度优化[J].安全与环境学报,2020,20(6):2278-2285.

[149] 杜雪灵,孟学雷,杨贝,等.考虑公平性的面向多灾点需求应急资源调度[J].计算机应用,2018,38(7):2089-2094.

[150] 宋英华,白明轩,马亚萍,等.考虑多主体心理效应的应急资源调度超网络模型[J].中国安全科学学报,2021,31(2):158-166.

[151] 聂宗瑶,李穗,陈吕强.基于协同差分进化的多出救点应急物资调度[J].计算机工程与应用,2013,49(3):247-250.

[152] 冯春,廖海燕,田小强,等.多情景模式下应急资源精益配置模型与算法[J].中国安全科学学报,2018,28(6):185-191.

[153] 葛敏,陈晓平,吴凤平.基于灾害链情景下应急资源网络优化的配置策略[J].统计与决策,2017(22):40-44.

[154] 庞西磊,黄崇福,张英菊.自然灾害动态风险评估的一种基本模式[J].灾害学,2016,31(1):1-6.

[155] 孙洋,卢毅,熊先明,等.四川省21市州城市自然灾害脆弱性评估研究[J].自然灾害学报,2017,26(4):116-124.

[156] 徐桂珍.基于自然灾害风险理论的陕西省典型作物干旱灾害风险评估与区划[J].中国农村水利水电,2017(7):179-184,188.

[157] 余泳,吴琼,丁冰清.GM(1,1)模型在国家自然灾害预测评估项目中的应用——以森林火灾预测为例[J].项目管理技术,2017,15(3):24-26.

[158] 陈慧,马晨燕.基于GIS可视化的中国大陆沿海城市自然灾害风险评估[J].测绘地理信息,2018,43(3):59-61.

[159] 郭君,赵思健,黄崇福.自然灾害概率风险的系统误差及校正研究[J].系统工程理论与实践,2017,37(2):523-534.

[160] 王紫薇,蔡红艳,段兆轩,等."一带一路"沿线地区自然灾害危险性与灾损空间格局研究[J].地理研究,2022,41(7):2016-2029.

[161] 李继清,张玉山,纪昌明,等.突变理论在长江流域洪灾综合风险社会评价中的应用[J].武汉大学学报(工学版),2007(4):26-30.

[162] 高俊峰,KING L,姜彤,等.太湖流域北部潜在洪涝风险区分析及影响评估[J].自然灾害学报,2002(4):37-41.

[163] 姜丽,於家,温家洪,等.土地利用变化情景下杭州湾北岸极端洪灾风险评估[J].地理科学进展,2021,40(8):1355-1370.

[164] 刘媛媛,王绍强,王小博,等.基于AHP_熵权法的孟印缅地区洪水灾害风险评估[J].地理研究,2020,39(8):1892-1906.

[165] 马恒,张钢锋,史培军.畜牧业雪灾致灾成害过程和风险评估研究进展与展望[J].地理科学进展,2021,40(12):2116-2129.

[166] 杨登兴,刘峰贵,延军平,等.青藏铁路沿线雪灾风险评估[J].地理研究,2021,40(5):1223-1238.

[167] 张卓群,冯冬发,侯宇恒.基于Copula函数的黄河流域干旱特征研究[J].干旱区资源与环境,2022,36(1):66-72.

[168] 杨海峰,翟国方.灾害风险视角下的城市安全评估及其驱动机制分析——以滁州市中心城区为例[J].自然资源学报,2021,36(9):2368-2381.

[169] 李宁,张正涛,陈曦,等.论自然灾害经济损失评估研究的重要性[J].地理科学进展,2017,36(2):256-263.

[170] 杨磊,潘正华.基于带有3种否定的模糊集FScom的自然灾害灾情评估模型研究[J].西南大学学报(自然科学版),2017,39(9):95-101.

[171] 许闲,张彧.自然灾害损失评估:联合国框架、评价与案例[J].数量经济技术经济研究,2017,34(8):137-149.

[172] 高玉琴,陈鸿玉,刘云苹.基于云模型的自然灾害灾情等级评估[J].水利水电科技进展,2018(6):38-43,60.

[173] 胡亮,钱亚俊,傅中志,等.河道堰塞生命损失评估方法研究[J].水利水运工程学报,2021(5):58-66.

[174] 王芳,李宁,张正涛,等.台风灾害间接损失评估模型中劳动力参数研究[J].华南师范大学学报(自然科学版),2020,52(6):82-89.

[175] 吴吉东,何鑫,王菜林,等.自然灾害损失分类及评估研究评述[J].灾害学,2018,33(4):157-163.

[176] 郭泳亨,卢兴华,刘云.应急决策效果的模糊综合评判研究[J].科学技术与工程,2006(5):588-592.

[177] 张薇.基于模糊综合评价法的城市应急能力评估[J].电力科学与工程,2009,25(4):70-73,78.

[178] 陈安,马建华,李季梅,等.现代应急管理应用与实践[M].北京:科学出版社,2010.

[179] 谢合亮,黄卿,王笑薇.自然灾害应急能力评估模型设计——基于河北滦县地区的案例研究[J].数学的实践与认识,2014,44(19):162-169.

[180] 尚志海.城市自然灾害前瞻性风险管理与绩效评估[J].灾害学,2017,32(2):1-6.

[181] 高昊,郑毅.日本灾害信息传播应急机制及对我国的启示[J].山东社会科学,2020(4):38-43.

[182] 林亦府,孟佳辉,汪明琦.自助、共助与公助:日本的灾害应急管理模式[J].中国行政管理,2022(5):136-143.

[183] 姜凯凯,高湿尘,孙洁.依托便利店构建生活物资应急配送终端体系——以日本便利店的灾后救援经验为例[J].国际城市规划,2021,36(5):121-128.

[184] 沙勇忠,刘海娟.美国减灾型社区建设及对我国应急管理的启示[J].兰州大学学报(社会科学版),2010,38(2):72-79.

[185] 徐一婷,陈虹,王巍,等.国外应急避难场所标准研究[J].灾害学,2022,37(2):145-149.

[186] 陈迎欣,张凯伦,安若红.公众参与自然灾害应急救助的影响因素研究[J].重庆大学学报(社会科学版),2018,24(4):39-51.

[187] 佘廉,雷丽萍.我国巨灾事件应急管理的若干理论问题思考[J].武汉理工大学学报(社会科学版),2008(4):470-475.

[188] 史培军,杜鹃,叶涛,等.加强综合灾害风险研究,提高迎对灾害风险能力——从第6届国际综合灾害风险管理论坛看我国的综合减灾[J].自然灾害学报,2006,15(5):1-6.

[189] 冷红,陈天,翟国方,等.极端气候背景下的思考:城乡建设与治水[J].南方建筑,2021(6):1-9.

[190] 孙翊,吴静,刘昌新,等.加快推进我国应急物资储备治理体系现代化建设[J].中国科学院院刊,2020,35(6):724-731.

[191] 李卫海,刘瑞强.应急管理与国民经济动员的军民融合式发展——以立法为视角[J].法学杂志,2019,40(7):54-64.

[192] 张宝军,马玉玲,李仪.我国自然灾害分类的标准化[J].自然灾害学报,2013,22(5):8-12.

[193] 中华人民共和国民政部.自然灾害风险分级方法:MZ/T 031-2012[S].北京:中国标准出版社,2012.

[194] 张沙沙.我国应急人力资源网格调配研究[D].成都:电子科技大学,2013.

[195] 董慧梅.耐用性资源约束下应急实施流程的优化[D].大连:大连理工大学,2014.

[196] 万晓.灾害应急信息资源共享体系研究[D].南昌:南昌大学,2013.

[197] 赵嘉祥.国家应急物资储备布局及协议企业储备模式研究[D].成都:西南交通大学,2015.

[198] 高岩.突发灾害应急物资分配与运送优化研究[D].大连:大连理工大学,2017.

[199] 沙勇忠,高闯.应急信息资源配置研究[C].//武汉大学信息资源研究中心.信息资源配置理论与模型研究——2009信息化与信息资源管理学术研讨会专集.武汉:《图书知识情报》编辑部,2009:24-27,33.

[200] 李大帅.突发公共事件中应急信息管理研究[D].郑州:郑州大学,2009.

[201] 冯俏彬.应急资金保障体系"四手联弹"[J].新理财(政府理财),2010(10):74-75.

[202] 赵尚梅,杨雪美.突发公共事件应急资金保障机制研究[J].中国行政管理,2012(12):44-47.

[203] 曲国胜,黄建发,宁宝坤,等.汶川特大地震灾害救援与我国救援体系建设的思考[J].四川行政学院学报,2010(3):44-46.

[204] 刘贵富.产业链基本理论研究[D].长春:吉林大学,2007.

[205] 程琼琼.基于GA的BP神经网络的地震应急物资需求预测[D].成都:西南财经大学,2016.

[206] 贺亮国.我国地震救援项目救援能力评价研究——以汶川地震为例[D].成都:西南石油大学,2015.

[207] 王卫国.城市地震灾害应急救援资源配置规划研究[D].天津:天津大学,2016.

[208] 王彦庆.中国城乡商品流通一体化研究[D].哈尔滨:哈尔滨商业大学,2012.

[209] 高银燕.一体化管理模式下企业技术、组织结构和供应链的关系研究[D].福州:福州大学,2006.

[210] 朱祖平.企业一体化管理模式实证研究[J].东南学术,2008(4):34-41.

[211] 王凤彬,陈高生.新经济中的虚拟一体化组织[J].经济理论与经济管理,2002(3):47-52.

[212] 王晶,黄钧,朱建明,等.基于空间聚类的应急物资储备一体化区域划分[J].计算机应用研究,2010,27(8):2999-3001.

[213] 查道中.基于耦合理论的煤炭资源型城市循环经济路径研究[J].科技进步与对策,2011,28(12):34-38.

[214] 赵立民.基于耦合理论的旅游业与新农村建设协调发展研究[J].生态经济,2011(1):29-32.

[215] 汤勇军.公共危机应急资源的优化配置研究[D].湘潭:湘潭大学,2008.

[216] 杨华,吴立志,李思成.美国国家应急管理体制探析[J].武警学院学报,2018,34(10):59-63.

[217] 倪海玲.突发事件应急管理体系中应急资源储备管理研究[D].成都:西南交通大学,2013.

[218] 陈建国.美国应急资源管理体系的借鉴和思考[J].中国应急管理,2011(1):50-57.

[219] 董泽宇.德国应急救援体系及其启示[J].中国应急管理,2011(11):51-55.

[220] 张磊.应急救援队伍建设:德国模式及借鉴[J].国家行政学院学报,2012(3):123-127.

[221] 国家安全监管总局国际交流合作中心培训处.德国的应急救援管理体系[J].劳动保护,2013(9).

[222] 罗楠,何珺,张丽萍,等.俄罗斯环境应急管理体系介绍[J].世界环境,2017(6):80-82.

[223] 毛德华,贺新光,彭鹏,等.洪灾风险分析的国内外研究现状及展望(Ⅱ)——防洪减灾过程风险分析研究现状[J].自然灾害学报,2009,18(1):150-157.

[224] 林毓铭.我国防灾减灾救灾70年发展轨迹[J].中国减灾,2019(19):16-19.

[225] 李辉,付宏,刘光宇.突发事件应急指挥决策分析框架研究述评[J].情报工程,2020,6(2):12-20.

[226] 林淞.主体内生性诉求:我国应急资源管理模式的挑战与突围[J].求索,2010(4):94-96.

[227] 孙超.大型地震灾害的应急物资需求分类和需求量研究[D].南京:南京理工大学,2016.

[228] 刘长石.震后应急物流系统中的定位-路径问题(LRP)模型与优化算法研究[D].成都:电子科技大学,2016.

[229] 阚毓伟.情景规划理论与应用研究[D].上海:上海大学,2001.

[230] 邓彩霞.基于情景分析的青海农牧社区减灾能力建设研究[D].兰州:兰州大学,2021.

[231] 赵振宁,侯小丽.情景分析法在乳制品行业中的应用研究[J].科技情报开发与经济,2010,20(10):123—126.

[232] 马圆圆,李珍萍.考虑人口因素的公共应急服务设施选址问题研究[J].物流技术,2011,30(19):91—94.

[233] 李刚,曲双红,辛向军,等.引入特征AHP的PDEA评价模型研究[J].数学的实践与认识,2009,39(13):105—113.

[234] 崔杰,党耀国,刘思峰.基于灰色关联度求解指标权重的改进方法[J].中国管理科学,2008(5):141—145.

[235] LARSON R C. A hypercube queuing model for facility location and redistricting in urban emergency services[J]. Computers & Operations Research,1974,1(1):67—95.

[236] D'AMICO S J, WANG S, BATTA R, et al. A simulated annealing approach to police district design[J]. Computers & Operations Research,2002,29(6):667—684.

[237] DASKIN M S. A maximum expected covering location model: formulation, properties and heuristic solution[J]. Transportation Science,1983,17(1):48—70.

[238] REVELLE C, HOGAN K. The maximum reliability location problem and α-reliable p-center problem: Derivatives of the probabilistic location set covering problem[J]. Annals of Operations Research,1989,18(1):155—173.

[239] 于瑛瑛,池宏.应急管理中资源布局评估与调整的模型和算法[J].系统工程,2008,26(1):75—81.

[240] 袁群.数据包络分析法应用研究综述[J].经济研究导刊,2009(19):201—203.

[241] 罗庆成,史开泉,王清印,等.灰色系统新方法[M].北京:中国农业出版社,1993.

[242] 赵远飞,陈国华.基于改进逼近理想解排序(TOPSIS)法的应急系统优化选址模型研究[J].中国安全科学学报,2008(9):22-28.

[243] 韩中庚.数学建模方法及其应用[M].北京:高等教育出版社,2017.

[244] 邓硕.灾害应急信息资源分类体系研究[D].南昌:南昌大学,2014.

[245] 古发辉.面向信息共享的信息分类编码及其管理系统的研究[D].赣州:江西理工大学,2008.

[246] 周岩.企业信息化和信息分类编码标准化[J].中国科技信息,2006(20):184-185.

[247] 张秋霞.冷链物流公共信息服务平台中物品编码标识设计原则[J].中国自动识别技术,2018(3):54-61.

[248] 胡万义,吴金卓.条码技术在我国物流行业中的发展及推广措施[J].森林工程,2005(4):71-72.

[249] BENGTSSON L, LU X, GARFIELD R, et al. Internal population displacement in Haiti: Preliminary analyses of movement patterns of digicel mobile phones: 1 December 2009 to 19 December 2010 [R/OL]. (2011-01-09)[2023-06-11]. https://reliefweb.int/report/haiti/internal-population-displacement-haiti-preliminary-analyses-movement-patterns-digicel-1.

[250] 逢文文.城市突发事件应急资源区域联动机制路径[J].城市管理与科技,2018(5):68-70.

[251] 周广亮.基于自然灾害的应急资源一体化配置研究[J].河南社会科学,2013,21(9):59-61.

[252] BARONETTI A, GONZÁLEZ-HIDALGO J C, VICENTE-SERRANO S M, et al. A weekly spatio-temporal distribution of drought events over the Po Plain (North Italy) in the last five decades[J]. International Journal of Climatology,2020,40(10):4463-4476.

[253] VALENTE F, MÁRCIO L. Tornado occurrences in the United States: A spatio-temporal point process approach[J]. Econometrics,2020,8(2):1-26.

[254] 张新毅,范小露.安徽省地质灾害时空分布特征及防治成效评价[J].阜阳师范学院学报(自然科学版),2019,36(4):99-104.

[255] 韩兰英,张强,杨阳,等.气候变化背景下甘肃省主要气象灾害综合损失特征[J].干旱区资源与环境,2019,33(7):107-114.

[256] 黄晶,佘靖雯.长江三角洲城市群洪涝灾害脆弱性评估及影响因素分析[J].河海大学学报(哲学社会科学版),2020,22(6):39-45,110-111.

[257] 陈晓艺,姚筠,霍彦峰,等.安徽省主要气象灾害趋势演变及其对粮食总产的影响[J].长江流域资源与环境,2020,29(10):2285-2295.

[258] LIOUTAS E D, CHARATSARI C. Enhancing the ability of agriculture to cope with major crises or disasters: What the experience of COVID-19 teaches us[J]. Agricultural Systems, 2021, 187:103023.

[259] THIERRY M, SALOMON M, VAN N J, et al. Strategic issues in product recovery management[J]. California Management Review,1995,37(2):114-136.

[260] 于小兵,卢逸群,吉中会,等.近45a来我国农业气象灾害变化特征及其对粮食产量的影响[J].长江流域资源与环境,2017,26(10):1700-1710.

[261] 吴洪珍.基于主导因子的湖南省农业灾害风险评价[J].中国农业资源与区划,2019,40(9):84-91.

[262] 麻吉亮,孔维升,朱铁辉.农业灾害的特征、影响以及防灾减灾抗灾机制:基于文献综述视角[J].中国农业大学学报(社会科学版),2020,37(5):122-129.

[263] 周侃,李九一,王强.基于资源环境承载力的农业生产空间评价与布局优化:以福建省为例[J].地理科学,2021,41(2):280-289.

[264] ANWAR K, YANG C, GAREE K, et al. The dilemma of natural disasters: Impact on economy, fiscal position, and foreign direct investment alongside Belt and Road Initiative countries[J]. Science of The Total Environment,2020,743:140578.

[265] CHAIECHI T. Economic effects of natural disasters: Theoretical foundations, methods, and tools [M]. NewYork: Academic Press,2021.

[266] 张正涛,李宁,冯介玲,等.从重建资金与效率角度定量评估灾后经济恢复力的变化:以武汉市"2016.07.06"暴雨洪涝灾害为例[J].灾害学,2018,33(4):211-216.

[267] 孔锋,王一飞,吕丽莉,等.互联互通背景下巨灾对经济影响的全球性和复杂性的进展与展望[J].华中师范大学学报(自然科学版),2018,52(6):871-882.

[268] 宋妍,李振冉,张明.自然灾害对经济增长的长期间接影响:基于汶川地震灾区县级数据的合成控制法分析[J].中国人口·资源与环境,2019,29(9):117-126.

[269] 郭静,张连增.自然灾害对经济增长影响研究:基于制度、政府救灾支出的调节视角[J].财经理论与实践,2021,42(1):41-47.